编委会

全国普通高等院校旅游管理专业类"十三五"规划教材
教育部旅游管理专业本科综合改革试点项目配套规划教材

总主编

马　勇　教育部高等学校旅游管理类专业教学指导委员会副主任
　　　　中国旅游协会教育分会副会长
　　　　中组部国家"万人计划"教学名师
　　　　湖北大学旅游发展研究院院长，教授、博士生导师

编　委（排名不分先后）

田　里　教育部高等学校旅游管理类专业教学指导委员会主任
　　　　云南大学工商管理与旅游管理学院原院长，教授、博士生导师
高　峻　教育部高等学校旅游管理类专业教学指导委员会副主任
　　　　上海师范大学旅游学院副院长，教授、博士生导师
韩玉灵　全国旅游职业教育教学指导委员会秘书长
　　　　北京第二外国语学院旅游管理学院教授
罗兹柏　中国旅游未来研究会副会长，重庆旅游发展研究中心主任，教授
郑耀星　中国旅游协会理事，福建师范大学旅游学院教授、博士生导师
董观志　暨南大学旅游规划设计研究院副院长，教授、博士生导师
王　琳　海南大学旅游学院院长，教授
梁文慧　澳门城市大学副校长，澳门城市大学国际旅游与管理学院院长，教授、博士生导师
薛兵旺　武汉商学院旅游与酒店管理学院院长，教授
舒伯阳　中南财经政法大学工商管理学院教授、博士生导师
朱运海　湖北文理学院管理学院副教授
罗伊玲　昆明学院旅游管理专业副教授
杨振之　四川大学中国休闲与旅游研究中心主任，四川大学旅游学院教授、博士生导师
黄安民　华侨大学城市建设与经济发展研究院常务副院长，教授
张胜男　首都师范大学资源环境与旅游学院副教授
毕斗斗　华南理工大学经济与贸易学院副教授
史万震　常熟理工学院经济与管理学院酒店管理系副教授
黄光文　南昌大学经济与管理学院旅游管理系教研室主任，副教授
窦志萍　昆明学院旅游学院教授，《旅游研究》杂志主编
李　玺　澳门城市大学国际旅游与管理学院副院长，教授、博士生导师
王春雷　上海对外经贸大学中德合作会展专业副教授
朱　伟　河南师范大学旅游学院教授
邓爱民　中南财经政法大学旅游管理系主任，教授、博士生导师
程丛喜　武汉轻工大学旅游管理系主任，教授
周　霄　武汉轻工大学旅游研究中心主任，副教授
黄其新　江汉大学商学院副院长，副教授
何　彪　海南大学旅游学院会展系主任，副教授

全国普通高等院校旅游管理专业类"十三五"规划教材
教育部旅游管理专业本科综合改革试点项目配套规划教材

总主编 ◎ 马 勇

旅游接待业
Hospitality Industry

主 编 ◎ 马 勇

华中科技大学出版社
http://www.hustp.com
中国·武汉

图书在版编目(CIP)数据

旅游接待业/马勇主编. —武汉：华中科技大学出版社，2018.10(2020.8重印)
 全国普通高等院校旅游管理专业类"十三五"规划教材
 ISBN 978-7-5680-4636-7

Ⅰ.①旅… Ⅱ.①马… Ⅲ.①旅游业-经营管理-高等学校-教材 Ⅳ.①F590.6

中国版本图书馆 CIP 数据核字(2018)第 229935 号

旅游接待业
Lǚyou Jiedai Ye

马　勇　主编

策划编辑：李　欢
责任编辑：倪　梦
封面设计：原色设计
责任校对：何　欢
责任监印：周治超
出版发行：华中科技大学出版社(中国·武汉)　　电话：(027)81321913
　　　　　武汉市东湖新技术开发区华工科技园　　邮编：430223
录　　排：华中科技大学惠友文印中心
印　　刷：湖北新华印务有限公司
开　　本：787mm×1092mm　1/16
印　　张：13.5　插页：2
字　　数：327千字
版　　次：2020年8月第1版第10次印刷
定　　价：48.00元

本书若有印装质量问题，请向出版社营销中心调换
全国免费服务热线：400-6679-118　竭诚为您服务
版权所有　侵权必究

Abstract 内容提要

本书具备前沿性、系统性、开放性与创新性,在系统引入国内外旅游接待业服务与管理理论的基础上,充分结合旅游接待与服务运营管理的实际,向读者全面地介绍了旅游接待业服务管理的核心概念、基本理念、原理方法和实践应用,力求建立起旅游接待业的科学知识体系。全书共分为十章,内容包括旅游接待业的概念体系、理念与方法,传统、新型和跨界旅游接待业务的主要类型和服务管理,旅游接待业的顾客关系、服务质量、信息系统、品牌战略等的管理以及服务管理创新。本书不仅适合旅游高等院校、旅游研究机构、高等职业教育、自学考试人员作为教材,而且对旅游行业服务管理、旅游职业培训等都具有一定的实用性和参考价值。

The book is pioneering, systematic, open and innovative. On the basis of the theory from home and abroad about service and management of hospitality industry as well as the practical cases, the book introduces the core concepts, basic ideas, methods and practical applications so as to establish scientific knowledge system of hospitality industry. The book consists of ten chapters, covering the concept system, principles and methods, main types and service management of traditional, new and cross-over hospitality industry. It also contains the management in customer relationship, service quality, information system, brand strategies and service management innovation. Not only is the book suitable for tourism colleges and universities, tourism research institutions, higher vocational education, self-taught examination as teaching materials, but also practical and valuable for the service management and professional training of tourism industry.

总 序

旅游业在现代服务业大发展的机遇背景下,对全球经济贡献巨大,成为世界经济发展的亮点。国务院已明确提出,将旅游产业确立为国民经济战略性的支柱产业和人民群众满意的现代服务业。由此可见,旅游产业已发展成为拉动经济发展的重要引擎。中国的旅游产业未来的发展受到国家高度重视,旅游产业强劲的发展势头、巨大的产业带动性必将会对中国经济的转型升级和可持续发展产生良好的推动作用。伴随着中国旅游产业发展规模的不断扩大,未来旅游产业发展对各类中高级旅游人才的需求将十分旺盛,这也将有力地推动中国高等旅游教育的发展步入快车道,以更好地适应旅游产业快速发展对人才需求的大趋势。

教育部2012年颁布的《普通高等学校本科专业目录(2012年)》中,将旅游管理专业上升为与工商管理学科平行的一级大类专业,同时下辖旅游管理、酒店管理和会展经济与管理三个二级专业。这意味着,新的专业目录调整为全国高校旅游管理学科与专业的发展提供了良好的发展平台与契机,更为培养21世纪旅游行业优秀旅游人才奠定了良好的发展基础。正是在这种旅游经济繁荣发展和对旅游人才需求急剧增长的背景下,积极把握改革转型发展机遇,整合旅游教育资源,为我国旅游业的发展提供强有力的人才保证和智力支持,让旅游教育发展进入更加系统、全方位发展阶段,出版高品质和高水准的"全国高等院校旅游管理专业类'十三五'规划精品教材"则成为旅游教育发展的迫切需要。

基于此,在教育部高等学校旅游管理类专业教学指导委员会的大力支持和指导下,华中科技大学出版社汇聚了国内一大批高水平的旅游院校国家教学名师、资深教授及中青年旅游学科带头人,面向"十三五"规划教材做出积极探索,率先组织编撰出版"全国高等院校旅游管理专业类'十三五'规划精品教材"。该套教材着重于优化专业设置和课程体系,致力于提升旅游人才的培养规格和育人质量,并纳入教育部旅游管理本科综合改革项目配套规划教材的编写和出版,以更好地适应教育部新一轮学科专业目录调整后旅游管理大类高等教育发展和学科专业建设的需要。该套教材特邀教育部高等学校旅游管理类专业教学指导委员会副主任、中国旅游协会教育分会副会长、中组部国家"万人计划"教学名师、湖北大学旅游发展研究院院长马勇教授担任总主编。同时邀请了全国近百所开设旅游管理本科专业的高等学校知名教授、学科带头人和一线骨干专业教师,以及旅游行业专家、海外专业师资等加盟编撰。

该套教材从选题策划到成稿出版,从编写团队到出版团队,从内容组建到内容创新,均展现出极大的创新和突破。选题方面,首批主要编写旅游管理专业类核心课程教材、旅游管

理专业类特色课程教材,产品设计形式灵活,融合互联网高新技术,以多元化、更具趣味性的形式引导学生学习,同时辅以形式多样、内容丰富且极具特色的图片案例、视频案例,为配套数字出版提供技术支持。编写团队均是旅游学界具有代表性的权威学者,出版团队为华中科技大学出版社专门建立的旅游项目精英团队。在编写内容上,结合大数据时代背景,不断更新旅游理论知识,以知识导读、知识链接和知识沾贝等板块为读者提供全新的阅读体验。

在旅游教育发展改革发展的新形势、新背景下,旅游本科教材需要匹配旅游本科教育需求。因此,编写一套高质量的旅游教材是一项重要的工程,更是承担着一项重要的责任。我们需要旅游专家学者、旅游企业领袖和出版社的共同支持与合作。在本套教材的组织策划及编写出版过程中,得到了旅游业内专家学者和业界精英的大力支持,在此一并致谢! 希望这套教材能够为旅游学界、业界和各位对旅游知识充满渴望的学子们带来真正的养分,为中国旅游教育教材建设贡献力量。

丛书编委会
2015 年 7 月

前言

中国已全面进入大众旅游的新时代。据国家旅游局(2018年3月组建为文化和旅游部)数据统计显示,2017年,我国旅游业持续高速增长,全年出入境旅游总人数达2.7亿人次,同比增长3.7%;国内旅游人数50.01亿人次,同比增长12.8%;实现旅游总收入5.40万亿元,增长15.1%;全年旅游业对GDP的综合贡献为9.13万亿元,占GDP总量的11.04%。旅游直接和间接就业7990万人,占全国就业总人口的10.28%。可见,中国已经成为世界第一大出境客源地和第四大入境目的地国家,旅游的国际化进程不断加快。

旅游业的强劲发展对我国的旅游接待服务也提出了更高的要求。一方面,我国国内外游客数量的高速增长与旅游者消费需求的不断升级,迫切需要我国提高旅游接待服务质量以充分满足人民日益增长的美好旅游生活的需要;另一方面,我国的旅游发展方式正在由规模速度发展向质量效益提升转变,要促进我国旅游综合实力的提升和推动我国从旅游大国向旅游强国迈进,也迫切需要我国不断提升旅游接待服务品质。因此,加强我国的旅游接待服务管理无疑是促进我国旅游产业加快转型与提档升级发展的关键所在。

根据教育部制定并于近期颁布的《旅游管理类本科专业教学质量国家标准》的最新要求,"旅游接待业"已经成为旅游管理类专业的四门必修专业核心课程之一。本教材即是为响应教育部颁布的旅游管理大类专业教学质量标准和要求编写而成,且是全国出版并公开发行的第一本旅游接待业统编规划教材,本教材在系统引入了国内外旅游接待业服务与管理理论的基础上,充分结合旅游接待业服务运营管理的实际,向读者全面地介绍了旅游接待业服务和管理的系列核心概念、基本理念、原理方法和实践应用,并广泛借鉴了国内外旅游接待业的先进服务与管理经验,力求让本书具备前沿性、系统性、开放性与创新性,建立起全新的旅游接待业学科知识体系。

本教材由教育部旅游管理教学指导委员会副主任、国家"万人计划"领军人才、国家教学名师、湖北大学旅游发展研究院院长马勇教授担任主编,对全书内容进行策划、组织、编写教学大纲,并负责统稿。全书内容共分为十章,分别是第一章"旅游接待业绪论",第二章"旅游接待业管理理念与方法",第三章"传统旅游接待业务管理",第四章"新型旅游接待业务管理",第五章"跨界旅游接待业务管理",第六章"旅游接待业顾客关系管理",第七章"旅游接待业服务质量管理",第八章"旅游接待业管理信息系统",第九章"旅游接待业品牌战略管理",第十章"旅游接待业服务管理创新"。其中,第一章和第四章为马勇教授和童昀博士负责编写,第二章、第三章、第六章为江西师范大学历史文化与旅游学院李丽霞老师和马勇教

授编写,第五章为马勇教授和张梦编写,第七章为马勇教授和胡娟编写,第九章为马勇教授和昆士兰大学任洁博士编写,第八章和第十章为马勇教授和朱建庄编写。

本教材从旅游管理类专业"厚基础、宽口径、重应用"的人才培养要求出发,并紧紧把握新时代旅游接待业的人才需求特点,将传统旅游接待业基础理论与现代旅游接待业最新研究成果均融入其中,将知识的普及与提高拓展、理论学习与实践应用等都进行了有机融合,因而,使本书具有较强的可读性和较宽广的适用性。本书不仅适合旅游高等院校、旅游研究机构、高等职业教育、自学考试的人员作为教材,而且对旅游行业服务管理人员、旅游职业培训等都具有一定的实用性和参考价值。

本教材在编写过程中曾得到了旅游接待业内专家和业界精英人士的大力支持,在此一并致谢!但由于编写时间仓促,编者知识和能力有限,书中难免有疏漏和不足之处,敬请广大同行及读者朋友们不吝赐教,以便我们今后能不断完善。

编 者

2018 年 8 月

Contents 目 录

第一章　旅游接待业绪论
Chapter 1　Introduction of hospitality industry

第一节　旅游接待业的概念与内涵 /1
❶ Concepts and connotations of hospitality industry

第二节　旅游接待业的基本特征与分类 /10
❷ Features and classifications of hospitality industry

第三节　旅游接待业研究的集中领域 /12
❸ Focused research areas of hospitality industry

第二章　旅游接待业管理理念与方法
Chapter 2　Managerial principles and methods of hospitality industry

第一节　旅游接待业管理的基本意识 /15
❶ Basic managerial consciousness of hospitality industry

第二节　旅游接待业管理的核心理念 /23
❷ Core managerial principles of hospitality industry

第三节　旅游接待业管理的科学方法 /29
❸ Scientific managerial methods of hospitality industry

第三章　传统旅游接待业务管理
Chapter 3　Traditional hospitality management

第一节　酒店接待业务管理 /36
❶ Hotel hospitality management

第二节　景区接待业务管理 /50
❷ Scenic hospitality management

第三节　旅行社接待业务管理　　　　　　　　　　　　　　　　　　　/56
❸　　Travel agency hospitality management

第四章　新型旅游接待业务管理
Chapter 4　New hospitality management

第一节　新型旅游接待业态概述　　　　　　　　　　　　　　　　　　/64
❶　　Overview of new hospitality industry

第二节　汽车营地旅游接待业务管理　　　　　　　　　　　　　　　　/67
❷　　Auto camps hospitality management

第三节　邮轮旅游接待业务管理　　　　　　　　　　　　　　　　　　/74
❸　　Cruises hospitality management

第四节　民宿旅游接待业务管理　　　　　　　　　　　　　　　　　　/82
❹　　Homestay hospitality management

第五章　跨界旅游接待业务管理
Chapter 5　Cross-industry hospitality management

第一节　跨界旅游接待业概述　　　　　　　　　　　　　　　　　　　/87
❶　　Overview of cross-industry hospitality industry

第二节　在线旅游接待业务管理　　　　　　　　　　　　　　　　　　/93
❷　　Online hospitality management

第三节　会展旅游接待业务管理　　　　　　　　　　　　　　　　　　/97
❸　　Exhibition hospitality management

第四节　特色小镇旅游接待业务管理　　　　　　　　　　　　　　　　/103
❹　　Characteristic towns hospitality management

第六章　旅游接待业顾客关系管理
Chapter 6　Customer relationship management of hospitality industry

第一节　旅游接待业顾客关系管理概述　　　　　　　　　　　　　　　/109
❶　　Overview of customer relationship management of hospitality industry

第二节　旅游接待业顾客关系管理的系统内容　　　　　　　　　　　　/114
❷　　Systematic contents of customer relationship management of hospitality industry

第三节　旅游接待业CRM的实施流程与策略　　　　　　　　　　　　　/122
❸　　CRM processes and strategies of hospitality industry

第七章　旅游接待业服务质量管理
Chapter 7　Service quality management of hospitality industry

第一节　旅游接待业服务质量管理概述　　　　　　　　　　　　　/130
❶　Overview of service quality management of hospitality industry

第二节　旅游接待业服务质量管理体系　　　　　　　　　　　　　/136
❷　System of service quality management of hospitality industry

第三节　旅游接待业全面质量管理　　　　　　　　　　　　　　　/141
❸　Whole quality management of hospitality industry

第八章　旅游接待业管理信息系统
Chapter 8　Management information system of hospitality industry

第一节　旅游接待业管理信息系统概述　　　　　　　　　　　　　/148
❶　Overview of management information system in hospitality industry

第二节　旅游接待业管理信息系统开发概述　　　　　　　　　　　/153
❷　Overview of management information system development in hospitality industry

第三节　旅游接待业管理信息系统的运行管理　　　　　　　　　　/158
❸　Operation management of management information system
　　in hospitality industry

第四节　旅游接待业管理信息系统的安全管理　　　　　　　　　　/162
❹　Security management of management information system in hospitality industry

第九章　旅游接待业品牌战略管理
Chapter 9　Brand strategy management of hospitality industry

第一节　旅游接待业品牌发展概述　　　　　　　　　　　　　　　/166
❶　Overview of brand development of hospitality industry

第二节　旅游接待业品牌塑造与推广　　　　　　　　　　　　　　/172
❷　Brand building and promotion of hospitality industry

第三节　旅游接待业品牌战略　　　　　　　　　　　　　　　　　/178
❸　Brand Strategies of hospitality industry

第十章　旅游接待业服务管理创新
Chapter 10　Service management innovation of hospitality industry

第一节　旅游接待业服务理念创新　　　　　　　　　　　　　　　/183
❶　Service notion innovation of hospitality industry

第二节 旅游接待业服务技术创新　　　　　　　　　　/187
❷　Service technology innovation of hospitality industry

第三节 旅游接待业服务产品创新　　　　　　　　　　/189
❸　Service product innovation of hospitality industry

第四节 旅游接待业服务模式创新　　　　　　　　　　/191
❹　Service mode innovation of hospitality industry

第五节 旅游接待业服务市场创新　　　　　　　　　　/200
❺　Service market innovation of hospitality industry

201 参考文献
References

第一章

旅游接待业绪论

学习目标

1. 旅游接待业的概念与内涵
2. 旅游接待业的特征与分类
3. 旅游接待业研究的集中领域

核心概念

旅游接待　　旅游接待业　　现代服务业

　　随着全球经济稳定全面持续发展,以及交通、通信等科学技术的日新月异,旅游接待业在全球范围内空前繁荣,成为拉动全球经济发展的强劲引擎,受到各国政府的高度重视和支持。为了更好地引导和发展旅游接待业,满足旅游接待业发展的人才需求,必须对旅游接待业进行正确认识。本章将从旅游与旅游接待、旅游接待业与现代服务业两大关系出发,重点讨论和阐释旅游接待业的基本概念、基本内涵、基本特征与分类,并梳理旅游接待业研究中的重点对象和关注焦点,以期为后续章节打好基础。

第一节　旅游接待业的概念与内涵

一、旅游与旅游接待

(一) 旅游接待的基本内涵

　　学界和业界已经对旅游的概念进行了较深入和广泛的讨论,并形成了基本共识。但是从目前来看,学术界(特别是国内学术界)对旅游接待的思考和认识还相当匮乏,更无从谈及达成共识。原因可能是多方面的:一方面,从重要性来说,"旅游接待"并不像"旅游"一样是旅游学科体系的"元问题",因此所受关注较少;另一方面,从必要性来说,不少人认为"旅游

接待"内生于"旅游"之中,研究"旅游"势必就研究了"旅游接待",抽离出来进行单独研究似乎并无必要。然而,随着旅游研究的不断推进和深化,面对旅游接待这个宏大且现实存在的社会经济活动和现象,认识何为旅游接待,以及旅游与旅游接待到底有何关系的需求越来越迫切。

1. "接待"所蕴含的主客情景

"接待"这个双音节词是由文言文的两个单音节词"接"和"待"组成的,两个字均有多重含义。"接"的字义中有"迎接、赠给"等意,"待"的字义包括"招待、相待、款待"等含义。在中国古代典籍中,"接待"表示"接纳、相待"之意,并且体现了鲜明的主客情景,例如"望之见纳朋,接待以意"(《汉书·萧望之传》)、"表欲得战士之力,倾意接待,士皆爱附,乐为用命"(《三国志·吴志·陈表传》)。

由于中文词语不做词性上的区分,"接待"一词同时包含了动词和名词两种词性。但是英语则会由于词性的不同而在单词形式上有所区别。鉴于探讨的是旅游接待的概念,本书不对英文中"接待"一词的动词进行讨论,而重点梳理作为名词的"接待"。通常情况下,"hospitality"和"reception"是较广泛使用的"接待"的英文名词。其中,"reception"来源于动词"receive"(接收、收到),因此,也呈现明显的主客情景,其反映的是特有情景下的接待行为。根据《美国遗产字典》的解释,"hospitality"与"hotel"和"hostel"等单词一样,都起源于一个中世纪拉丁词汇"hospes"(等同于 guest,即陌生人、外国人、客人的意思),并进一步演化为"hospitari"(等同于 be a guest,即做客的意思),以及"hospitabilis"(等同于 put up as a guest,put up 有提供食宿的意思)。由此可知,"hospitality"较"reception"一词而言,不仅主客情景更加明确,同时还包括特定的旅游情景含义,也正因为如此,"hospitality"一词更多地被使用在旅游领域,并逐步被赋予旅游接待的特殊含义。

不论是汉语中的"接待",还是英文中的"reception"与"hospitality",这些词语在词源上都表现出了鲜明的主客情景。"接待"所蕴含的主客情景,为我们理解"旅游接待"提供了启示。

2. "接待"所包含的构成领域

根据前文分析的"接待"含义,接待是一种涵盖主体和客体双方的活动。根据主体与客体的关系不同,以及接待活动目的的差异,国外学者大多认同将接待划分为私人接待和商业接待两个领域。其中,私人接待是指个人在家中款待亲友,其发生场景是家等私人场所,其接待目的不是盈利;而商业接待是指有偿提供膳食、住宿和娱乐,其最初从两个方面发展而来,一是为欧洲贵族提供的奢华住宿,二是为普通民众提供的普通住宿,其接待目的以盈利为主。"接待"所包含的私人与商业两个构成领域,为我们揭示"旅游接待"的内在属性提供了重要视角。

3. "旅游接待"的基本内涵

在前文分析旅游的概念与特征,以及论述"接待"的主客情景和构成领域的基础上,本书将尝试为旅游接待做出界定。我们认为旅游接待是接待的一种特殊种类。首先,旅游接待包含接待的一般属性,是涉及主体和客体双方的一种活动,其发生情景是客体进入主体势力范围之内,即旅游者进入旅游目的地范围内。其次,旅游接待活动并非私人领域的接待,而属于商业接待,旅游目的地的经营和服务主体所提供的有形产品或无形服务均以获取经济利益为出发点,这也意味着即使客体是探亲访友的旅游者,其亲友在家中的一切接待行为均不属于旅游接待的范畴。最后,从严格意义上来说,旅游接待的对象应当是旅游者,而非当地居民,例如,为当地居民提供服务的休闲游憩场所、生活服务设施等,则不属于旅游接待的范畴。

虽然本书尝试界定了旅游接待,但旅游业发展至今,其产业的多样性和复杂性让我们很难通过一个定义就清晰地区分什么是旅游接待,而什么又不是。例如,互联网技术的应用和普及,使我们无法严格地从空间上界定旅游接待;又例如,共享发展理念的普及,使我们很难判断基于共享理念的互助游、换房游所提供的食宿、休闲等有形产品和无形服务到底是否属于旅游接待。但这些"特例"并不影响我们对"旅游接待"的内涵做出上述的基本判断,即旅游者从旅游客源地进入旅游目的地后,旅游目的地的经营和服务主体出于获取经济利益的需要而提供有形产品和无形服务过程中所有的行为和关系的总和。

(二) 旅游与旅游接待的关系

梳理和探讨旅游和旅游接待的概念与内涵,为我们进一步认识旅游和旅游接待的关系做了准备和铺垫。

1. 旅游是生活接待向旅游接待转变的触发因子

在拥有一定人口的地域范围内,一定会有服务于当地居民的各种基础设施、商业设施、休闲设施,例如餐饮、购物场所、休闲会所等,我们不妨将仅服务于当地居民的这些设施和活动称为生活接待。但是旅游者一旦进入了当地,并有偿接受了上述设施场所的产品和服务,那就意味着旅游活动触发了旅游目的地生活接待开始向旅游接待转变。纵使这些产品和服务的供给者自身没有发生任何变化,但是我们认为其在属性上已经实现了跨越。

2. 旅游接待是旅游系统构成的供给方面

根据吴必虎提出的旅游系统结构,旅游系统由客源市场系统(需求系统)、目的地系统(供给系统)、出行系统(联结需求系统与供给系统的纽带)以及支持系统四大系统共同构成(见图 1-1)。根据旅游接待的内涵,旅游接待涉及的范畴应当是客体(旅游者)进入主体(旅游目的地)的势力范围内发生的有偿接受服务和产品的过程和关系。因此,我们认为旅游接待与旅游系统构成中的旅游目的地系统(供给系统)相对应,旅游接待是旅游系统中的供给方面,旅游目的地所包含的吸引物、设施(接待、娱乐、购物)和服务均属于旅游接待范畴。而且旅游接待通常是在旅游目的地空间内完成的。

3. 旅游活动和旅游接待相互促进

一方面,旅游接待是旅游活动顺利开展的基础条件。必要的旅游吸引物、设施、服务是旅游目的地吸引旅游者和发展旅游业的基本条件,而高质量的旅游接待供给和良好的旅游接待口碑则会增强旅游目的地的吸引力,进一步促进旅游活动的发生。另一方面,旅游活动的开展将促进旅游接待水平的提升。目前,中国全力推进的全域旅游发展战略,要求旅游目的地各行业积极融入其中,各部门齐抓共管,全城居民共同参与,充分利用目的地全部的吸引物要素,为前来旅游的游客提供全过程、全时空的体验产品,从而全面地满足游客的全方

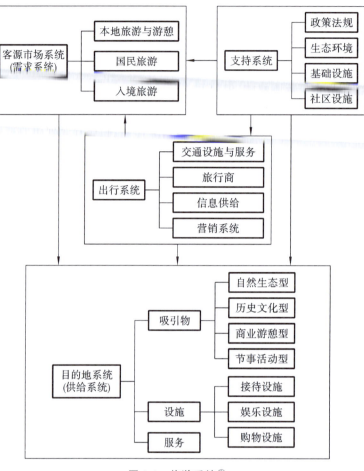

图 1-1 旅游系统[①]

位体验需求。[②] 这意味着,在全域旅游发展时代和全民旅游时代,旅游者大量进入和旅游活动的大规模开展,要求越来越多的生活接待向旅游接待转变,要求旅游接待的水平进一步提升。

二、旅游接待业的基本概念与基本内涵

前面的部分论述了旅游与旅游接待的基本概念、基本内涵以及相互关系,该部分将梳理国外旅游接待业的相关文献,并从广义和狭义两个方面深入探讨旅游接待业的基本概念,最后给出本书认为的旅游接待业定义。

(一) 旅游接待业的基本概念

目前,国外学术界对旅游接待业的基本概念仍存有分歧,而国内学术界和业界则对旅游接待业的基本概念的探讨仍不够深入。首先是因为就旅游接待业研究来说,旅游接待业的

[①] 吴必虎.旅游规划原理[M].北京:中国旅游出版社,2010.
[②] 厉新建,张凌云,崔莉.全域旅游:建设世界一流旅游目的地的理念创新——以北京为例[J].人文地理,2013(3).

基本概念是其元问题，但是又似乎不影响学者对旅游接待现象和旅游接待业的分开研究，因此，在探讨的必要性和迫切性上似乎又不那么重要。其次，旅游接待业产业构成复杂多样，由于国度不同，经济制度不同，看问题的角度不同，人们对旅游接待业认识也不同。下面我们尝试从广义和狭义两个方面进行阐释。

1. 广义的旅游接待业

由于很多行业都或多或少潜移默化地参与到旅游接待业中，因此，很多专家学者对旅游接待业给出了边界较开阔的定义。我们将这些定义称为旅游接待业的广义定义。

较早从广义视角定义旅游接待业的学者是 Carol A. King（1995），他在《What is hospitality?》一文中写道，在商业或组织环境中的旅游接待业是一种主客体之间特定的关系。在这种关系中，接待主体需要理解如何能给客人带来快乐、舒适和福祉，并在相互尊重的社会礼仪的过程中，在面对面的互动中慷慨并完美地提供服务，并且以提高宾客的满意度和发展重复业务为目标。在这一定义中，Carol 从历史和社会的双重视角将旅游接待业抽象为一种"关系"，并给出了一个旅游接待业模型（见图 1-2）。在这一模型中，旅游接待业是联结接待业从业人员主体和消费者客体的纽带，其包含的要素覆盖宾客抵达、服务提供、宾客离开的全过程。

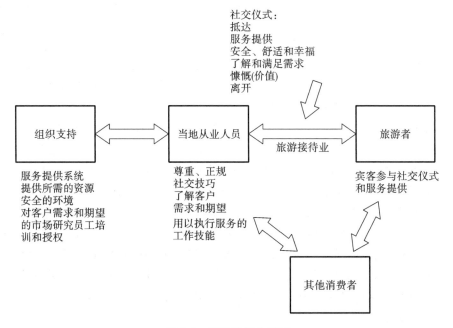

图 1-2 旅游接待业模型

很多美国学者也从广义视角定义了旅游接待业，Walker（2004）认为旅游接待业包括旅游、住宿、餐饮、俱乐部、博彩、景点、娱乐等领域。Ninemeier 和 Perdue（2005）认为应当把会展服务和娱乐管理也囊括到旅游接待业领域中。Teng（2011）则给出了外延更广的旅游接待业定义，他认为旅游接待业是利润驱动下的商业活动与传统款待活动的结合，在这一定义中，他强调了旅游接待业的经济属性，即以盈利为目的。

除了上述观点，Michael Ottenbacher（2009）更清晰地定义了广义上的旅游接待业（见

图 1-3)。他认为在学术界和业界的影响下,在社会文化、政治的推动下,旅游接待业的核心产业由六大产业构成,包括住宿业、餐饮业、休闲业、旅游景区、旅行业、会展业。这也是目前较受认可的旅游接待业广义定义。

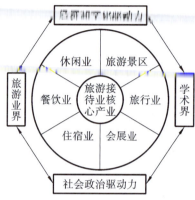

图 1-3 广义的旅游接待业①

2. 狭义的旅游接待业

与上述观点不同,很多专家学者认为旅游接待业的外延并没有那么广,应当从更谨慎的视角给旅游接待业做出定义。

一个相对权威也受到国际学术界认可的观点,是由接待业管理国际期刊的主编 Pizam 根据自身的研究和编审经验给出的。他在期刊的编者语《What is the hospitality industry and how does it differ from the tourism and travel industries?》一文中曾经给出了旅游接待业的定义,并分析了其与旅游业、旅行业的区别(见图 1-4)。根据他的观点,旅游接待业是由向旅游者、旅行者和当地居民提供住宿、食物、饮料和会议等的所有商业的集合。而且,他认为餐饮服务、俱乐部、辅助类生活服务是旅游接待业独有的组成部分,除此之外,会展业、休闲业、住宿业和餐饮业既属于旅游接待业,也属于旅游业。需要说明的是,他认为旅行社、旅游景区、旅游目的地营销、旅游规划与开发、旅游交通等只属于旅游业,而不属于接待业。

除此之外,国外多数研究者,诸如 Brotherton(1999)、Jones and Lockwood(2000)、Lashley(2001)等学者认为接待业是一种基于住宿和饮食并行的人文互惠活动②,早期,旅游接待业由提供食宿餐饮的活动组成。在住宿方面,包括由一般到奢华的各个等级。在餐饮方面,包括餐馆、俱乐部、酒店以及购物场所、火车、飞机、轮船等多种情境下提供的食物和饮料服务。总体而言,这些研究认为住宿和餐饮是旅游接待业的核心部分③。

3. 本书的观点

在理解上述旅游接待业广义定义和狭义定义的基础上,并结合本书之前给出的"旅游接待"的概念,同时根据互联网科技广泛应用以及旅游消费升级背景,本书尝试给出一个介于

---

① Michael Ottenbacher. Defining the hospitality discipline: a discussion of pedagogical and research implications[J]. Journal of Hospitality & Tourism Research,2009.

② Brotherton B. Towards a definitive view of the nature of hospitality and hospitality management [J]. International Journal of Contemporary Hospitality Management,1999(4).

③ 曾国军. 全球视野下接待业研究述评——基于 IJHM 的量化内容分析(2006—2015)[J]. 旅游学刊,2018(5).

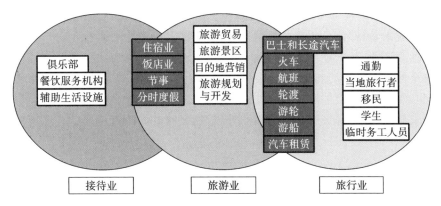

图 1-4　狭义的旅游接待业

两者之间的,同时较为清晰和与时俱进的旅游接待业概念。旅游接待业是指旅游目的地的经营和服务主体出于获取经济利益的目的,向旅游者提供各类有形产品和无形服务的过程中产生的行为和关系的总和。

(二) 旅游接待业的基本内涵

1. 服务对象:旅游接待业面向旅游者提供服务

从服务对象看,旅游接待业主要面向旅游者提供服务,这是旅游接待业的核心标志。一家餐馆如果只为当地人有偿地提供餐饮服务,那么它就不属于旅游接待业的范畴,但一旦该餐馆接待了一位旅游者,那么它就实现了生活接待向旅游接待的转变,也就成为旅游接待业的一部分。这也意味着,旅游接待业与生活接待业在某种程度上是交融兼用的,又因为很难分辨一家餐馆或超市商店有没有为旅游者服务,所以在现实中,我们往往不能也无需精准定义它们到底是不是旅游接待业。在大多数情况下,不妨采取较为宽松的界定,但这并不意味我们要在理论上缩小旅游接待业的范围。

2. 空间属性:旅游接待业应当位于旅游目的地范围内

从空间属性看,旅游接待具有鲜明的主客情境,旅游接待发生在旅游目的地地域范围内,这意味着旅游接待业同样应当位于旅游目的地范围内。这使我们无法不加前提地简单判断一项产业到底是不是旅游接待业。以旅游交通(航空、铁路)为例,一条相同的国内航线,对于国内旅游者来说,是联结旅游客源地与旅游目的地的通道,并不处于旅游目的地。因此严格来说,这并不属于旅游接待业范畴,但是对于国际旅游者来说,这条航线位于其旅游目的地国境内,因此属于旅游接待业范畴。

3. 行业理念:旅游接待业秉持以人为本和宾客至上的理念

从行业理念来看,旅游接待业是一项面对旅游者的产业,是一个好客产业,同时,旅游接待业提供的无形服务很大程度上无法通过明确的产品标准度量其优劣和把控其品质。自2010年以来,我国旅游业界提出了"中国服务"这一新命题,探讨"中国服务"应成为未来的国家战略。从旅游业拓展到整个服务业的"中国服务"将与"中国制造"共同构成产业振兴和中国腾飞的双翼。旅游接待业是组成"中国服务"的重要部分,所以旅游接待业必须秉持和践行以人为本和宾客至上的服务理念。

4. 产业构成:旅游接待业产业要素复杂多元

从产业构成来看,即使是狭义的旅游接待业,其涉及的产业要素也十分广泛。旅游接待业不是一项独立产业,其产业要素涵盖旅游者在旅游目的地旅游活动时所有需求的产业。特别是随着全域旅游时代的到来,旅游要素已经发生了深刻变革和拓展升级,由传统的"食、住、行、游、购、娱"六大要素扩展为"食、住、行、游、购、娱、尚、养、学、闲、情、奇"十二大要素。[①] 旅游消费需求升级,必然带来旅游供给侧的升级,这意味着旅游接待业的产业范畴也将更加复杂和多元。

三、旅游接待业与现代服务业

《国务院关于加快发展旅游业的意见(国发〔2009〕41号)》中,首次明确了旅游业"国民经济的战略性支柱产业和人民群众更加满意的现代服务业"的定位,表明现代服务业这个概念与旅游业和旅游接待业有着密切关系。因此,不仅在理解旅游接待业的概念时,而且在旅游接待业管理实践中,应该将其与现代服务业联系起来。

(一)现代服务业的概念

随着社会经济的发展,服务业的概念、内涵和外延不断地扩大,原有的服务业的概念与特征似乎不能再用来界定现代服务业,于是便诞生了现代服务业这一新的概念。

西方并不存在现代服务业这一概念。中国信息协会常务副会长高新民明确指出,"现代服务业是中国的特点,国际上没有叫现代服务业的","现代服务业是中国专门提出来的"[②]。"现代服务业"的提法最早出现在党的十五大报告中[③]。之后,在中央到地方的各级文件中,使用现代服务业的提法更为频繁。与此同时,学术界也开始对现代服务业展开研究,讨论了现代服务业的概念、特点等基本内容,但是对现代服务业的概念尚未达成共识。综合各方观点,现代服务业具有如下特征:①现代服务业是服务业;②现代服务业依托现代高新技术和现代管理制度;③现代服务业提供的服务产品附加值和技术含量高。在此基础上,我们认为现代服务业是采用现代科学技术和现代管理理念组织和发展起来的服务业。其中,新兴服务业是现代服务业的主要代表,改造后的传统服务业也是现代服务业的重要组成部分[④]。

(二)旅游接待业与现代服务业的关系

目前学界和业界对旅游接待业是否属于现代服务业有不同理解。但是从旅游接待业产业发展的角度来看,必须厘清旅游接待业与现代服务业的关系。一部分人认为旅游接待业是劳动密集型产业,提供基本生活性服务,技术和知识密集度不高,并不具备现代服务业特征,因此不属于现代服务业范畴;另一部分人则认为旅游接待业是一项综合性产业,随着其自身的发展,在涉及的很多接待业务中已经被现代化的新技术、新业态和新服务方式所改造,具有现代服务业特征,因此属于现代服务业范畴。基于前文对旅游接待业概念与内涵的理解,以及对现代服务业特征的认识,本书认为现阶段中国旅游接待业基本属于现代服务

---

① 李金早. 2015年全国旅游工作会议工作报告.
② 蒋三庚. 现代服务业研究[M]. 北京:中国经济出版社,2007.
③ 马勇. 现代服务业管理:原理、方法与案例[M]. 北京:北京大学出版社,2010.
④ 马勇. 现代服务业管理:原理、方法与案例[M]. 北京:北京大学出版社,2010.

业,是现代服务业的重要组成部分,而且以发展的眼光看待旅游接待业,其现代服务业特征愈发明显。下面本书将梳理属于现代服务业的旅游接待业内容,有利于后续章节以现代服务业相关管理理念、理论开展旅游接待业管理。具体而言,主要包括以下几个方面。

1. 由新技术升级改造的传统旅游接待业

传统旅游接待业中的旅游住宿、旅游餐饮、旅游游览、旅游交通、旅游购物、休闲娱乐等业务,经过科学技术的革新和管理方式现代化的发展,逐步转型升级,进而提供与原先传统旅游接待业完全不同的产品和服务。以在线旅行社(OTA)为例,随着互联网的发展,在线旅行社能够通过搜索引擎更广泛地传递旅游产品线路信息,通过旅游在线社区和互动式客服等方式接受游客咨询、进行产品质量和口碑管理,依托在线支付技术大大提升游客产品购买便捷度。OTA自身建设的技术密集、资本密集,以及运营过程中的信息密集,具备了现代服务业的某些特征,因此属于现代服务业。

2. 由新需求推动产生的新型旅游接待业

新型旅游接待业是在消费升级和技术进步双重驱动下诞生的旅游接待业新序列,它们在业态构成、技术应用、服务方式上与传统旅游接待业相比具有显著差异。例如,邮轮旅游接待业、汽车营地旅游接待业、民宿旅游接待业等都属于新型旅游接待业,它们是伴随着旅游接待业持续发展而出现的新业态。以邮轮旅游接待业为例,邮轮最开始只是一种长距离的水运交通工具,并不具备旅游接待功能,但是随着旅游需求侧的升级,集住宿、餐饮、交通、休闲娱乐、度假等各种功能要素于一体的豪华邮轮登上历史舞台。首先,这种邮轮的设计和建造依赖高端制造业,具有明显的知识密集和技术密集特点;其次,邮轮造价十分昂贵,具有资本密集特点,而邮轮船上的服务和港口服务则专业性很强,需要知识技能储备充足的人员参与,必然属于现代服务业。

3. 由新理念产业融合的跨界旅游接待业

旅游接待业是一项综合性服务产业,随着展览业、创意产业、高端制造业等其他产业的兴起,产生了一系列基于产业融合理念的跨界旅游接待业业态,例如,会展旅游接待业、特色小镇旅游接待业等。这些旅游接待业新业态由科技、资本、知识共同推动。同时,由于面向的服务对象由大众旅游者扩展至专业游客,其提供的服务和产品具有更高的价值,因此,属于现代服务业范畴。以特色小镇为例,特色小镇本身导入了核心产业,除了以旅游接待业为主的旅游特色小镇,还有以高端制造业、信息产业、金融产业、工艺品制造业、创意产业等为核心产业的特色小镇。这些小镇虽然非旅游接待业主导,但是仍然具有完备先进的旅游接待功能,实现了核心产业与旅游产业的跨界融合。根据住房城乡建设部、国家发展和改革委员会、财政部共同发布的《关于开展特色小镇培育工作的通知》,特色小镇原则上是建制镇,要有特色鲜明的产业形态、和谐宜居的美丽环境、彰显特色的传统文化、便捷完善的设施服务和灵活的体制机制。"美丽环境""传统文化""便捷完善"这三者一般而言是对旅游目的地提出的要件,是其成为特色小镇的硬性要求。从这个意义上来说,特色小镇既是先进的主导产业,又能融合旅游接待业。

第二节 旅游接待业的基本特征与分类

一、旅游接待业的基本特征

旅游接待业是旅游目的地空间范围内,以旅游吸引物为依托,以旅游接待设施为基础,以旅游产品为商品,直接或间接向旅游者有偿提供有形产品和无形服务的一切产业和部门的总和。除了兼具上述要素的某些基本特点,例如综合性、脆弱性、波动性之外,旅游接待业还具有一些自身的特点。

(一) 综合性

旅游接待业的一个显著特征是其综合性。首先,旅游接待业的要素构成具有综合性。旅游者在旅游目的地开展旅游活动需要涉及诸多要素,是一项以游览、休闲为中心内容的综合性消费,因此决定了旅游接待业具有综合性。旅游接待业为旅游者提供包括吃、住、行、游、购、娱等各个方面的一体化服务,提供多种多样的旅游产品满足旅游者多样化的旅游需要。如果按照广义的旅游接待业标准来看,其构成要素则更加丰富多样。其次,旅游接待业产业关联具有综合性。随着旅游社会化程度的提高,旅游接待业各相关企业出现了联带集中的趋势,具体表现为横向联合与纵向联合的方式。横向联合是指旅游接待业同一类型企业不同经营单位之间的合作。纵向联合是指旅游接待业与其在产业链上的上下游产业进行合作和链接。最后,从旅游接待业的发展趋势来看,旅游接待业的外延正在进一步扩展、边界进一步模糊,因此,也增强了旅游接待业的综合性和复杂性。

(二) 经济性

以经济收益为目的是区别私人接待与旅游接待的重要标志,因此,旅游接待业的经济性是不言而喻的,任何一个国家或地区发展旅游接待业都具有明显的经济动机。单纯从字眼上看,"业"本身就是经济生产范畴的概念,主要是指因社会分工而形成的各种经济生产职能与组织的分类。所谓"某某业"则指此种职能分类中具有共同生产性质或经营性质的具体劳动组合,是生产直接经济价值的特定劳动行业组织的业种称谓。[1] 旅游接待业是旅游目的地通过向旅游者提供旅游产品和服务获取经济利益的综合性行业,理所当然应该具有经济属性。

(三) 服务性

旅游接待业是以出售劳务为特征的服务性行业,它向旅游者提供的产品是固定有形的设施和无形的服务[2],使游客得到物质享受和精神满足,主要是以无形的服务产品为主,有形设施和产品是旅游接待业为旅游者服务的依托和手段。旅游接待业的各个组成部门分散在旅游目的地的不同地点,以不同的方式,借助不同的服务载体向旅游者提供不同内容的

---

[1] 马勇. 休闲学概论[M]. 重庆:重庆大学出版社,2008.
[2] 黄福才. 旅游学概要[M]. 厦门:厦门大学出版社,2001.

服务。

(四)外向性

根据前文对接待和旅游接待内涵和特征的解读,旅游接待业应当是旅游目的地构建的面向外来旅游者的产业集合,因此外向性是其显著特征。正因为旅游接待业服务对象上的外向性,要求旅游接待业在一定程度上保持旅游目的地原真性特色。同时,也要根据接待对象的偏好、结构、规模等因素,做出适应性调整,以满足市场需求。此外,旅游接待业产生的经济效益和文化社会效益也具有显著的外向性,旅游接待业可以完成创收、创汇的任务,还可以促进各国、各地区人民的相互交往,增进人民间的友谊。

二、旅游接待业分类

旅游接待业涵盖的产业内容极其广泛,可以从不同角度对其进行分类。由于分类视角并无定论,本书将选取以下几个代表性的角度进行分类。

(一)按接待功能划分

旅游接待业的各个组成部分在接待功能上有所差异,根据接待功能的不同,旅游接待业可划分为:①传统旅游接待业,指向旅游者提供基本接待服务的接待业,这与西方语境下的 hospitality 含义基本一致,也是旅游接待业发展过程中最先出现的部分,主要包括住宿和餐饮等基本服务,并进一步扩展至游览、购物、娱乐、内部交通等服务;②新型旅游接待业,指在旅游市场日趋成熟、旅游产业规模逐步扩大、产业结构不断调整的背景下,而出现的在原来传统旅游业态基础上形成的旅游接待业,具有新情景、新业态、新标准、新技术等特征,例如邮轮、汽车营地、民宿等;③跨界旅游接待业,指通过旅游业与其他产业高度融合形成的接待业新类型,例如会展旅游接待业、特色小镇旅游接待业等。

(二)按接待对象划分

旅游接待业的服务对象应当是旅游者,但是旅游者仍然是具有较大差异性的群体,而面对不同的旅游接待对象,旅游接待业也有相应区别,可分为:①普通旅游接待业,指向普通旅游者提供住宿、餐饮、游览、休闲等服务为主的接待业,其特征是大众性且门槛较低;②商务旅游接待业,指向商务旅游者在提供普通旅游接待的基础上,进一步提供展览、会议、考察、咨询等服务的接待业,会展业即属于商务旅游接待业,其特征是专业性和高端性;③公务旅游接待业,指向公务旅游者专门提供的旅游接待服务的行业总和,公务旅游接待业往往具有定向性、不向市场开放等特征。

(三)按接待方式划分

旅游接待业提供的各项服务和产品中,有的是直接面对游客的窗口服务,有的是间接服务游客的后台服务,根据其接待方式有所不同,可分为:①直接型旅游接待业,指直接向旅游者提供产品或服务的接待业,大部分旅游接待业都属于直接型旅游接待业,例如酒店、景区、餐饮、讲解等;②间接型旅游接待业,指间接向旅游者提供产品或服务的接待业,例如,旅游市场秩序监察和管理、旅游地产中的物业服务、旅游基础设施运营和维护等。

(四)按接待性质划分

根据旅游接待业的性质不同,可分为:①生活型旅游接待业,指同时向旅游者和当地居

民提供服务的接待业,例如酒店、餐馆、超市、商场、休闲场所等;②公共型旅游接待业,主要指由政府部门提供的具有公共属性的接待,例如市政公共交通、城市公园、公共厕所等;③专业型旅游接待业,指专门面向旅游者的接待业,例如旅游景区、旅游购物商店、旅游交通专线、导助等。

第三节 旅游接待业研究的集中领域

旅游接待业不仅作为一种产业经济现象,也是旅游学术研究的对象之一。与我国旅游接待业迅速发展的行业背景不匹配的是,国内以"旅游接待业"术语开展的研究十分匮乏,因为人们对旅游接待业的概念尚未达成共识。但是,如果梳理国内文献就会发现,国内学者对"旅游接待业"概念的探索几乎没有,甚至可以说是选择性忽视了"旅游接待业"这一研究问题。而国外则较有针对性地以"hospitality"术语开展了很多基础性的探索。需要说明的是对"旅游接待业是什么"这一元问题探索的缺失,似乎没有影响旅游接待业子问题的研究开展。因为无论是广义还是狭义,旅游接待业包括的产业要素足够丰富和多元,以酒店、餐饮、旅行社等为对象的研究浩如烟海。从宏观层面整体把握现有旅游接待业的研究进展和研究重点,有助于读者更深入、更全面地理解旅游接待业的内涵和内容。下面本书将从旅游接待业研究的重点对象和关注焦点两个方面做阐释。

一、旅游接待业研究的重点对象

由于旅游接待业涉及的要素十分广泛,很难对国内外旅游接待业研究做一个全景式的完整梳理。IJHM(International Journal of Hospitality Management)是较权威和对口的旅游接待业管理学术期刊,曾国军对IJHM上2006—2015年的983篇载文进行了文献计量分析,分析结果对于探讨旅游接待业研究的重点对象有所启示。根据他的结果可知,旅游接待业研究的重点领域包括酒店(63.3%),食品服务(23.5%),消遣、体育和娱乐(4.1%)、住宿(4.0%)、旅行和旅游(2.8%)、商品(2.2%)、运输服务(0.1%)等七大方面。其中,酒店与餐饮研究是旅游接待业研究的重点对象。本书基本认可曾国军得出的结论,但是,我们认为在经济和政策的共同作用下,中国旅游接待产业的范围将不断扩大,包括博彩、邮轮、会展、汽车营地等在内的研究对象会成为未来旅游接待业研究的重点关注对象(见图1-5)。

二、旅游接待业研究的关注焦点

纵观IJHM载文的主题,并借鉴Law等人在《A systematic review, analysis, and evaluation of research articles in the Cornell Hospitality Quarterly》研究中使用的分类框架,旅游接待业研究的关注焦点主要包括以下十二个方面:会计与财务、消费者行为、餐饮服务管理、旅游接待业教育、绿色环保问题、人力资源管理、信息技术和管理信息系统、法律、市场营销、运营管理、战略管理、其他。[①] 这些关注焦点基本覆盖了旅游接待业所涵盖的各种研

---

① 曾国军.全球视野下接待业研究述评——基于IJHM的量化内容分析(2006—2015)[J].旅游学刊,2018(5).

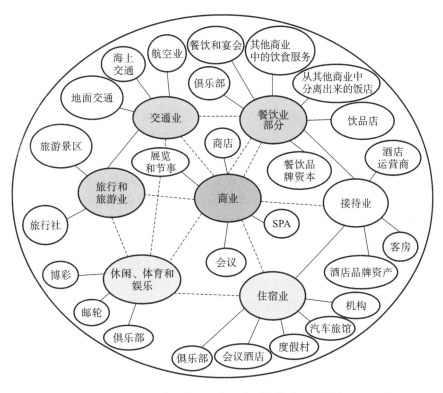

图 1-5 旅游接待业研究重点对象的关系网络①

究子对象的方方面面(见表 1-1)。

表 1-1 旅游接待业研究焦点②

研究焦点	描 述
会计与财务	收入、费用、利润等相关问题
消费者行为	购买决策过程,偏好、满意度、忠诚度、感知等消费者体验
餐饮服务管理	学校所提供的教育
旅游接待业教育	包括餐厅的环境、食品、人员的服务质量
绿色环保问题	包含企业能源方面的问题
人力资源管理	招聘、培训、职业规划、员工满意度忠诚度、离职率、劳动契约、员工的知识和相关技能等,包括整个行业的人力情况和具体企业的人力资源
信息技术和管理信息系统	企业各类信息系统(Opera,PMS等)、与电子计算机相关的系统
法律	法律、伦理、道德等相关问题,运营过程中涉及法律/合法性的有关问题
市场营销	营销和促销,包括与企业社会责任相关的企业行为、公益慈善行动等
运营管理	日常运营:企业(除餐饮外)的服务流程、质量等方面的安排、管理、监控等微观层面

---

①② 曾国军.全球视野下接待业研究述评——基于IJHM的量化内容分析(2006—2015)[J].旅游学刊,2018(5).

续表

研究焦点	描 述
战略管理	宏观层面的战略性规划
其他	难以分类的问题

从上述研究焦点来看,目前国际旅游接待业研究重点聚焦于人的行为研究,即包括旅游者个体和接待业员工群体。这主要是由旅游接待业自身的人本属性决定的,这也进一步使参与旅游接待业研究的学科构成以管理学、心理学、行为学为主。此外,关注旅游接待企业的经营过程,也是国际旅游接待业的重要议题。这是因为,旅游接待业的本质属性是一项经济性产业,由诸多企业构成。如果说基于人的研究和基于企业的研究是旅游接待业长久不变的研究对象和视角,那么,随着互联网大数据等信息科技的兴起和广泛运用,以及生态文明和绿色发展理念的深入人心,有两个方向的研究将逐渐成为旅游接待业未来的研究焦点:第一个是基于大数据的旅游接待业研究,议题包括大数据支持下的接待业营销、服务流程优化、旅游者行为研究等;第二个是基于可持续发展的旅游接待业研究,其重点关注旅游接待业的环境效应、节能减排措施、产业生态效率、绿色全要素生产率等。

思考与练习

1. 简述旅游与旅游接待的关系。
2. 从广义和狭义两个方面理解旅游接待业的基本概念。
3. 怎样理解旅游接待业的内涵?
4. 简述旅游接待业和现代服务业的关系。
5. 旅游接待业具有哪些特征?
6. 旅游接待业学术研究主要集中在哪些领域?

第二章

旅游接待业管理理念与方法

学习目标

1. 旅游接待业管理的基本意识
2. 旅游接待业管理的核心理念
3. 旅游接待业管理的科学方法

核心概念

服务意识　顾客满意　超值服务　顾客关系

　　旅游接待业是现代服务业的重要组成部分,它主要为旅游者提供食、住、行、游、购、娱等专业性的接待服务。除此之外,也能为当地居民的日常生活、学习工作和娱乐休闲等提供不可或缺的服务。因此,旅游接待业是一门社会科学,它不仅能在一定程度上反映地区经济社会的发展水平,同时也能体现人们对美好生活质量的需要。

　　旅游接待业必须随着社会的发展、需求的变化而不断变革其管理理念和方法,那么,旅游接待业管理者应该具备怎样的基本意识和核心理念呢?如何通过人性化的服务管理理念营造和谐环境,让旅游接待业活跃的因素充满活力和竞争力,以及如何实施科学的旅游接待业管理方法,都将是本章要着力探讨的重要内容。

第一节　旅游接待业管理的基本意识

一、服务意识

(一)服务及服务意识概述

1. 服务

服务是指为他人做事,并使他人从中受益的一种有偿或无偿的活动。就旅游接待业而言,服务则是一种有偿的经济活动,是旅游接待企业及其员工凭借某种工具、设备、设施和媒体等,向消费者个人或组织团体提供的旨在满足其特定旅游需求的一系列服务接待活动。其生产可能与物质产品有关,也可能无关,并主要以活动形式表现其使用价值或效用。

西方旅游服务接待领域普遍认为,服务就是SERVICE(本意亦是服务),其每个字母都有着丰富的含义。

S——Smile(微笑):服务员应该对每一位顾客提供微笑服务。

E——Excellent(出色):服务员应将每一道服务程序、每一个微小服务工作都做得很出色。

R——Ready(准备好):服务员应该时刻准备好提供服务。

V——Viewing(看待):服务员应该将每一位顾客看作需要提供优质服务的VIP贵宾。

I——Inviting(邀请):服务员在每一次接待服务结束时,都应该显示出诚意和敬意,主动热情地邀请宾客再次光临。

C——Creating(创造):每一位服务员不仅要为顾客精心创造出热情周到服务的氛围,更应该秉持创新精神,时时刻刻竭尽所能为顾客创造优于标准化和规范化服务的个性化超值服务。

E——Eye(眼光):每一位服务员始终应该以热情友好的眼光关注宾客,适应宾客心理,预测宾客要求,及时提供有效的服务,使宾客时刻感受到服务员在关心自己。

2. 服务意识

在现代的市场竞争中,产品价格和质量已经不是竞争的主要渠道。美国哈佛商业杂志的研究报告曾指出,再次光顾企业的顾客可以为企业创造25%—85%的利润。而吸引他们再次光临的主要因素,首先是服务的质量好坏,其次是产品本身,最后才是价格。由此可见,服务才是现代市场竞争的焦点所在。

从消费者的角度来讲,随着经济的飞速发展,消费者已不再仅仅追求物质产品本身所获得的利益。根据马斯洛需求层次理论,当人们的生理和安全的需求获得满足后,人们会追求更高层次的精神需求。因此,服务性产品日益受到消费者的青睐,企业只有时时刻刻为顾客着想,充分满足顾客心理和精神上的需求,才能创造高质量的服务。也只有高质量的服务,才能使顾客以更多的热情购买产品来回报企业,企业才能在顾客心目中树立良好的形象,赢得好口碑,企业和顾客的关系才能进入良性循环。

对于旅游接待业来说,激烈的市场竞争已经使各个企业产品之间的差异性越来越小,也就是说,产品和产品之间更加容易复制和模仿。在目前的市场下,旅游接待业产品的利润很低,这使企业必须在提高技术水平、增强品牌意识的同时,开始注重服务的竞争。服务意识,是对旅游接待业服务人员的职责、义务、规范、标准、要求的认识,要求服务员时刻保持其在客人心中的真诚感。旅游接待业提供服务的直接对象是顾客,完善的服务行为能直接在客户中树立良好的市场形象。旅游接待业之间的服务竞争已经取代了物质产品和价格的竞争,上升为旅游接待企业最核心的竞争,是其市场竞争取胜的主要手段。

(二)旅游接待业服务意识的表现形式

对于旅游接待业来说,服务是最能创造价值的营销利器,服务意识应当根植于旅游接待业管理者和每个员工的观念中,旅游接待业的服务内容包括售前、售中、售后等全方位、全过程的服务,旅游接待业服务意识必须以一种可以让顾客感知的方式表现出来,具体可从以下四个方面予以体现。

1. 服务仪表

所谓服务仪表,就是服务人员在服务中的精神面貌、容貌修饰和着装服饰等方面的要求和规范。着重反映在以下几点:①微笑服务,这不仅仅是旅游接待业迎宾的基本要求,也是现代服务业礼节礼貌的基本要求,旅游接待业服务员对待宾客的微笑服务要做到"三米八齿"原则,即三米微笑、一次微笑要露出八颗牙齿;态度要和蔼、热情、真诚、不卑不亢、大方有礼。②经常修饰容貌,上岗前要着淡妆,保持良好的精神面貌;要注重个人的清洁卫生,做到四勤,即勤洗澡、勤理发、勤修指甲、勤换衣服。③着装整洁,服务员要按照季节、场合,穿统一规定的工制服,服装要洗涤干净,熨烫平整,纽扣要扣好;上岗前应对照员工通道处的更衣镜检查自己的衣着容貌,待一切完好后方可精神饱满地踏上工作岗位。

2. 服务言谈

服务言谈指服务人员在迎客接待服务中与顾客语言交流谈吐等方面的具体要求。主要有以下几点:①遇见顾客要遵循"三米八齿"的微笑原则,主动向客人问好。如"您好""早上好""晚上好"等。②和顾客谈话时,应与顾客保持适宜的距离,一般以一步半为宜。说话的语音语调要亲切自然、诚恳大方,语言表述要得体,简洁明了,尽量多使用服务接待日常用语。③在与宾客对话时,要注意倾听,让对方把话说完,应充分尊重顾客,不能抢话、插话或急于辩解;当有需要向顾客提问时,也应注意分寸,语言适当。④顾客之间在交谈时,不要趋前旁听,不要在一旁窥视,更不要随便插话干扰。即使有急事非找顾客不可,也不要打断他们的谈话,而应在一旁稍候,待顾客有所察觉后,先说声:"对不起,打扰一下",在得到顾客允许后再发言。⑤正确地称呼客人。应根据顾客的年龄、身份、职务、性别、婚否来确定对宾客的称呼,不能直接点名道姓。如对男宾可称"先生",对已婚女宾可称"太太",对宗教人士一般称"先生",有职务的称职务。

3. 服务举止

服务举止是对服务人员在服务接待工作中的行为、动作以及肢体语言等方面的具体要求。作为一个合格的服务员必须做到:①举止端庄,坐要正直,站要直立,精神饱满,不能前俯后靠,弯腰驼背;②动作文明,在宾客面前严禁各种不文明的举动,上岗前严禁吃带有强烈异味的葱、蒜、韭菜等食物;③在工作时应做到"三轻",即说话轻、走路轻、操作轻;④服务员在地方狭小的通道、过道或楼梯间遇到顾客时,不能强行穿行,应先道一声:"对不起,请让一下",待对方挪动后再从侧面或背面通过,如果无意中碰撞顾客,应先主动表示道歉,说声"对不起",方可离去;⑤充分尊重每一位顾客,对容貌体态奇特或穿着奇装异服的顾客,不能讥笑模仿、交头接耳议论或指手画脚,应一视同仁地服务接待;对身体有缺陷或病态的顾客,更不能有任何嫌弃的表情和动作,应热情关心,周到服务。

4. 服务礼仪

服务礼仪是对服务人员在旅游服务接待工作中,在接待礼遇规格和礼宾顺序方面应遵循的基本要求和服务规范。有几点值得注意:①在服务接待工作中,应严格遵照规格和礼宾

顺序,如在酒店餐饮服务工作中,要做到先客人、后主人、先女宾、后男宾、先主要宾客、后其他宾客。②服务员不能随意向顾客打听其年龄、职务、工资收入等隐私,也不要轻易向顾客了解其随身的服装、首饰及贵重物品的价格、产地等,更不能对顾客的物品表露喜爱或羡慕,以免产生不必要的误会和纠纷。③不轻易接受顾客赠送的礼品,如出现不收可能失礼时,应表示深切谢意,礼品收下后及时交领导处理。④当有顾客从服务员身边经过时,服务员一定要点头示意表示礼貌;当顾客结束旅游行程准备返程时,应主动欢送,与客人道别,并真诚地说:"再见,欢迎您再来。"

(三)旅游接待业服务质量

1. 旅游接待业服务质量的五个维度

旅游接待业在提供服务的过程中,必须高度重视服务质量,旅游服务质量的好坏关系到企业的生存与发展,是塑造企业形象、打造企业品牌的关键所在。决定旅游接待业服务质量的因素主要有以下五个维度。

(1)可靠性,即旅游接待企业具备完全、准确地履行服务承诺的能力。

(2)迅速反应性,即旅游接待服务人员具有时刻关注和帮助顾客的思想并具备能迅速提供相应服务的素质能力。

(3)可信性,即旅游服务接待人员的知识、礼仪和专业技能具备传达自信和让人信任的能力。

(4)情感移入,即旅游接待服务人员能够及时觉察、认同和体验顾客的情绪情感,并及时表示关注以及个人的关心。

(5)有形性,即前述服务有形提示的能力。有形提示能力指旅游接待企业能通过自己的有形环境、设施、工具、人员、信息展示等向顾客提示服务质量。有形性是顾客感知服务质量的一个重要维度,并能加深顾客对旅游接待企业其他四个维度的感知。

2. 旅游接待业服务质量应把握的要点

服务质量对旅游接待业的重要性不言而喻,是企业生存和发展的基础,旅游接待企业要提高服务质量,应把握以下几个方面的要点。

(1)树立"服务第一,顾客至上"的战略观念。令顾客满意是企业一切工作的出发点,也是公司长远战略制定、具体行动计划方案选择的重要指南。充分了解旅游目标市场顾客的需求,制定出有针对性的战略和行动计划去满足其需求,实现顾客满意甚至顾客忠诚,营造企业口碑,树立企业良好形象。

(2)为服务规定高标准。旅游接待企业应从高层管理开始,对服务质量进行全面承诺和管理,尤其要制定全面质量标准,定期对企业各部门及其员工进行考核,对不合乎质量要求的产品、服务或接待人员,能做出及时的处理。如瑞士航空公司的目标是:要求96%以上的旅客评价其服务为优良,否则便采取行动。

(3)服务绩效监督制度。旅游接待企业要制定和实施完善的绩效管理制度,对本企业的服务绩效和竞争者的服务绩效都定期进行核对、评价,知己知彼,以不断提高本企业的服务质量。

(4)尽量使抱怨的顾客得到满足。通过有效途径及时收集顾客的意见和建议,对顾客的各种抱怨和投诉能做出及时、宽宏大量的反应和处理,并尽可能通过服务补救令顾客满意。

(5) 使职员和顾客感到满意。顾客享受到的所有服务都是通过旅游接待一线员工提供的,因此,基层员工与管理者的关系往往能在很大程度上反映员工与顾客关系。管理部门应尽量保证员工对工作的满意度,创造一个对优良服务给予奖励的环境。

有关旅游接待业服务质量管理的具体内容,本书将会在后面的第七章中做具体而详细的介绍。

二、竞争意识

随着我国对外开放程度的不断加深,我国各行各业都融入全球激烈的市场竞争中。对旅游接待业而言,企业要生存、要发展,必须具有强烈的竞争意识,要将其当作一种观念来指导企业的经营决策和经营活动,使其决策具有竞争性,活动具有竞争性,服务接待人员也具有竞争性。在市场经济条件下,任何一个企业都不能永远保持成功。世界酒店集团百强排名年年都在发生变化,有些酒店集团从中消失了,又有一些新的酒店集团挤了进来。因此,在现实生活中,旅游接待企业要想在竞争中立于不败之地,就必须树立正确的竞争意识,合理地运用竞争战略,不断培育企业的核心竞争力。

(一) 旅游接待业的竞争意识

市场经济是竞争经济,竞争意识是企业赖以生存和发展的基础,也是一个人立足社会不可缺少的一种精神。随着我国社会主义市场经济从低级向高级发展、从国内市场走向国外市场,我国各行各业面临的竞争也越来越激烈。旅游接待业也是如此——从小规模的分散竞争发展到大集团集中竞争,从国内竞争发展到国际竞争,从单纯产品竞争发展到综合实力的竞争等。因此,旅游接待业管理者必须具备强烈的竞争意识,拥有开放性的思维和广阔的视野,并时刻保持竞争的头脑,积极融入全球旅游接待业的竞争之中,敢于竞争,善于竞争,才能在激烈的竞争中取得成功。

(二) 旅游接待业的竞争方式

竞争无所不在,无时不有,竞争的表现形式亦多种多样。旅游接待业的市场竞争主要体现在服务竞争、营销竞争、品牌竞争和文化竞争四个方面。

1. 服务竞争

服务竞争主要体现在创新服务理念、优化服务流程、提升服务技能、增强员工服务素养、升级智能服务系统等方面,从而不断提高服务质量,以比竞争者更优质的产品和服务满足顾客需求。

2. 营销竞争

在新的时代,旅游接待业的营销竞争着重体现在创新营销思想、制定营销战略、积累营销资源、选择营销手段、实施营销管理等方面,通过竞争的思维和方式思考营销战略战术、选择营销策略,以培养营销能力,最终实现企业营销竞争能力的提升。

3. 品牌竞争

品牌是企业所独有的、不能被竞争对手轻易模仿的一种竞争力,它是企业核心竞争力的

外在表现,有不可替代的差异化能力。强势的品牌产品不仅具有更高的品质认知,而且还具有较强的溢价功能,能卖出比竞争对手更高的价格,并能获得更多的顾客认同,从而使企业具有能够持续赢利的能力。

4. 文化竞争

旅游接待业的文化竞争主要是指企业文化竞争。所谓企业文化,简而言之,就是企业里面一脉相承、独立而又完整的理念体系的总和,包括企业领导者的管理思想、经营理念,企业的制度和服务文化,以及员工言行举止、仪容等外在的形象气质风格。企业文化是一个企业区别于其他企业的存在形态,它的正确性、先进性、完整性决定着一个企业的竞争力和长远发展的能力。

(三)旅游接待业的竞争道德

竞争是激烈的,但在竞争中又必须遵守竞争道德。优胜劣汰是市场竞争中的根本法则,但这种法则是建立在公平竞争的基础上的。事实上,旅游接待业不同企业之间的竞争,旅游接待的竞争应是一种竞合关系,即在竞争中求联合,在联合中有竞争,在竞争中共同发展。且竞争只是一种手段,顾客导向要高于竞争导向,因为旅游接待业的根本目的是满足顾客需求,而不仅仅是打败竞争对手。因此,旅游接待业具有竞争意识,并不意味着旅游接待业可以不择手段地进行不公平竞争,旅游接待业必须在遵守行业规则和社会道德的基础上进行合理合法的竞争。此外,竞争意识本身要求旅游接待业要具有团队意识、创新意识,通过团队建设和服务运营管理等的创新以取得竞争优势。

三、团队意识

(一)团队意识的功能和作用

团队意识是企业员工主动将自己融入整个团体,并自觉对整体利益进行思考的一种主观意识,它是一个团体良好凝聚力和战斗力的重要体现。良好的团队意识能够将整个企业拧成一股绳,让每一位企业员工士气高昂、精力充沛地工作,更好地发挥整体的作战能力。只有企业的团队意识越强,它的生命力才有可能越旺盛、越长久。因此,旅游接待业必须充分认识到企业团队意识的功能和作用。具体来说,企业团队意识的功能和作用主要体现在以下几个方面。

(1)系统效应。表现为企业整体的一种集体力,即 $1+1>2$ 的结合力,团队的有效合作与密切配合能够极大地提高企业的工作效率,不断创造企业奇迹。

(2)凝聚效应。表现为企业全体成员的向心力、凝聚力,员工真正把自己看成是企业的一部分,全体成员利益一致,心往一处想,劲往一处使,相互之间真诚地关心和帮助。

(3)归属感。员工将企业作为自己全部生活的依托和归宿,并以自己作为企业的一员而自豪,企业对其而言就像一个大家庭一样的存在。

(4)安全感。每个员工都深深感受到企业是保障其基本生活和安身立命的地方,能够给自己带来稳定的经济收入来源,维持自己及家人的正常生活。

(5)幸福感。每一个企业成员都能够在企业团队里面找到自我存在的价值,感受到自己被团队需要,是企业团队不可缺少的部分。团队成员之间建立了互信互助、团结向上、和谐友爱的情谊,每个人都能在愉悦、稳定的工作环境中和自我价值的实现中收获幸福感。

（二）团队意识的培养

旅游需求的持续旺盛促进了旅游接待事业的不断繁荣,也带来了行业间的强大竞争。对旅游接待企业而言,培养员工的团队意识至关重要,它是促进企业竞争力提升、推动企业持续发展的重要源泉。具体来说,团队意识应着重从以下几个方面进行培养。

1. 确立明确的、深入员工内心的团队目标

旅游接待企业首先需要确定明确的方向和目标,好比众人划桨开大船,企业目标能够带领大家朝着共同的方向努力、拼搏,直至达到预期的结果。其次,企业目标必须经过深思熟虑后制定,并符合自身发展要求。最后,目标一经制定,必须向企业全体员工进行传达、解释和宣讲说明,不仅要让每位员工清楚明白企业制定目标的依据,并时刻将企业目标牢记于心,还必须得到每一位员工的深深认同,让其自觉地统一思想、达成共识,明确努力方向,明晰工作任务,这样才能有计划、有目的地去实现企业的目标。

2. 培养员工的角色意识和主人翁意识

首先,每位员工都应该有清楚的角色认知,员工不仅要明确地意识到自身对企业团队应尽的责任和义务,以及应该享受到的权益,还应清楚自己所在的旅游接待企业在整个旅游接待业社会系统中的地位,并自觉、自愿地投入其中,明白自己的岗位工作在企业团队中的地位、职责和权利义务,不仅能正确处理自身同企业团队成员之间的关系,还能正确处理个人利益和团队利益之间的关系,并能在保证团队整体利益最大化的前提下开展工作,在企业中实现自我价值。其次,旅游企业要培育员工的主人翁意识,要创建浓厚的亲情文化,使员工具有强烈的主人翁情怀,把企业视同自己的家,意识到自己是企业这个大家庭不可缺少的一名成员,自己有义务且心甘情愿地为实现企业的目标和任务贡献自己的全部力量,并对企业这个"大家庭"目标的实现充满信心。

3. 培养员工对企业的高度信赖感和服从意识

首先,旅游接待企业的管理者应具有较高的人格魅力和管理才能,能让企业员工对企业的管理者和上级部门充分信赖,并自愿服从管理者或领导者的指挥和调配。其次,旅游接待企业必须通过亲情式的管理和人文化的关怀,加强与员工的情感联系,通过物质和精神上的双重激励提升员工对企业的归属感和高度信赖感。最后,旅游接待企业还必须培养员工自觉的服从意识。这里的服从并不是指盲从,而是员工从主观上认为自己是企业团队不可或缺的一部分,主动、自觉地服从、执行组织原则,尤其当个人利益与企业的整体利益发生冲突时,员工会自觉地将个人目标与企业目标协调一致,甚至能够舍弃个人利益而坚定地维护企业的整体利益。

4. 培养员工的个性化意识与能动创造性意识

旅游接待企业必须注重员工个性化意识的培养,不仅要根据员工的兴趣、爱好和特长等因素积极培育、开拓员工的个性,还应在强化员工组织纪律性的基础上,鼓励员工充分发挥和展示自身的优势,为企业的可持续发展贡献智慧和力量,即企业应充分发挥员工能动的创造性,使员工队伍充满活力,并在精诚合作、团结互助的过程中保持企业的创新能力,不断增强员工对自身企业团队的归属感和自豪感。

5. 培养员工的参与意识与合作化意识

旅游接待企业必须强化团队员工的参与意识，企业高层领导和管理者的智慧毕竟是有限的，只有充分调动全部员工的积极性并使其参与到管理活动中来，才能使企业更具有竞争力和生命力。因此，企业团队必须通过各种渠道驱动员工积极主动地参与到企业的生产经营等各项活动中去，并积极为企业的经营服务和管理活动献计献策，企业只有充分吸收全体员工的智慧和力量，才能更好更快地完成企业团队的共同目标和任务。此外，旅游接待企业还需注重团队员工合作化意识的培养。在新的时代，旅游市场需求越来越多样化，旅游接待企业所面临的情况和环境也更加复杂，在很多情况下，单靠个人能力很难处理好各种错综复杂的问题。因此，旅游接待企业迫切需要组织成员之间相互依赖，互助互爱，信息共享，行动统一，齐心协力，最终形成合力，为旅游接待服务工作注入无穷无尽的能量，顺利完成每一次的旅游接待任务。

四、创新意识

（一）创新意识的概念和特征

创新意识是人们进行创造性活动的出发点和内在动力，是人们根据社会和个体生活发展的需要，引起创造前所未有的事物或观念的动机，并在创造活动中表现出的意向、愿望和设想。创新意识是创新性思维和创造力的前提，其主要表现出以下几个方面的特征。

1. 新颖性

创新意识是用新的方式更好地满足原来的社会需求，是一种求新意识，以更好地顺应社会的变革和发展。

2. 社会性

创新意识是以提高物质生活和精神生活水平需要为出发点的。人们的创新意识激起的创造活动和产生的创造成果，应为人类进步和社会发展服务。因此，创新意识必须考虑社会效果，具有较强的社会性。

3. 能动性

创新意识具有能动性，它与创造性思维不同，它是引起创造性思维的前提和条件，创造性思维则是创新意识的必然结果。创新意识包括创造动机、创造兴趣、创造情感和创造意志。[1] 创造动机是创造活动的动力因素，它能推动和激励人们发动和维持创造性活动。创造兴趣能促进创造活动的成功，是促使人们积极探求新奇事物的心理倾向。创造情感是引起、推进乃至完成创造的心理因素，只有正确的创造情感才能引导正确的创造活动。创造意志是在创造中克服困难、冲破阻碍的心理因素，具有目的性、顽强性和自制性等特点。

（二）旅游接待业经营要有创新思维

随着中国对外开放和全球化脚步的不断加快，旅游者的需求越来越多样化和个性化，世界旅游接待业之间的竞争也越来越激烈，传统的旅游服务接待方式和企业经营管理模式已难以适应日新月异的新时代旅游市场竞争的需要，旅游接待业急需进一步开拓创新，以适应

---

[1] https://baike.so.com/doc/6354872-6568503.html.

时代的变革,推动行业的发展。习总书记曾着重强调,"企业持续发展之基、市场制胜之道在于创新[①]",并指出,"综合国力竞争说到底是创新的竞争。要深入实施创新驱动发展战略,推动科技创新、产业创新、企业创新、市场创新、产品创新、业态创新、管理创新等,加快形成以创新为主要引领和支撑的经济体系和发展模式"。[②] 可见,今天的中国比以往任何时候都更加需要创新驱动、创新发展。

从旅游接待业来看,随着社会和经济发展,旅游接待业市场分工越来越细,旅游接待业产品雷同、千篇一律的现象比较突出,致使旅游接待业间竞争加剧,甚至出现恶性竞争,企业成本上升,效益下降。旅游消费者对旅游服务和产品需求的多样化要求旅游接待业服务和产品的供给也必须呈现多元化的形态。因此,旅游接待企业首先必须立足市场,科学制定企业的经营战略。其次,旅游接待企业的硬件不能一味攀比豪华、气派、大而全,而应该在企业战略的指导下,立足于自身资源赋存状况和企业实力,尽量规划设计出独具风格、品位、气氛和文化特色的硬件产品。最后,旅游接待业软件也要在规范化、标准化、程序化的基础之上进行一定的提升和创新,努力向个性化、特色化、形象化的方向转变。旅游接待企业唯有秉持这种创新的思维观念,持续开展创新性和改造性的工作,方能不被市场淘汰,在竞争中不断发展前进。

（三）旅游接待业管理要有创新手段

旅游接待业要想留住顾客,其产品和服务就必须有变化、有创新、有突破。因此,旅游接待业的管理创新必须以市场顾客的需求为指导,遵照顾客的要求进行。对于老顾客,企业应主动征求改进意见,及时改进工作,使老顾客不断感受到新的服务和新的变化,提升他们对企业的忠诚度;对于新顾客,企业则要加强对本企业产品服务的功能、特色、企业文化等的宣传,突出与其他企业不一样的地方,增强本企业对新顾客的吸引力。此外,旅游接待业在管理上还必须善于利用现代先进的信息技术和科技手段,以提高旅游接待业管理层级和水平。例如,随着信息技术在旅游接待业的广泛应用,现代新型营销方式,如微博、微信、抖音 App 等新型网络营销以及《奇葩说》、《真人秀》等内容营销都能够有效展示酒店的形象和服务,快速传播并提升企业知名度;另外,企业还可以充分运用大数据、云计算等现代信息科技收集、整理、分析和研究顾客信息,并与顾客建立良好的互动关系,以实现高效率的旅游产品和服务的生产、经营和销售管理,这对降低企业的销售成本,提高企业的经济效益和管理水平有着非常重大的意义。

第二节　旅游接待业管理的核心理念

理念是旅游接待业管理的行动指南,是旅游接待业的灵魂所在,只有新的理念才能产生新的行动。随着旅游消费者消费意识的觉醒与消费阅历的不断丰富,旅游商品市场也在不断完善与成熟,旅游接待业要想获得长久的竞争优势,就需要在原有的接待管理观念的基础

---

① 摘自 2015 年 5 月 26 日习近平在浙江杭州高新区视察时的讲话.
② 摘自 2015 年 5 月 27 日习近平在浙江召开华东 7 省市党委主要负责同志座谈会的讲话.

上,与时俱进,不断创新,迈向更高的层次。

一、顾客满意理念

顾客满意理念永远是旅游接待业管理的根本理念。菲利普·科特勒认为,顾客满意是指通过对一个产品或服务的可感知的效果(或结果)与其期望值相比较后所形成的愉悦或失望的感觉状态。顾客满意这一概念可以通过一个定量化的指标来得以反映和比较,这就是顾客满意度或顾客满意指数(CSI)。美国商务部于1987年设立的马尔科姆·鲍德里奇国家质量奖评估项目中占比重最大的就是顾客满意度。对顾客满意度的评价有以下几项细目:①对顾客要求和期望的认知程度;②顾客关系管理(CRM);③顾客服务标准;④对顾客的承诺;⑤对质量改进要求的解决;⑥顾客满意度的确认;⑦顾客满意效果;⑧顾客满意度比较。

顾客满意度水平的衡量通常是通过调查的方式来获得的,它是顾客对产品的可感知效果和其感知前的预期期望值之间的差异函数。如果可感知效果低于预期期望,顾客就不会满意;如果可感知效果与预期期望相当,顾客就会感到满意;如果可感知效果超过预期期望,顾客就会觉得非常满意。用数学公式表达可以有如下两种形式:

$$顾客满意水平(CSL) = 可感知的效果(EOF) - 顾客期望(EOC) \quad (式1)$$

如果 CSL 值大于 0,则高度满意;如果 CSL 值等于 0,则刚好满意;如果 CSL 值小于 0,则不满意。

$$顾客满意水平(CSL) = EOF/EOC \quad (式2)$$

如果 CSL 值大于 1,则高度满意;如果 CSL 值等于 1,则刚好满意;如果 CSL 值小于 1,则不满意。

一些研究认为顾客对服务的期望存在着满意和渴望这两个水平,所以对潜在的服务质量的评价也应该有两个方面:感觉到的服务与满意的服务之间的差距,以及感觉到的服务与渴望的服务之间的差距。由此可以将前者称为服务合格度,后者称为服务优秀度。

用公式表述如下:

$$服务合格度(MSA) = 感觉到的服务 - 满意的服务$$
$$服务优秀度(MSS) = 感觉到的服务 - 渴望的服务$$

对旅游接待企业来说,企业的 MSA 和 MSS 的分数将会从服务质量角度确定它在竞争中的位置。根据顾客的感觉和期望的相对水平,旅游接待企业可能在经营服务上处于竞争劣势或成为顾客的首选目标。

旅游接待服务贯彻顾客满意理念,可为旅游接待企业带来以下优势。

(一)减少旅游接待企业的浪费

通过顾客满意度的调查和研究,能够帮助旅游接待企业在一定程度上了解企业顾客的需求信息,帮助企业及时知晓顾客对服务内容和服务质量的评价,从而能够有效指导旅游接待企业在服务项目上的创新和服务流程上的调整改进,帮助企业降低经营成本,提高顾客满意度。

(二)获得价格优势

当旅游接待企业提供的服务和产品能够充分满足顾客的需求,令顾客体验远远高于其预期期望时,顾客则往往会因为享受到超值或惊喜的服务而情愿额外付出高于产品和服务本身的货币成本,这就使提供优质服务和产品的旅游接待企业能够获得更高的收益,并逐渐形成良性循环。不仅如此,良好的服务口碑以及顾客对服务产品的重复购买将促使旅游接待企业的市场份额进一步扩大,从而使企业可以获得与之相应的规模优势,这种优势也会表现在企业的经营成本上来。也就是说,提供超值服务和产品的旅游接待企业既可以通过成本优势获得利润,也可以通过更高的产品和服务的定价获得利润,企业的利润空间因此将得到双重的增加。

(三)降低沟通成本

正如人们常说"最好的广告不花钱",旅游接待企业良好的口碑作用将使企业获得源源不断的顾客,这些满意的顾客又会积极地影响更多的顾客前来消费,这种靠顾客口碑进行自然营销宣传的效果将优于企业的任何一种促销方式,它不仅能大幅降低企业的促销费用,更能激励企业不断改进服务设施和服务流程,追求产品和服务上的更大创新。

(四)形成顾客依赖,甚至顾客忠诚

旅游接待企业能够通过持续的高品质服务获得顾客的信任,并与顾客长期保持良好的关系,这种顾客关系将使企业牢牢锁住顾客,令其不会轻易选择其他旅游接待企业的产品和服务。这就是一种顾客依赖,甚至顾客忠诚的表现。

二、超值服务理念

超值服务就是指旅游接待业服务人员用"五心"服务(真心、诚心、耐心、细心、爱心)向顾客提供超越常规的甚至是超越顾客期望值的全方位服务,这种服务往往令顾客感动和惊喜。[①] 超值服务指旅游接待企业不仅仅提供产品和服务本身的价值,更重要的是能创造符合顾客价值评判、超出顾客期望值的服务,与顾客建立起友好的亲情关系,增强顾客对本企业的信赖感,达到实际上不为其他竞争对手所动的程度。这种超值服务模式在饭店业领域的运用由来已久,如今已被广泛应用于旅游接待业乃至整个服务业领域,它不仅丰富了旅游接待业的服务内涵,而且又能让企业与顾客之间建立情感纽带,让旅游接待企业的良好形象得到社会各界的公认,从而大幅提升企业的信誉度和美誉度。

超值服务理念要求"以顾客为导向",向用户提供最满意的产品、最满意的服务,它贯穿旅游接待业产品和服务的全过程,要求在对客服务中实现7个超越:①超越顾客的心理期待,带给顾客惊喜;②超越常规的服务,提供全方位超值的服务;③超越产品本身的价值,为顾客提供长期的、高附加值的高品质服务;④超越时间和空间的界限,使服务无时不在,无处不在;⑤超越顾客身份的界限,像对待亲人一样对待顾客,提供亲情式服务;⑥超越企业部门的界限,要求旅游接待企业各个部门和全体成员全都行动起来投入到超值服务链上;⑦超越经济界限,超越经济的社会价值和审美价值,把物质的东西融入精神范畴中去。[②]

从过程上看,超值服务是全过程、全方位的服务,它不仅指顾客在旅游接待企业接受服

---

① 路雪.超值服务:饭店发展的新亮点[J].饭店现代化,2014(5),略做改动.
② 叶万春.服务营销学[M].北京:高等教育出版社,2001.

务的过程,更包含从顾客接受服务之前到顾客接受服务离开之后的所有环节。具体来说,在顾客购买旅游服务产品之前,企业就必须按严格的要求和规范做好员工培训、市场调研、接待服务准备、接受顾客预订和问询等四大环节的工作;在顾客购买旅游服务产品后,旅游接待人员必须凭借过硬的专业服务技能为顾客提供全方位、超值的"五心"服务;在接待服务结束后,尽管顾客已经离开了企业,但企业也必须通过实行一系列的服务规范制度,如用户沟通制度、员工服务规范、事前培训制度和绩效奖惩制度等来保证对客服务质量,不断维系顾客关系,提升服务品质。

随着旅游接待业的不断发展,超值服务理念也越来越受到企业的重视,旅游接待企业必须不断努力,将超值服务理念深深融入企业文化中,并使之制度化、规范化,最终变成企业各部门全体员工的行为表现,成为每一位员工的自觉行动,从而让企业的每一位顾客都能真正获得企业的超值服务,并能时时刻刻感受到企业的超值服务文化,这样的旅游接待企业才会有超强的生命力。

三、顾客关系理念

企业与顾客之间并不仅仅是一次性的服务关系,企业如果能与顾客建立良好的关系将能使顾客多次在企业消费,甚至成为企业的忠诚客户,为企业带来源源不断的收益。所谓顾客关系就是指企业与顾客之间客观存在的一种无形联系。现实中,不同的企业可能处在不同的客户关系层次。一般来说,良好的顾客关系可以带来企业价值的最终实现。旅游企业只有认识到自身顾客关系所处的层次,才能有针对性地实施顾客关系管理。

(一)了解顾客需求

顾客需求是旅游接待业发展的驱动力量,只有把握顾客的真实需求,才能细分市场,实施有效的企业顾客关系管理。众所周知,旅游企业客人的需求具有多样性和多变性,旅游企业的接待服务要打动客人的心,其前提是必须满足客人的共同需求。通常客人总是希望以尽可能低的代价换取自己所需的服务,低成本、有品位、高品质往往是企业顾客的共同追求:①低成本,由于客人在旅游消费过程中往往会花费一定的时间、精力、体力以及金钱,因此,旅游接待企业在为顾客提供服务的过程中必须充分考虑客人各方面的支出,尽可能为客人提供便利,减少客人的花费,使客人感到值得;②有品位,客人选择的旅游接待企业必定是符合自己所处的社会地位、经济能力,同时还需满足其特定的消费目的,这要求旅游接待企业在为客人提供服务时必须凸显和提升客人的身份和地位,洞察客人的消费目的并竭尽所能满足其要求;③高质量,即旅游接待企业为客人提供的接待服务应使客人感到舒适,获得好的体验。

(二)关注顾客利益

为了赢得客户满意,旅游接待企业必须认识到客户利益的重要性,形成解决客户利益的一整套措施与方法,以保证客户利益的不断增加。通常可将旅游接待企业客户利益具体分为以下两个层次:①有形利益,主要包括企业产品和服务的价格、接待设施条件等,其中价格在旅游产品组合中是较敏感、较可见的因素,是大多数顾客所关注的内容;②无形利益,无形利益为不可见的因素,是建立顾客信任的基础,如想客人之所想、急客人之所急的贴心服务、用真诚和高效打动顾客的亲情式服务等,这可以直接影响顾客消费的感受和再次购买的主动性。

（三）提升顾客价值

从经济学角度来看,顾客价值的内涵就是消费者剩余。顾客是理性的经济人,因此,其能根据市场情况、自身条件与个人目的等做出最理性的判断和选择,从而获得自身效用的最大化。因此,旅游接待企业必须通过系统的工作,证明自己产品的效用和价值,这样才能被顾客最终认可。影响顾客价值提升的重要因素有多种,如产品和服务价格、员工服务技能和综合素质能力、产品和服务的质量、企业的创新能力、企业品牌的知名度和美誉度等。不同类型的旅游接待企业可根据自身不同情况选择提升顾客价值的途径,以达到降低顾客的认知价格,创造顾客价值和利益,增进顾客对企业的忠诚度。同时,旅游接待企业内部必须有相应的制度保证,逐步形成以顾客为导向的企业文化,以创造顾客价值为目的的企业目标,把顾客的要求作为企业全部工作的指南,把企业员工为顾客创造价值的结果与其绩效奖励和职位晋升进行挂钩,使旅游接待企业真正秉持顾客导向,从而创造顾客价值,培养顾客忠诚,提升企业的品牌形象和竞争力。

关于顾客关系管理的具体内容将会在后面第六章中做详细介绍。

四、绿色管理理念

在绿色发展大潮下,面对日益扩大的绿色市场和日益增长的绿色旅游需求,旅游接待业只有树立绿色管理理念,迅速转换经营方向,广泛应用绿色科技,定位绿色市场,研究绿色产品,取得绿色认证,开展绿色营销,才能在市场竞争中有立足之地。因此,新时代旅游接待业管理的新理念就是以可持续发展为宗旨的绿色管理理念,这是旅游接待企业实现可持续发展目标的根本途径。事实上,西方国家早在20世纪70年代就开始推行以"绿色"为核心的思想,1972年,罗马俱乐部发表《增长的极限》后,国际社会兴起关于"经济的不断增长与环境的退化"问题的热烈讨论。随着"反应型环境管理""主动型环境管理"的演变,到20世纪末西方企业开始形成绿色管理思想[①]。总体而言,其绿色管理思想的演变如表2-1所示。

表 2-1 西方绿色管理思想的演变[②]

类　　别	过　　去	现　　在
环境管理模式	反应型,遵守环境法规	主动型,价值寻求
对环境问题的认知	环境管理活动增加企业负担	绿色管理是竞争优势来源
绿色管理活动的范围	产品生产和销售	整个产品的生命周期
解决方案	末端治理	减量和循环利用
参与绿色管理的组织	单个企业	整个供应链

我国在绿色管理的思想认识和企业实施绿色管理的行动方面虽然稍稍落后于西方,但

---

① 何德贵,范冬萍.实现企业绿色管理价值观的软系统方法论[J].系统科学学报,2017(4).
② 胡美琴,李元旭.西方企业绿色管理研究述评及启示[J].管理评论,2007(12).转引自:钟榴,郑建国.绿色管理研究进展与展望[J].科技管理研究,2014(5).

是我国在环境保护和清洁生产方面的努力却向来是不遗余力的。尤其近年来,党的十八届五中全会把绿色发展作为我国今后经济社会发展的重要引领,十九大更是谋划了我国生态文明建设和绿色发展的路线图,要求推进绿色发展,推动绿色产品和生态服务的资产化,让绿色产品、生态产品成为生产力,使绿水青山真正变成金山银山。这些都要求我国旅游接待业必须落实全新的企业绿色管理理念。具体来说,应着重从以下几个方面进行努力。

(一)全力提高对绿色发展观的认识

习总书记曾在不同场合多次阐述"绿色发展观"的深刻内涵,如"坚持绿色发展是发展观的一场深刻革命[①]","要坚持和贯彻新发展理念,正确处理经济发展和生态环境保护的关系,像保护眼睛一样保护生态环境,像对待生命一样对待生态环境,坚决摒弃损害甚至破坏生态环境的发展模式,坚决摒弃以牺牲生态环境换取一时一地经济增长的做法[②]"等。因此,我国的旅游接待业领域的各个企业都应该深刻学习和领会习总书记对绿色发展观的重要阐述和对企业发展观的重要理论指导,充分认识到绿色发展理念的重大意义,并全力提高企业全体员工对绿色发展观的认识,转变传统的唯GDP论成败的绩效管理思想和发展理念,真正树立起企业的绿色管理理念,认识到企业实行绿色计划的重要性。

(二)全面强化企业的绿色管理观念

绿色管理既是对绿色发展所要求的管理理念与方式的变革,也是企业对绿色价值观的回应。首先,旅游接待企业要在经营观念上进行一场绿色革命,要用战略的眼光看待环境保护问题,这样不仅能践行我国所提倡的绿色发展观,而且能顺应国际潮流,拓展在国际市场上的生存与发展空间,提高自身的绿色国际竞争力。此外,旅游接待企业的绿色经营和管理还能帮助企业赢得政府的支持和旅游消费者的好感,从而有利于树立良好的企业形象。其次,实施绿色管理涉及旅游接待企业服务经营活动的各个方面,需要企业全体人员的积极参与。因此,旅游接待企业应发动全员积极进行一场全方位的"绿色革命",企业领导要在深入学习和研究绿色管理和可持续发展理论的基础上,树立绿色管理理念,制定绿色战略,营造绿色文化,并号召企业全体员工不断学习和掌握新的绿色技术,提高环境知识和技能,使"环保、生态、绿色"的理念在企业深入人心。

(三)明确企业绿色管理责任和目标

绿色管理最初是以企业社会责任的形式出现的,但由于承担社会责任既需要付出,回报周期又相对较长,有些甚至还带有一定的不确定性,从而导致企业实施绿色管理的积极性不高。随着绿色发展观的不断推进和企业绿色管理理念的不断深入,如今越来越多的旅游接待企业逐渐认识到,实施绿色管理既是履行法定义务的需要,也是企业实现经营目标的要求。旅游接待企业的绿色管理至少要满足两点:其一,将可持续发展和环境保护理念纳入企业战略和经营决策中;其二,在旅游产品服务设计、技术创新、物质资源利用等过程中实现"绿化"。绿色理念应成为旅游接待企业战略的核心要素,绿色管理所包含的环境道德应成为企业的竞争优势来源。旅游接待企业应在绿色管理理念的指导下对企业的经营和管理做

---

① 摘自:习总书记在山西考察工作时的讲话.人民日报,2017年6月24日。
② 摘自:习总书记在十八届中央政治局第四十一次集体学习时的讲话,2017年5月26日。

出全局性战略规划与目标定位,并力求在绿色管理实施过程中,通过集约型的科学管理,使企业所需要的各种物质资源最有效、最充分地利用;通过以预防为主的全过程环境管理,使旅游经营服务过程中的各种废弃物最大限度地减少;通过市场需求的调查和预测,选择和开发、利用对环境、对旅游消费者无污染和安全优质的产品,最终使旅游接待企业的发展目标与社会发展和环境改善协调同步,促进企业与生态环境保护的双赢与可持续发展。

第三节 旅游接待业管理的科学方法

管理方法是指用来实现管理目的而运用的手段、方式、途径和程序等的总称。[①] 随着管理科学理论与实践的不断发展,现代企业管理方法被广泛地运用于各行各业的实践当中,旅游接待业也不例外。科学的管理方法是旅游接待企业管理者执行管理职能的重要手段,也是协调各种旅游经营与服务管理活动的具体措施和方法。在旅游接待业管理实践中,如何促进旅游接待服务和管理方法的完善、如何科学有效地解决旅游接待服务过程中的各种问题,将是旅游接待业管理的重要内容。通常,管理方法按其普遍性程度不同可以分为专门管理方法和通用管理方法,前者是针对某个资源要素、某个部门或某个时期的管理所运用的专门方法,后者则是以不同管理活动领域存在的共同属性为依据而总结出的管理方法,是人们对不同领域、不同部门、不同条件下的管理实践活动的理论概括和总结。

根据旅游接待业管理实践,旅游接待业主要的科学管理方法有人本管理方法、效益管理方法、任务管理方法、系统管理方法和目标管理方法等多种。

一、人本管理方法

人本管理是以人为本的管理制度和方法。对旅游接待业而言,人是组织中最重要的资源,如何创造良好的环境氛围,如何进行合理的岗位分工与任务分配,如何给员工创造和发展的空间,如何形成企业和员工共同的价值观和共同愿望等,其最根本的方法就是重视和运用以人为本的科学管理方法。

(一)树立人力资本观念

"人力资本"概念来自舒尔茨和贝克尔在20世纪60年代创立的"人力资本理论",它在理论上突破了传统理论中的资本只是物质资本的束缚,将资本划分为人力资本和物质资本,从而开辟了经济理论和实践研究的全新视角。该理论认为物质资本指物质产品上的资本,包括厂房、机器、设备、原材料、土地、货币和其他有价证券等;而人力资本则是体现在人身上的资本,即对生产者进行教育、职业培训等的支出及其在接受教育时的机会成本等的总和,表现为蕴含于人身上的各种生产知识、劳动与管理技能以及健康素质的存量总和[②]。事实证明,人是最重要的资本,人的主观能动性和开拓创新性是企业发展进步的动力和源泉。作为资本的人必须通过投资才能得到,对人的投资主要有理论知识和思想道德教育、实践技能培

---

① 马仁杰,王荣科,左雪梅.管理学原理[M].北京:人民邮电出版社,2013.
② 王晓庆,铁丽涛.人本管理在科学管理中的应用[J].科协论坛,2007(10).

训和训练等方式,只有经过系统的培训和教育,具有一定的知识、技能和综合素质能力的人才可称为"人力资本"。

(二)尊重人的本性

人本来就具有趋利避害的本性。旅游接待业应注重顺应自然,引导利用人的本性来提高企业的管理效果。例如,管理过程中可以运用绩效奖励来回馈工作上进、表现卓越的服务人员,可以用惩罚来督促工作懈怠甚至不合格的员工,这种"奖惩"就利用了人趋利避害的本性。再如,旅游接待服务中心热线电话的服务语言可以通过研究提炼,形成符合礼貌和顾客心理期望的最简洁的规范语言,然后再运用到服务中去,这样不仅能让服务员满意,也能让客户满意,从而达到最好的效果。

另外,根据习惯理论,人能够适应环境,能在社会生活的塑造机制下形成行为习惯,这种习惯将会长久地左右人的行为。对旅游接待业而言,管理者应能通过科学的管理制度和管理方法对员工的行为进行塑造,促使其形成固化的习惯,再利用员工的习惯进行企业的服务和管理。员工的工作技能,就是职业习惯使然。如调酒师调酒,动作娴熟优美,令人叫绝。优秀的员工之所以工作干脆利落,稳当可靠,其实都源于其良好的职业习惯使然;而较差的员工工作常常拖泥带水,失误频出,也是因为没有养成良好的职业习惯。因此,对旅游接待企业来说,促成员工养成良好的职业习惯至关重要。习惯的形成主要依靠塑造机制,要充分利用人的本性,对员工正确的、有利的行为进行奖励强化,对错误的行为进行批评和惩罚,从而使员工能逐渐完善其职业习惯,或形成新的更好的职业习惯。良好职业习惯形成后还需通过反复的强化来巩固它。此外,员工职业习惯的形成还受到企业文化的影响,健康的企业文化氛围将有利于员工在耳濡目染中更快更好地形成良好的职业习惯,而不健康的企业文化则不利于员工的成长进步。

(三)注重对人的科学管理

旅游接待企业管理者如何科学合理地使用人才、管理人才和保持人才的积极性、创造性,是人力资源管理中最具挑战性,也最具艺术性的工作。首先,要用好一批人。旅游接待企业应不拘一格,大胆启用年轻的业务骨干、有发展潜力的管理者以及各种专门技术人才,为其建立人才档案,按市场原则确定报酬待遇,并给予他们各种锻炼的机会,充分调动起他们的工作积极性,激发其内在潜质,努力将其培养成为旅游接待企业各项业务管理活动的中坚力量。其次,要管好一批人。旅游接待企业要尽可能将合适的人放在合适的岗位上,尤其要克服传统旅游企业论资排辈的陋习,在充分尊重老一辈旅游管理者和员工的基础上,尽可能为有能力、有才华的青年人才提供宽广的舞台,让旅游接待企业组织内部的人员团结、和谐,老中青人才梯队搭配合理。最后,要流动一批人。通过人才流动,让企业内部员工有危机意识,让他们树立不进则退的观念,这样,不仅能够使企业组织团队保持活力,而且旅游接待企业亦可以从人员流动的过程中,及时发现每个人的长处,拓展用人视野,挖掘人才潜力。

旅游接待业管理者应通过上述"用好、管好、流动"的人员管理手段,在旅游接待企业内部建立起真正的"能上能下、人尽其才、才尽其用"的机制,使不断追求卓越成为企业内部全体员工的自觉行为。在这种人本管理和人文关怀的组织氛围下,使组织的效率不断提高,顾客满意度不断得到提升,最终实现组织的目标。

二、效益管理方法

效益的基本含义是以最少的资源(包括自然资源和人的资源)消耗取得同样多的效果,或用同样的资源消耗取得较大的效果。[①]实施效益管理的根本目的就是获取效益。影响旅游接待业管理效率和管理水平的因素是多方面的,包括旅游管理者的决策效率和决策质量、管理方法的科学运用、管理技术的创新运用、管理者能力素质的高低等。要提高旅游接待业的管理效益,应从以下几个方面着手。

(一)确立正确的效益价值观

旅游接待业管理首先要确立以效益为核心的价值观。追求效益的不断提高,应该成为旅游接待业管理活动的中心及一切服务和管理工作的出发点。正确的效益观并不是一切以经济效益为中心,而是要兼顾社会效益和生态环境效益。因此,旅游接待业管理者必须克服传统体制下以经济效益为中心的管理思想,转变传统旅游接待企业粗放型增长的模式,秉持绿色发展观,在正确的效益价值观的引导下,向集约型增长方式转变,在追求经济效益的同时,更注重对生态环境效益和经济增长质量的追求,使旅游接待业的综合效益实现绿色可持续增长。

(二)优化系统资源配置

旅游接待业管理的系统资源配置主要体现在人、财、物三个方面,人力资源配置优化是其中最关键的环节,主要涉及企业管理各子系统中人员的构成是否合理、人员的素质是否达到管理岗位的要求、人员的才能是否得到充分利用、人员之间的关系是否协调等。只有最优的人力资源配置才能确保财、物资源的最佳配置和使用,从而取得管理效益的最大化。

(三)完善效益评价体系

旅游接待业管理效益的评价体系通常包括以下几方面。

1. 旅游接待管理活动的有效成果同社会需要的比较

旅游接待企业的一切接待服务工作和管理活动必须向着顾客满意的方向发展,才能促进旅游接待企业管理效益的提高。

2. 旅游接待管理活动的有效成果同劳动消耗和占用的比较

旅游接待企业为了完成接待任务,必然要耗费社会劳动、占用资金、人力物力等各种资源,从而形成旅游接待管理活动的成本和费用。如果旅游接待企业只讲满足社会需求和维护生态环境,而不计成本高低,这也是违背经济规律的。因此,必须把旅游企业管理活动的有效成果(主要是经济效益)同劳动占用和消耗进行比较,以评价旅游接待企业经济管理活动的合理性和可持续性,这也是衡量旅游接待企业管理效益水平高低的一个重要指标。

3. 旅游接待管理活动的有效成果同资源的利用和环境变化的比较

资源的充分利用和环境的有效保护是衡量旅游接待业管理效益的重要标准。通过把旅游接待企业管理活动的有效成果同企业资源的利用和环境的变化相比较,这样不仅可以揭

---

① 张文显.当代西方法哲学[M].长春:吉林大学出版社,1987.

示旅游接待企业的管理水平,同时也能有助于寻找充分利用企业资源、保护企业环境的管理途径和方法,提高旅游接待企业资源的利用效率,并持续为企业带来经济效益。

三、任务管理方法

任务管理方法是人们较早研究的一种科学管理方法。最早提出任务管理方法的是美国管理学家泰罗。泰罗所说的任务管理,也可以称为任务作业,其基本内容可以概括为,通过时间动作研究确定标准作业任务,并将任务落实到工人。即员工的作业在于完成管理人员规定的任务,而这种任务又是管理人员经过仔细推敲后设计出来的,员工按职责要求完成任务,则企业付给一定的报酬。

任务管理方法最明显的作用在于提高工人的工作效率,而提高效率的关键又在于科学地进行时间动作的研究。泰罗所说的时间动作研究,主要包括以下步骤:①物色一组特别善于做工作分析的研究人员,人数为 10—15 人;②这批人员将仔细研究工厂工人在完成被调查的工作中所进行的基本操作或动作,包括每个人员所使用的工具;③用秒表研究做每一个基本动作所需要的时间,然后选择每一部分动作的最快工作方法;④淘汰所有不正确、缓慢和无效的动作;⑤把最快最好的动作以及最好的工具分别在一个序列中集中归类。

经过以上步骤,可得出完成标准作业所需的标准时间。工厂按照这种方法来规定一个岗位上的一个人在一定时间内的工作量,由于这个工作量是经过前期实践调查研究得出的,因此非常具有科学性。同样地,其他行业部门也可以对其行业所使用的每一种工具进行类似的研究。

任务管理方法主要是从生产技术过程的角度研究作业管理的方法,其实质就是通过专门的人员对时间和动作进行研究,从而科学地设计工作任务,使工人满负荷工作,以达到提高企业生产效率的目的。该方法有一定的客观科学性,但同时缺点也非常明显,它相对孤立地为工人设计任务,没有研究企业经营的全局问题。更重要的是,它否定了人在工作中的自主性、独立性,忽略了人际关系对人的行为的影响。

对旅游接待业而言,应充分吸收该方法的科学合理的部分,例如,在为旅游接待企业各部门进行定岗定员定编、对不同岗位的旅游接待服务人员制定标准化作业程序和设置接待服务工作任务时,均可借鉴该方法。当然,旅游接待业管理是非常复杂的,不能单独地使用某一种管理方法,必须综合多种科学管理方法才能使管理效益达到最优。

四、系统管理方法

系统管理方法源于系统理论学派,是指将企业作为一个有机整体,把各项管理业务看成相互联系的网络的一种管理学派。该学派重视对组织结构和模式的分析,主要应用系统理论的原理全面分析和研究企业和其他组织的管理活动和管理过程,并建立起系统模型便于分析。

系统方法是在现代科学,特别是系统论和控制论得到发展时建立的。它是一种满足整体、统筹全局、把整体与部分辩证地统一起来的科学方法,它将分析与综合有机地结合,并运用数学语言定量地、精确地描述研究对象的运动状态和规律,①是把对象作为系统进行定量

---

① 张同钦.秘书学概论[M].北京:中国人民大学出版社,2011.

化、模型化和择优化研究的科学方法。这种方法经历了从哲学到科学、从定性到定量的过渡，其根本特征在于从系统的整体性出发，把分析与综合、分解与协调、定性与定量研究结合起来，精确处理部分与整体的辩证关系，科学地把握系统，达到整体优化。

旅游接待业运用系统管理方法时，一般应该遵循整体性、最优化的原则。所谓整体性原则，就是把旅游企业管理对象看作由各个构成要素形成的有机整体，从整体与部分相互依赖、相互制约的关系中揭示对象的特征和运动规律；而最优化原则是指从许多可供选择的方案中选出一种最优的方案，以便使旅游接待企业管理系统以最优状态运行，达到最优的效果。

旅游接待业运用系统管理的一般步骤是：①确定问题，收集资料，即首先确定所要解决的问题的性质和范围，研究问题包含哪些主要因素，分析系统的要素之间的相互关系，以及与外界环境之间的相互关系；②系统分析，将复杂系统分解成若干较简单的子系统，再将分解的结果进行综合分析，这是旅游企业管理者进行决策的依据；③方案决策，即在一种或几种值得采用或进一步考虑的方案中选择方案，尽可能在待选方案中选出满足系统要求的最佳方案；④实施计划，根据最后选定的方案，按计划进行具体实施。

五、目标管理方法

美国管理大师彼得·德鲁克于1954年在其名著《管理实践》中最先提出了"目标管理"的概念。德鲁克认为，并不是有了工作才有目标，而是相反，有了目标才能确定每个人的工作，所以"企业的使命和任务必须转化为目标"。不仅如此，德鲁克还认为，企业的规模越大，人员越多，如果没有方向一致的分目标指示每个人的工作，专业分工越细，发生冲突和浪费的可能性就越大。只有完成每一个分目标，企业总目标才有完成的希望，而分目标又是各级领导人员对下属人员进行考核的主要依据。可见，目标管理的最大优点在于它能使人们用自我控制的管理来代替受他人支配的管理，激发人们发挥最大的能力把事情做好。

（一）德鲁克目标管理的主要内容

1. 要有目标，自我控制管理

一个组织总目标的确定是目标管理的起点。此后，由总目标再分解成各部门各单位和每个人的具体目标。下级的分项目标和个人目标是构成和实现上级总目标的充分而必要的条件。通过个人目标进行自我控制，个人目标与各分项目标彼此制约，融会成目标结构体系，形成一个目标连锁。目标管理的核心就在于将各项目标予以整合，以目标来统合各部门、各单位和个人的不同工作活动及其贡献，从而实现组织的总目标。

2. 目标管理必须制订出完成目标的周详严密的计划

健全的计划既包括目标的订立，还包括实施目标的方针、政策以及方法、程序的选择，使各项工作有所依据，循序渐进。计划是目标管理的基础，可以使各方面的行动集中于目标。它规定每个目标完成的期限，否则，目标管理就难以实现。

3. 目标管理与组织建设相互为用

目标是组织行动的纲领，是由组织制定、核准并监督执行的。目标从制定到实施都是组织行为的重要表现。它既反映了组织的职能，又反映了组织和职位的责任与权利。目标管

理实质上就是组织管理的一种形式、一个方面。目标管理使权力下放,使权责利统一成为可能。目标管理与组织建设必须相互为用,才能互相为功。

4. 培养人们参与管理的意识

认识到自己是既定目标下的成员,诱导人们为实现目标积极行动,努力实现自己制定的个人目标,从而实现部门单位目标,进而实现组织的整体目标。

5. 必须有有效的考核办法相配合

考核、评估、验收目标执行情况,是目标管理的关键环节。缺乏考评,目标管理就缺乏反馈过程,目标管理的目的即实现目标的愿望就难以达成。

(二)德鲁克目标管理的优点

目标管理诱导、启发职工自觉地工作,其最大特征是通过激发员工的生产潜能、提高员工的效率来促进企业总体目标的实现。它与传统管理方法相比有许多优点,概括起来主要有以下几个方面。

1. 权利责任明确

目标管理通过由上而下或自下而上层层制定目标,在企业内部建立起纵横联结的完整的目标体系,把企业中各部门、各类人员严密地组织在目标体系之中,明确职责、划清关系,使每个员工的工作直接或间接地同企业总目标联系起来,从而使员工看清个人工作目标和企业目标的关系,了解自己的工作价值,激发大家关心企业目标的热情。这样,就可以更有效地把全体员工的力量和才能集中起来,提高企业工作业绩。

2. 强调职工参与

目标管理非常重视上下级之间的协商、共同讨论和意见交流。通过协商,加深对目标的了解,消除上下级之间的意见分歧,取得上下目标的统一。由于目标管理吸收了企业全体人员参与目标管理实施的全过程,尊重职工的个人意志和愿望,充分发挥职工的自主性,实行自我控制,改变了由上而下摊派工作任务的传统做法,因而调动了职工的主动性、积极性和创造性。

3. 注重结果和成果激励

目标管理所追求的目标,就是企业和每个职工在一定时期应该达到的工作成果。目标管理不以行动表现为满足,而以实际成果为目的。工作成果对目标管理来说,既是评定目标完成程度的根据,又是奖评和人事考核的主要依据。因此,目标管理又叫成果管理。离开工作成果,就不称其为目标管理。

目标管理法结合了任务管理法和人本管理法两者的优点,即当组织规定总目标后,各部门则依据总目标规定各自的部门目标,之后部门目标又被分解落实到个人,至于个人如何工作以达到目标,则放手让每一位员工自己做主。这样,既能保证员工完成组织的任务,又能充分发挥其主动性、积极性。

(三)后现代主义与德鲁克的"信仰管理"

后现代主义是 20 世纪 50 年代末至 60 年代初起源于西方发达资本主义国家的一种世界性的文化思潮,该思想一经兴起就在各学科领域受到广泛的研究。进入 20 世纪 90 年代后,后现代主义以其"极其丰富、复杂的思想和理论内涵"深刻地影响着人们的思维与生存观念。后现代的主要特征表现为：非理性、反对中心和权威、反对传统、倡导多元和差异、推崇创造性和人性关爱。其核心是倡导对人性的精神解放，充分释放人的创造性和活力。后现代主义认为创造性是人的本质，它鼓励人们勇于挑战自我，突破自我，尝试和开拓新的领域。

德鲁克目标管理的核心内容——自我控制、参与式管理和成就激励都与后现代主义思想有着密不可分的关系。关于自我控制，目标管理将人的主动性和创造性用于提高组织效率与实现个人价值，并把客观的需要转化为个人的目标，通过自我控制取得成就。而后现代主义反对中心和权威，倡导"主体—客体"平等和自组织性（所谓自组织性，即无需外部指令，基于责任心主动地设置任务和目标）。关于参与式管理，后现代主义倡导多样化，强调去中心化、反正统性等，认同"平等""差异"和"多元"概念，推崇"对话"，主张倾听一切人的声音。管理者与员工之间的边界变得模糊，一些自治的、有责任感的、富有创新精神的突出个体在组织内部主宰着管理世界，他们通过自我管理来追求个人的成长和组织目标的实现。人与人之间是伙伴而不是对立的关系，组织将员工融合于其中，建立起一种"员工因主人翁责任感主动参与组织管理"的新秩序，这也是参与式管理的本质所在。关于成就激励，目标管理的人性假设是"文化人"，在后现代视角下，人工作的动因是"非理性"的，即以获得成就感而非利润最大化为其目标，而创造性又是成就激励的基础，推崇创造性的活动、创造性的人生和欣赏从事创造的人。

"现代管理"是依靠外部力量来管理和控制人，而"后现代管理"则是服从人的内在能动力量的管理。为了对目标管理进行后现代改进，德鲁克又提出了"信仰管理"，这正是在对传统管理文化进行批判和超越基础上的管理方式的重大变革和选择，信仰管理超越了"利润最大化原则"，符合知识工作和知识工作者的特点，视成就为激励的动力，视责任为行动的基础，视效率为工作的目标，视学习为持续的保障。因此，信仰管理是对"文化人"管理的新范式。①

思考与练习

1. 简述旅游接待业服务意识的表现形式主要体现在哪几个方面？
2. 我国旅游接待业应如何落实全新的企业绿色管理理念？
3. 简述旅游接待业服务质量的五个维度。
4. 试论旅游接待业该如何注重对人的科学管理。
5. 要提高旅游接待业的管理效益应着重从哪几个方面进行？
6. 简述德鲁克目标管理的主要内容。

---

① 邱国栋，王涛. 重新审视德鲁克的目标管理——一个后现代视角[J]. 学术月刊，2013(10).

第三章

传统旅游接待业务管理

学习目标

1. 酒店接待业务管理
2. 景区接待业务管理
3. 旅行社接待业务管理

核心概念

酒店接待　景区接待　旅行社接待

中国旅游接待业是随着中国服务业的发展而发展起来的,改革开放以来,我国在中国特色社会主义道路上不断迈进,服务业也获得了高速发展。旅游接待业因为兼具生产性服务业和生活性服务业的双重属性,而成为中国服务业中较活跃的要素,其不仅能够拉动诸多相关产业的发展,而且在创新和催生许多服务新业态、推动传统服务业向现代服务业转型与升级中发挥着越来越重要的作用。

在日新月异的新时代,一些新型的、跨界的旅游接待行业正在不断涌现,推动我国旅游接待业的快速发展。但是,无论旅游接待业如何发展,旅游酒店、旅游景区和旅行社这三大传统业务在旅游接待业中始终占有无可替代的重要地位,其中,酒店业是我国旅游接待业重要支柱产业之一,旅游景区是旅游接待业的客体要素,而旅行社则在旅游业发展过程中承担着重要的中介职能。本章将从这三个方面重点阐述我国传统旅游接待业的核心业务及其管理。

第一节　酒店接待业务管理

酒店业务是由酒店前厅、客房、餐饮、康乐、购物等共同构成的。酒店的业务必须为酒店产品的市场竞争优势服务,以达到酒店的效益目标。因此,酒店业务构成由酒店的决策来决定,不同酒店的业务内容构成和所占的比重均有所不同,且会随着市场的变化而发生变化。

酒店业务管理先要对酒店业务构成进行决策,在形成酒店业务构成后,再对酒店业务的实际运行进行管理。本节主要介绍酒店的三大重点业务——前厅、客房和餐饮的接待和管理。

一、酒店前厅接待业务管理

前厅部是酒店的门面,是酒店直接对客服务的起点,是客人在店消费的联络中心和客人离店的终点。它的主要任务是负责销售酒店的主要产品——客房,联络和协调酒店各部门的对客服务,为客人提供预订接待、行李寄存、商务中心、入住和离店手续办理、投诉处理等各类前厅的综合性服务。前厅部是展示酒店形象的重要窗口,其对客服务质量将直接影响客房的出租率和酒店的经济效益,甚至在一定程度上影响酒店的声誉和可持续发展能力。

（一）酒店前厅的职能与组织结构

1. 酒店前厅的主要职能

（1）立足客房销售。

客房销售是前厅部的中心工作,客房是酒店最主要的产品,是酒店经济收入的主要来源。客房产品的价格受时间、空间和数量等的影响,不同节假日、不同地理位置以及不同房型的客房价格都有所不同。前厅服务人员应充分发挥销售的作用,向客人推销合适的客房产品,尽可能在满足客人需求的基础上提升酒店的经济收入。

（2）掌握正确房态。

前厅的客房销售是基于酒店客房显示系统而开展的,因此,客房状况的正确显示直接关系到酒店的对客服务质量,也是酒店管理水平的重要体现。前厅部工作人员不仅需要熟练掌握规范的业务操作技能,还需具备认真细致、一丝不苟的职业精神,只有这样,才能确保房态的正确掌握,更好地开展对客服务。

（3）协调对客服务。

前厅部通常被称为酒店的神经中枢,就是因为前厅部与酒店其他各部门都有着千丝万缕的联系。前厅能将其在销售酒店业务产品过程中所掌握的客源市场预测、客房预订与到客情况、客人的特殊需求、客人的投诉及其处理等信息及时通报或反馈给酒店的其他业务相关部门,使各部门能够相互配合协调,有计划地完成各自的工作任务。

（4）提供各类服务。

前厅部为客人提供的各种服务包括为客人办理住宿手续、接送行李、委托代办、记账结账等。酒店前后台之间以及各部门与客人之间的联络、关系协调也需要前厅部来沟通。

（5）提供客账管理。

自顾客在酒店办理入住登记时起,酒店前厅部就建立了顾客的客账信息,并且负责客人在酒店入住期间所有消费的账目登记,为每一位顾客建立准确的客账信息是前厅部的一项主要职责。

（6）建立客史档案。

前厅部因其业务内容特点能够纪录所有住店客人的信息资料,因此自然而然成为酒店对客服务的调度中心及资料档案中心。目前,国内外的绝大部分酒店都充分认识到了客人信息资料的重要性,并通过建立客史档案为客人提供个性化的服务,这也是酒店发现顾客需求、研究市场变化、制定酒店市场营销战略的重要信息来源。

2. 酒店前厅的组织结构

前厅部组织机构的设置主要以酒店的等级、规模、业务量、客源市场定位等为依据而设计。大型酒店前厅部的组织机构一般具备预订、接待、问讯、收银、行李、商务等服务功能,如图3-1所示。

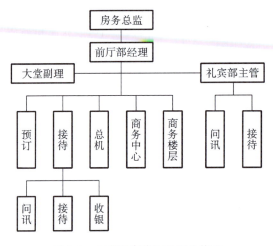

图 3-1　大型酒店前厅组织机构图

(二)酒店前厅接待业务管理

1. 预订接待管理

(1)客房预订。

客房预订是推销客房产品的重要手段之一。目前,随着旅游业的发展和酒店业的激烈竞争,订房已不仅是客人为了使住宿有保证而进行的单方面联系客房的活动,还成为酒店为了争取客源、保证经济效益的实现而进行的主动式推销的双方预约客房行为。随着客源市场竞争的加剧,主动式推销客房越来越引起酒店管理人员的重视,订房已成为酒店重要的推销工作。客房预订的种类,一般有以下几种形式。

①保证类预订。保证类预订使酒店与未来的住客之间有了更牢靠的关系。通过信用卡、预付订金、订立合同三种方法来保证酒店和客人双方的利益,但使用时要注意其效果。一是信用卡。客人使用信用卡,收银人员要注意信用查询,防止出现恶意透支现象。二是预付订金。预付订金是酒店最欢迎的支付方式,特别是在旺季,一般由酒店和客人双方商定。订金可以是一天的,也可以是整个住宿期间的。三是订立合同。订立合同指酒店与有关单位签订的供房合同。但应注意合同履行的方法、主要签单人及对方的信用,并注意防止呆账的发生,明确规定最高挂账限额和双方在违约后应承担的责任。

②确认类预订。客人向酒店提出订房要求时,酒店根据具体情况,以口头或书面的形式表示接受客人的预订要求。一般不要求客人预付订金,但客人必须在规定的时间内到达酒店。否则,在用房紧张的情况下,酒店可将客房出租给未经预订直接抵店的客人,酒店不保证提供房间。

③等待类订房。酒店在订房已满的情况下,为了防止由于客人未到或提前离店而给酒店带来的经济损失,仍然接受一定数量的客人订房。但对这类订房客人,酒店不确认订房,只是通知客人,在其他订房客人取消预订或提前离店的情况下才予以优先安排。

④超额预订。所谓超额预订,是指酒店在用房旺季时为防止因订房客人未到或住店客人提前离店造成客房闲置,而适当增加酒店订房数量以弥补酒店经济损失。但超额预订会因为客人的全部到达而出现无法供房的现象,并可能损失酒店的经济利益和损坏酒店的形象。

(2) 客房预订业务的程序。

①受理预订。前厅接待人员应能熟练操作酒店的客房预订系统,在接到客人的订房要求时,能及时、准确地登记酒店接受预订的各种信息,如客人姓名、联系方式、抵店时间、需要房间种类与数量等。

②接受或婉拒预订。酒店根据客人的需求与本酒店客房状况,确定能否满足客人的预订需求,倘若不能满足,则应婉言拒绝客人,并请求客人谅解。

③确认预订。酒店接受了客人的预订后应及时给客人发出预订确认书或预订确认短信/邮件。确认信息中应复述客人的订房要求,申明酒店对客人订房变更及取消预订的有关规定,向确认类预订的客人申明到店的时间,对保证类客人申明收取订金及取消预订的有关规定。

④记录、储存订房资料。预订员应按酒店有关规定和操作规范,做好客人订房信息资料的整理、记录和储存工作。

⑤预订的变更、取消及客人抵店前的准备。若预订客人要求变更或取消预订,预订人员应按酒店有关规定及时办理相应的手续,手续办理过程应规范、认真、仔细,严防出现差错影响客房的销售。若预订客人未变更预订信息并如约前来住店,预订员应及时提醒总台接待人员做好客人抵店前的准备,同时将客人相关资料及时转交。

2. 入住接待管理

客房预订并没有完成客房产品的销售,接待服务和分房管理才是最终完成客房产品的销售。分房管理是直接出售客房产品,是一种艺术,分房工作管理得好,就能将高价客房或闲置客房出售,从而减少闲置,增加销售量。酒店的入住接待管理主要包括客人入住登记管理和客房状况控制管理两部分。

(1) 入住登记管理。

入住登记手续是酒店前厅部对客服务的第一个关键的阶段,这一阶段的工作效果将直接影响前厅部客房产品的销售。酒店一旦成功为顾客办理了入住登记手续,就意味着与客人建立正式的合法关系,具有了为客人提供信息、协调对客服务、保护客人生命和财产安全等的责任和义务。酒店在办理客人入住登记手续时必须做到严格遵守国家法律法规中对户籍管理的有关规定。在某些特殊情况下,酒店为了维护自身和其他客人的合法权益,保障酒店和其他客人的生命财产不受伤害,可以行使"拒绝入住权"。

(2) 客房状况控制管理。

在前厅部的业务运转中,客房状况的控制是一项重要内容。客房状况控制是确保客房状况准确的有效手段,它往往是前厅部业务运转的一个核心。掌握酒店的客房状况及其变

化,是管理者应该高度重视的一个方面。在客房状况控制过程中,客房状况信息的传递、有效的信息沟通是十分重要的。客房状况的变化取决于客人的住宿活动。客人住宿登记后,其对应的客房状况就由原来的空房或待租状况变为住客房;客人结算后,客房状况变为走客房,然后变为空房。客房状况就是这样不停地随着客人住宿的变化而变化。因此,涉及酒店前厅部房态控制管理的三大主要岗位——前厅接待、收银与客房服务的员工应充分做好信息的传递工作,时刻保持紧密的沟通和联系,确保客房状况控制管理的准确无误。

3. 日常接待管理

(1)迎送服务管理。

迎送工作是酒店凸显档次与服务质量的关键。客人抵达或离店时,迎宾员应主动相迎,热情服务,将车辆引领到合适的地方,并主动帮助行李员清点客人的行李,以免出现差错。迎宾员还负责维持大厅门前的秩序,指挥、引导、疏散车辆,保证酒店门前的交通畅通无阻。

(2)问讯、邮件服务管理。

客人有了疑难问题,会向酒店有关人员询问,酒店有责任与义务帮助客人排忧解难。酒店应对问讯处的工作人员进行相关知识的培训。问讯员除了应有较广的知识面以外,还需要掌握大量最新的信息和书面材料,以保证在工作中给客人以准确而满意的答复。问讯处还设有钥匙信件架,按房号顺序排列,存放客人的钥匙及信件。

(3)行李服务管理。

行李服务是由行李员负责的。行李服务中需要注意的问题是:运送行李过程中,要得到客人的确认,以防止行李出现差错而给客人的行程带来不必要的麻烦;团队行李交接过程中,应注意行李的检查验收工作,并办理必要的手续,防止行李的损坏和财物的丢失;多个团队出现时,应采取必要的方法加以区分,防止出现混乱现象。

(4)电话总机服务。

电话总机是酒店的内外信息联系中心,是酒店与顾客进行沟通、联络的通信枢纽。绝大多数客人对酒店的第一印象是在与话务员的第一次声音接触中产生的。话务员热情、礼貌、耐心、快捷和高效的对客服务,起到了联结客人与酒店的桥梁作用。电话总机服务包括接转电话、问询服务、叫醒服务和联络服务四个方面的内容。

(5)顾客投诉管理。

顾客投诉是顾客对酒店所提供的产品和服务不满意而提出的意见,一般由酒店前厅部的大堂副理来接受和处理。酒店应高度重视顾客投诉,因为正是通过顾客投诉,酒店可以及时发现和了解自己工作中存在的问题和不足,从而采取相应的改进措施,使酒店的服务质量和管理水平得到提高。正确处理客人投诉,可以加深酒店与客人之间的相互了解,处理好酒店与客人之间的关系,改变客人对酒店工作的不良印象。圆满处理客人投诉,可以树立酒店良好的声誉,让客人对酒店的不满降低到最低限度。酒店大堂副经理应掌握处理客人投诉的方法、原则和技巧。

(6)商务中心服务管理。

为满足客人日益增长的商务需要,酒店通过商务中心向客人提供打字、复印、传真、秘书、翻译、代办邮件、会议室出租、文件整理和装订服务。酒店商务中心除应拥有电脑、复印机、传真机、装订机、有关商务刊物和报纸、办公用品和设备外,还要配备一定专业和经验的工作人员,以提供高水平、高效率的对客服务。

(7) 其他服务管理。

为方便客人,满足客人多方面需要,酒店前厅还向客人提供旅游代办、机(车、船)票预订、出租汽车预约、收发邮件等服务。这些服务可以由旅行社、出租汽车公司、邮电局等专业部门在酒店设置专业机构办理,也可以由酒店代理进行。

4. 客账业务管理

前厅的客账管理水平能够体现酒店的服务水平和经营管理效率,甚至直接关系到酒店的经济效益和酒店经营业务状况。从业务性质来说,前厅收银处一般直接归属酒店财务部,但由于它处在接待宾客的第一线岗位,又需接受前厅部的指挥。具体来说,酒店的客账业务管理主要包括客账记录、宾客结账、夜间审核及营业报表编制等三个方面。

(1) 客账记录。

客账记录是前厅收银处的一项日常业务工作。酒店前厅部应建立完备的客账记录管理制度,并规范员工的客账记录操作以避免员工在工作中出现差错及发生逃账漏账情况,客账记录还需依靠各酒店各业务部门的配合及财务部的审核监督。客账记录的方法和要求主要有以下几个方面。

①账户清楚。自宾客办理入住登记手续时,酒店就应为零散的宾客建立个人账户,为团体宾客建立团体账户。该账户能登录该宾客在酒店居住期内的房租及其他各项花费(已用现金结算的费用除外)。它是编制各类营业报表的来源之一,也是宾客离店时结算的依据。

②记账迅速准确。宾客在酒店停留时间短,费用项目多,目前酒店普遍采用电脑收银系统,只要收银员将账单输入收银机,前厅电脑就同时记下了宾客当时的应付款项,计入客人账户。为防止跑账、漏账、错账等的发生,酒店必须保证宾客住店期间的一切费用都能记账及时、准确,宾客姓名、房号、费用项目和金额、消费时间等都清楚明白、准确无误,从而保证顾客结账离店时能对所有账目一目了然。

(2) 宾客结账。

现代酒店一般采用"一次结账"的收款方式,工作效率得到大大提高。宾客的结账方式一般有三种:一是现金支付;二是用信用卡支付,这种支付方式比较方便,同时酒店的应收款项也可以得到保证;三是使用企业之间的记账单来支付酒店费用。无论以哪一种方式结账,收银员都应为顾客提供规范、快速、热情和周到的服务。

(3) 夜间审核及营业报表编制。

许多酒店收银处的夜间工作人员往往还要承担夜间审核和营业报表编制的工作。夜间审核工作是将从上个夜班核查以后所收到的账单及房租登记在宾客账户上,并做好汇总和核查工作。营业日报表是全面反映酒店当日营业情况的业务报表,一般也是由前厅收银处夜审人员负责编制,通常一式两份,其中一份送往酒店总经理办公室,另一份送交财务部门作为核对营业收入的依据。

二、酒店客房接待业务管理

客房部是酒店的核心业务部门,也是酒店经济收入的重要来源。客人住店期间,大约三分之二的时间都是在客房里度过的,因此,客房部担负着客人住店期间的大部分服务工作,其业务涉及所有客房内的清洁卫生、酒店公共区域的清洁卫生、物资用品消耗的控制、设备的维修保养等。客房管理是联结客房产品生产和消费的纽带与桥梁。客房的服务质量与管理水平直接关系到酒店的客源和经济收益。同时,因客房使用低值易耗品多,物料比例大,如何最大限度地降低成本,提高利润,也是客房管理的重要任务。

（一）酒店客房部的职能与组织结构

1. 酒店客房部的职能

（1）提供基本的酒店产品。

顾客离开常住地赴外地旅游,最基本的一项生理需求就是住宿,而客房作为宾客住宿的物质承担者,是住店宾客购买的最主要的产品。因此,客房是酒店存在的基础,没有了客房,酒店的意义和内涵都不复存在了。

（2）酒店的主要收入来源。

客房是酒店最主要的商品之一,客房部因此也是酒店的主要创利部门,销售收入十分可观。一般而言,高星级酒店的客房收入要占到酒店全部营业收入的40%—60%,而对于经济型酒店以及一些其他特色的精品主题酒店,客房收入的占比会更高。

（3）负责客房服务、酒店公共卫生和布件洗涤发放。

客房部也是酒店管家部门,对酒店其他各部门的正常运转给予不可缺少的支持。客房部最基本的工作就是负责酒店客房的清洁卫生和满足宾客的客房服务需求,除此以外,还要负责整个酒店公共区域的清洁、卫生、保养及绿化工作,同时,也担负着整个酒店布件的洗涤、熨烫、保管、发放等重任。

2. 酒店客房部的组织结构

随着隐蔽式服务的提出,我国多数酒店的客房服务由楼层服务台的服务模式向客房服务中心模式转换,也有一些酒店没有改变。故目前酒店客房服务的方式有两种：楼层服务台和客房服务中心。无论采用哪种服务方式,都应根据酒店自身的实际情况和客人的需要出发。一般客房部的主要组成部分包括经理办公室、客房楼层服务组、公共区域服务组、客房服务中心、布件房、洗衣房等,如图3-2所示。

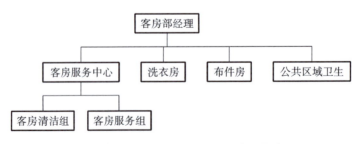

图3-2 客房部组织结构图（设立客房服务中心）

（二）酒店客房业务管理

酒店客房业务管理的主要目的是满足客人住店期间在客房住宿、使用设施与享用物资的需求,包括为客人提供清洁卫生、设备用品齐全、舒适美观的客房,高效率地满足客人享受各种服务的要求,尽可能为客人提供便利,使客人获得物质和精神上的双重享受。

1. 客房清洁卫生管理

客房的清洁卫生工作是客房部的重要工作之一,客房卫生质量是客人最关心和较敏感的问题,也是酒店服务质量管理的重要内容,酒店必须制定严格的质量标准与操作程序进行管理。

(1) 客房日常卫生管理。

客房日常卫生是客房部的重要工作内容,也是衡量酒店服务质量的重要标准。卫生工作保持得好,就能满足客人的需要。对客房的日常清扫,我国主要采用的是两进房制。主要内容包括三个方面,即清洁整理客房、更换补充物品、检查保养设备。根据酒店的具体情况,应制定相关的工作程序与质量标准。管理人员要加强监督与指导。由于客房状态的不同,清洁卫生工作会有所不同,但基本内容与基本要求是一样的,其基本程序有以下几个方面。

①整理、清扫、除尘。按照酒店客房清洁卫生工作的规范要求和物质配备规格,收拾和清扫客房的垃圾,整理和铺放客人使用过的床铺,整理客人放乱的个人衣物和各种客房用品,对客房进行抹尘、吸尘等。需注意的是,在房间整理、清扫、除尘过程中,应严格遵循酒店规定的程序和质量标准,切忌因操作不当引起不必要的麻烦。

②整理、擦洗卫生间。整理各种卫生用品及客人用具,清扫垃圾,擦洗卫生洁具及瓷砖墙面与地面。卫生间整理、擦洗过程中,应严格按照规定的卫生标准与工作程序进行,杜绝一条抹布一抹到底的不道德行为。

③更换、补充用品。在房间整理清洁过程中,按照标准要求更换布件,补充用品。

(2) 计划卫生管理。

客房部除了日常卫生清洁工作外,还有诸如窗帘、地毯、房顶、顶灯等卫生项目需要定期循环清洁。因此,应根据酒店的具体情况,制订切实可行的工作计划和卫生清洁标准,科学地安排时间、人员,保证酒店的服务水准。

(3) 公共区域卫生管理。

客房部除了承担客房区域的清洁卫生工作外,还承担了酒店公共区域公共卫生的清洁整理工作。由于公共区域面积大、人员分散,不利于控制与监督,因此,公共区域的清洁卫生要根据所管辖的区域和范围以及规定的卫生项目与标准,划片定岗,实行岗位责任制,使员工明确自己的责任与质量标准,管理人员应加强巡视检查,进行监督。

2. 客房接待服务管理

客房部接待服务工作围绕客人的迁入、居住、迁出三个环节进行,接待服务工作的管理也是以此为基础制定相应的程序与管理办法。

(1) 迎客服务管理。

客人到达楼层后,希望在人格上得到服务人员的尊重,在生活上得到服务人员的关心。根据"宾客至上"的原则,酒店应制定相应的程序与要求,规范与约束员工的日常行为。员工迎客彬彬有礼,会给客人留下美好印象,使其有一个好心情,也会对酒店产生一个好印象。

(2) 客人居住期间服务管理。

客人住店期间,希望生活方便,自身的风俗习惯得到尊重。客人的需求变幻莫测,酒店仅有规范化的服务仍不能满足客人需求,酒店应针对不同客人的生活特点与需求,在规范化服务的基础上,提供满足不同客人的合理的个性化服务项目。

（3）客人离店服务管理。

客人离店是酒店接待客人活动的结束。但服务人员的良好服务会给客人留下美好的印象。客房部员工应按酒店服务程序的规定，做好客人离开楼层前的准备工作、客人离开楼层的送别工作、客人离开楼层后的检查工作。

3. 客房安全业务管理

客房部管理面积大，接待客人多，工作比较复杂，容易出问题。从整个酒店来讲，安全保卫工作由保卫部门负责，但客房部应该积极配合，保证客人人身与财产的安全。客房安全是指宾客在客房范围内人身、财产、正当权益不受侵害，也不存在可能导致侵害的因素。

（1）客房安全。

客房是宾客的暂居地及财物的存放处，故客房安全至关重要。客房门必须包括能上锁的门锁、广角窥镜及安全链，其他凡能进入客房的入口处，均应能上锁或闩。客房内电器设备应确保安全，卫生间的地面及浴缸应有防滑措施，所有茶具、杯具等及时消毒，对于家具应经常检查其牢固程度；引领客人进房的服务人员应向客人介绍安全装置的作用及使用方法，并提请客人注意阅读客房内所展示的有关安全的告示及说明；客房服务人员清扫客房时，应将房门开着，不能随意将客房钥匙放在清洁车上，并检查客房内各安全装置；前厅问讯处等各部门也应严格为住客保密。

为保证客房安全，还要严格控制钥匙。一般要求客人外出时，将钥匙交还前厅问讯处保管，回店时经验证住客身份及房号领取钥匙；当客人离店时，应提醒客人归还钥匙；要求客房服务人员工作随身佩带钥匙，客房部每天应记录钥匙发放及使用情况，由领用人签字等。

（2）走道安全。

客房走道的照明应正常，地毯应平整；酒店保安人员应对客房走道进行巡视，注意有无外来陌生人及违规进入客房区的员工，提醒客人将门关好；楼层服务员如发现异常现象应及时向安保部汇报。配有闭路电视监视系统的酒店，可以更好地协助客房走道的安全监视及控制。

（3）伤病、醉酒客人的处理。

酒店一旦有客人出现伤病，应有紧急处理措施及能胜任抢救的专业医护人员或具有急救知识的员工，并配备各种急救的设备器材与药品。所有员工尤其是客房部员工，在任何场所若发现伤病客人，应立即向保安或经理报告，总机应注意伤病客人的求助电话；对直到下午仍挂有"请勿打扰"牌的住客，应电话或进房询问，如有伤病客人，应实施急救，或送医院治疗。事后由安保部写出伤病报告，呈报总经理，并存档备查，对不同类型及特征的醉酒客人应区别对待。对于轻者，要适时劝其回房休息；对重者，应协助保安使其安静，以免打扰或伤害其他客人。客房服务员应特别注意醉酒客人房内的动静，以免发生意外。

（4）火灾的防范。

酒店应有严密的防火安全计划，包括成立防火安全委员会，制定防范措施和检查方法，规定各岗位工作人员的职责和任务；制订火警时的紧急疏散计划，如客人及员工如何疏散及资金财产等如何保护；配备、维修、保养防火灭火设备及用具，培训员工掌握必要的知识和技能，并定期举办消防演习；对住客加强防火知识宣传，如在客房门后张贴安全门通道示意图及在客房内放置防火宣传材料等；一旦发生火警，总机应向消防部门报警并用紧急广播系统通知客人及员工,要求他们从紧急出口和安全楼梯离开酒店建筑,电梯应放至底层并禁止使用;前厅部应在底层安全梯出口处引领疏散客人,安保人员应严密保护现场。

4. 客房设备用品管理

客房的设备用品种类繁多,在酒店固定资产中占有很大的比重。客房设备和用品是开展客房服务工作的物质基础。管理好客房的设备和物资,是客房业务管理的重要内容之一,也是降低客房营业成本的重要途径,客房部要制定具体的设备、物资管理制度,明确规定各级管理人员在这一方面的职责,严格遵守设备物资管理制度,努力降低成本,力求实现最大化的经济效益。客房内的各种设备应始终处于齐全、完好状态,客房服务员及管理人员在日常的服务工作和管理工作中,应时刻注意检查设备使用情况,配合工程部对设备进行保养、维修,管理人员要定时向客房部汇报设备使用情况。房内各种供客人使用的物品和清洁用品应备足、备齐,以满足服务工作的需要,保证服务质量。要控制好床单、毛巾等棉织品的周转,控制好消耗物资的领用,建立发放记录和消耗记录,在满足客人使用、保证服务质量的前提下,提倡节约,减少浪费,堵塞漏洞,实行节约奖励、浪费受罚的方针。

(1)客房设备用品采购管理。

根据客房等级、种类、标准及数量,核定设备用品的品种、规格、等级及需求数量,按照各部门提出的设备用品采购计划,进行综合平衡后加以确定并采购。

(2)客房设备用品使用管理。

做好设备的分类、编号及登记工作,制定分级归口管理制度,建立岗位责任制。实行客房用品消耗定额管理。

(3)客房设备用品更新管理。

客房部应与工程设备部门一起共同制订酒店的固定资产定额、设备的添置、折旧、大修和更新改造计划,同时还要根据酒店的实际需要,科学制订低值易耗品的摊销计划,减少盲目性。在更新改造设备时,客房部要协助设备部门进行拆装,并尽快熟悉各项设备的性能、使用及保养方法。

三、酒店餐饮接待业务管理

现代酒店餐饮管理已成为酒店企业管理的重要部分,现代化酒店的规模越大,管理工作专业化的程度越高,餐厅功能也逐渐从单纯的餐饮产品提供功能转变到兼具休闲、宴会、交际等的多重功能。餐饮产品是由满足客人需要的物质实体和非物质实体共同构成,餐饮产品的物质实体称为有形产品,如餐厅的外观、餐饮产品的生产与服务设施、菜肴与酒水的外观及颜色式样等;餐饮产品的非物质实体称为无形产品,是客人对产品内在质量进行感受,如餐厅的声誉、特色、气氛、位置、等级等。餐饮产品的有形部分与无形部分具有同样地位,不可相互替代,两者组成完整的餐饮产品,核心是可食性。

(一)酒店餐饮的管理职能与组织结构

1. 酒店餐饮的管理职能

餐饮产品与服务的特点决定了餐饮管理的基本任务和主要管理职能,包括做好餐饮的市场调查,提高餐饮服务水平与菜肴质量,更好地满足客人的个性化需求,优化人、财、物等资源的配置,加强餐饮产品的生产、销售等业务经营活动,提高餐饮部的经济效益等。

(1) 餐饮产品的市场定位。

餐饮管理的首要任务是做好市场调查工作,选定目标市场,进行餐饮产品的市场定位,根据酒店的具体情况策划餐饮服务项目、餐饮服务内容,并根据市场环境与酒店条件的变化,适时调整酒店的经营方针与经营策略,增强酒店餐饮产品的竞争能力。

(2) 餐饮产品的生产管理。

餐饮产品的生产过程是一个复杂的过程,由于参与人员多、使用原材料品种多、生产种类多,使生产过程的控制显得更加重要。要加强餐饮管理,努力降低成本,餐饮产品生产过程的管理就显得特别重要。

(3) 前台对客的服务管理。

在客人对餐饮产品的消费过程中,前台员工的服务质量对餐饮产品的销售起着相当重要的作用。应制定餐饮服务标准、服务程序、服务规范,为宾客提供主动、热情、耐心、周到的服务,争取更多的客源市场份额。

(4) 餐饮产品的销售管理。

要实现餐饮部的经营目标,保证完成经营收入计划,餐饮管理人员就应加强对市场经营形势的分析与研究,适时调整经营策略,采取灵活多样的营销方式开发市场。

2. 酒店餐饮的组织结构

餐饮组织结构反映了该部门各成员之间、所属部门之间的相互关系。好的组织结构能够增强部门的业务经营能力,提高组织的凝聚力和员工的工作效率,促进部门经营目标的实现。酒店餐饮的组织结构因酒店的类型、等级规模和服务内容的不同而不同。现代酒店的管理机构普遍采用七级制(含总经理一级)甚至更少的职级,大中型酒店餐饮组织结构如图3-3所示。从横向组织结构来看,餐饮部一般由五个部门组成:餐厅部、宴会部、厨房部、管事部、采购部。

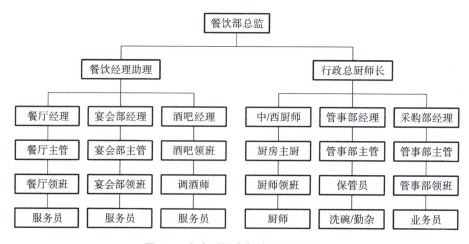

图3-3 大中型酒店餐饮组织结构图

(二)酒店餐饮接待业务管理

1. 餐饮清洁卫生管理

餐饮卫生是影响餐饮产品质量的重要因素。为了保证食品卫生,杜绝食品污染和有害因素对人体的危害,保障就餐者的身体健康,酒店应切实抓好餐饮卫生管理工作。餐饮卫生管理主要包括食品卫生管理、员工卫生管理、环境卫生管理及设备餐具卫生管理等。

(1) 食品卫生管理。

食品安全大于天,酒店提供的食品必须是没有受过污染、干净、卫生和富有营养的。餐饮部首先应切实做好食品原材料的采购、储存、生产加工等各项工作,切实保障为客人提供干净、卫生和新鲜的菜肴产品。此外,还应做好部门的环境卫生清洁,并严格要求餐饮部工作人员按操作规程办事,遵守岗位职责,时刻做好食品污染的预防与管控,切实保障食品卫生。

(2) 员工卫生管理。

员工卫生管理可以保证员工健康、高效率的工作,预防疾病的传播,避免食物污染,并防止食物中毒事件的发生。员工卫生管理包括员工个人卫生管理和操作卫生管理,员工卫生管理首先要求员工在被雇用后每年主动进行健康检查,并取得健康证明。不仅如此,在日常生活中,员工应严格遵守餐饮部的员工工作守则和行为规范,并养成良好的卫生习惯。员工操作卫生管理要求员工在操作时,禁止饮食、吸烟,并尽量不交谈;在拿取餐具时不能用手直接接触餐具上客人入口的部位,不能用手直接抓取食品,应戴好清洁的工作手套,并且在操作结束后处理好使用过的手套;工作时不使用破裂器皿,器皿器具如掉落在地上应洗净后再使用,若熟食掉落在地上则应弃置,注意成品避免污染。

(3) 环境卫生管理。

餐饮环境卫生管理是指对餐饮部的餐厅、厨房、所有食品加工、储藏、销售场所、洗涤间、卫生间及垃圾房等的卫生管理。应按照餐饮产品储存、加工、生产、消费等流程,对各环节的卫生管理严格到位,不容出现一丝差错。

(4) 设备、餐具卫生管理。

设备、餐具卫生管理的关键是制订出设备卫生计划及各种设备洗涤操作规程并对员工进行针对性的教育训练。餐饮部应格外重视加工设备、厨具烹调设备及冷藏设备、清洁消毒设备、储藏和输送设备等各类设备与餐具的卫生管理,保证供应食品不受污染,符合卫生要求。

2. 餐饮生产管理

餐饮产品的生产水平和产品质量直接关系到餐饮的特色和形象。高水准的餐饮产品的生产,既反映了餐饮的等级档次,又体现饭店餐饮的特色。餐饮产品的生产还影响饭店经济效益的实现,因为餐饮产品的成本和利润在很大程度上受生产过程的支配,控制生产过程的成本费用可以获得良好的经济效益。

餐饮产品生产管理的关键是菜肴生产管理,包括制订厨房的生产计划、控制食品原料的折损率和菜肴的份额数量、编写标准食谱与执行标准食谱等。菜肴生产成本提高的原因主要有产品过量生产、原材料净料率控制不当等,餐饮部应做好菜肴生产计划的制订,控制好

无效的食品成本发生率,同时,还要力求选择适宜的食品原料加工方法,增加材料的净料率,提高菜肴的出品率,从而减少对食品原料的浪费。值得注意的是,提高食品原料的净料率必须在保证产品制作质量的前提下进行,菜肴原料份额也会影响菜肴的成本,应该给予高度的重视。

3. 菜单筹划管理

菜单作为酒店与客人沟通的媒介、餐饮产品推销的重要工具,应该根据酒店的经营特色进行精心设计,力求外观设计科学,内容清楚真实。

在菜单设计中,一定要选择适合不同需求的字体,其中包括字体的大小、字体的形状,对英语字体也是如此。由于菜单代表了餐厅的形象,它的光洁度和手感与菜单的推销功能有直接的联系。因此,菜单印刷的纸质也能在一定程度上反映菜单的品质,应引起管理者的高度重视。菜单的颜色具有促进菜肴推销的作用,使菜单更具吸引力,鲜艳的色彩能够反映餐厅的经营特色,而柔和清淡的色彩使菜单显得典雅大方。除非菜单上带有图片,否则,菜单上使用的颜色最好不要超过四种,色彩种类太多会给客人留下华而不实的感觉,不利于菜肴的营销。同时,为增强菜单的营销功能,可适当配备必要的照片与图形,这会产生更好的效果。菜肴的命名应注意贴切、易懂,特别是中文菜单要能够反映原材料的配制、菜肴的形状、菜肴产生的历史渊源、菜肴名称的寓意。如果能将一些特色菜的配料、营养成分、烹制方法加以简单地介绍,将会产生更好的效果。

设计、使用菜单时应该注意,有的餐厅经常只换内页而不注意更换封面,时间久了,菜单封面就会肮脏破旧,影响客人的情绪和食欲,因为许多客人会从菜单的整洁美观上来判断餐厅菜肴的质量。同时,菜单上菜肴的排列切忌按价格的高低来排列,否则,客人会根据菜肴价格来点菜。按照一些餐厅的经验,把餐厅重点推销的菜肴放在菜单的首尾,或许是一种比较好的方法,因为许多客人点的菜肴里总会有个排列在菜单首尾的菜品。菜单策划设计的关键还应货真价实,不能只做表面文章。菜单设计得非常好,但与菜肴的实际内容不相符合,菜肴质量达不到菜单介绍的那样,只会引起客人的不满而失去客人。

4. 服务接待管理

(1) 餐饮预订服务。

电话接线员接听电话应在响铃3声内应答。一旦出现超过3声后接听,应向客人致歉;接听电话时应仔细聆听客人的需求,做好必要的记录,并不时地给予相应的表示。

预订员要全面掌握酒店餐饮的特色、品类、促销的产品、收费标准、折扣政策等基本情况,掌握酒店餐饮设施情况如包厢面积、可容纳人数、风格特点、配套设施等,并在通话过程中适宜地向客人介绍,供客人选择;预订员还必须了解客人的服务需求,如就餐人数、用餐标准、其他特殊服务需求等,最后还要再向客人重复一遍以确定信息,告知客人预订的台号及预订最后保留的时间,并留下预订客人的联系方式,结束电话前要向客人致谢,并表达恭候客人的光临。

(2) 餐前服务准备。

餐厅服务员应在规定的营业时间前30分钟完成营业准备工作。打开餐厅灯光,并检查完好,包厢需根据预订预测和预订情况确定打开餐厅空调,检查所设定的温度(冬天20—22 ℃、夏天24—26 ℃),且应根据预订预测和预订情况确定餐桌上的摆放物品,做到标准统一、备用餐具到位,备好方巾、茶叶、开水、茶杯、烟灰缸等客用品,服务员各就各位,做好随时迎接客人的准备。待客人到达餐厅后,应注重做好迎宾引位、挂衣收包、派毛巾、问茶水、倒茶水、增减餐位等各项接待工作,所有的工作都要严格遵守服务标准、操作步骤和规范要求。餐厅服务员必须严格按照相关的服务操作规程为客人提供规范化、标准化的服务,尤其要注意服务的细节,力求让客人感到温馨、舒适和周到,对酒店餐厅留下良好的第一印象。

（3）餐中服务。

餐中服务包括斟酒、上菜、整理台面和上果盘等服务项目,具体表现在以下几个方面。

①斟酒。服务中由服务员为客人斟倒酒水。包括斟酒前的准备和斟酒两部分。斟酒前的准备工作有：将酒水瓶擦拭干净,特别擦干净瓶口部位；检查酒水质量、生产日期（如发现有问题应及时调换）。斟酒操作的要领主要有：斟酒时,站在客人右后侧,右脚在前半小步,身体的正面朝向客人,右手从托盘内取出所斟倒的酒水,五指分开,握住酒瓶的下 1/3 处,向内转体,注意托盘外摆,将酒水奉至客人面前。瓶口高于杯口 1—2 厘米,左脚尖微跷起,身体稍前倾,按照倒、提、转、收四个步骤为客人斟倒酒水,收瓶时以右大臂带动右小臂,收回酒瓶,向外转体,将酒瓶置于托盘上（整个取、收物品的过程应靠近身体内侧完成）。斟酒量一般白酒八分满,啤酒八分酒二分沫,红葡萄酒一般斟倒酒杯的 1/3。

②上菜。菜品送至包间后,要先检查菜品有无异物如头发等,发现有异物时及时撤到厨房；上菜时应从上菜口位置上菜,上菜时说："对不起,打扰您了"；上菜姿势：双手端菜盘,保持菜盘平稳,不可将菜盘从客人头上越过,将菜盘放在转台上时应做到轻拿、轻放,以免发生大的声响,菜盘放到转台上后,盘边不可越出转台外延,以免在转台旋转时碰客人酒杯；每上一道菜时都必须将菜品转到主人与主宾之间的位置；菜品摆放可遵循一点、二线、三角、四方、五梅花的方式进行；上菜时应遵循荤素搭配、先咸后甜,上菜顺序为汤羹—凉菜—热菜—主食点心—水果；上菜时要求每道菜都必须报菜名,特殊贵重的菜肴应对吃法、做法及典故进行介绍。

③整理台面。将台面上客人不用的餐具撤下,保持台面整齐、整洁。将所剩不多的菜品大盘换小盘。

④上果盘。根据客人数量配备相应的果叉放置转盘。

（4）餐饮结账。

服务员在获得客人结账的信息时确认客人的结账方式和公司会员信息,并立即通知餐厅收银员,将客人的账单在打印前认真核实并确认无误,所有客人账单准备过程应在 3 分钟内完成；客人账单上菜品、规格、单价、总额等的打印应清晰可见,账单干净整洁；服务员在接收客人钱款时,应当面清点并向客人重复,在接收信用卡时,应认清所属银行和末尾号码,并准备好酒店的客用圆珠笔供客人签字使用；在客人结账后应致以感谢并期待客人的再次光临。如果有可能,在客人等待结账过程中主动递上意见书,或征询客人的意见,尽可能留下客人的信息。

（5）送客离店。

客人用餐后离开,服务员应以微笑和语言恭送客人,提醒客人带好随身携带的物品,并期待客人的下次光临；在恭送客人时服务员应主动替客人召唤电梯,无需电梯时则应送至餐厅门外。

第二节 景区接待业务管理

旅游景区是区域形象的代表,是旅游目的地重要的吸引力资源。无论旅游业如何发展,旅游景区都是旅游业核心的要素之一,它不仅是旅游产品的主体成分,也是旅游产业链中的中心环节,更是旅游消费的吸引中心和旅游产业面的辐射中心。旅游景区的接待服务和管理水平的高低不仅会对当地的旅游经济产生重要影响,而且对区域旅游目的地的整体形象也会产生重要影响。

一、景区服务接待管理认知

(一)旅游景区服务接待管理的概念

景区服务接待是指利用景区的旅游产品、服务设施和服务人员的服务技能,对旅游者在景区内的观光游览、休闲度假等旅游体验活动提供服务接待的过程。景区服务接待管理则是指景区管理者对景区内所有的服务接待活动进行管理的过程。

旅游景区服务接待体现了旅游景区的服务质量水平,服务接待质量又是景区旅游竞争力的一个重要体现。因此,重视旅游景区的服务接待并对其进行有效的管理是景区经营管理活动的重要内容。

(二)旅游景区服务接待管理的特征

旅游景区服务内容繁多,旅游者又来自五湖四海,对旅游的需求千差万别,这决定了旅游景区服务接待管理活动具备综合性、规范性、整体性、时效性和创新性等特点。

1. 综合性

旅游景区服务接待的对象是来自五湖四海的旅游者,他们有着不同的地域文化背景、风俗习惯、宗教信仰以及兴趣爱好等,每个人的需求可以说是千差万别,不仅如此,旅游者在景区的旅游活动涉及吃、住、行、游、购、娱等方方面面。这决定了旅游景区服务接待工作的复杂性与多样性,在此基础之上的服务接待管理工作也具有了综合性的特征。

2. 规范性

服务接待工作的复杂与多样,增加了服务接待管理的难度,为建立健全高效有序的工作运行机制和提高管理水平,增强旅游者的满意度,旅游景区的服务接待管理必须依赖完善的工作制度、管理规范和员工守则等企业规章管理制度来开展工作,唯有如此,才能保证服务接待工作的规范、标准,将服务失误降到最低。

3. 整体性

酒店服务接待中有一个著名的"100-1=0"的定律,即在为顾客提供全方位的酒店服务时,如果有99项服务都做得非常完美,仅有1项服务令顾客不满意,那么最终顾客的总的体验依然是不满意。该条定律同样也适用于景区服务接待管理。旅游景区的服务接待管理工作繁杂多样,旅游者的需求也各不相同,在旅行游览过程中又容易出现各种突发状况,这就需要景区服务接待人员齐心协力,在通力合作的基础上,尽可能将每个人的服务工作都做到完美,因为任何一个小的接待失误都有可能导致顾客的不满甚至投诉,这也是景区服务接待管理工作整体性的体现。

4. 时效性

景区服务接待管理的时效性体现在要随时随地地为游客提供所需的服务,解决游客临时遇到的困难,或能够快速妥善地处理游客在参观游览过程中出现的各种突发事件。服务管理的时效性体现了景区服务接待管理的水平。

5. 创新性

标准化和规范化的景区服务接待管理能够解决大多数游客在景区旅行游览时的日常需求。但是,当出现一些临时的、不同寻常的服务接待工作时,标准化和规范化的服务接待管理并不能解决这些问题,这就要求景区的服务接待人员具备一定的创新意识和创新方法,妥善处理各种可能遇到的服务难题,做到令游客满意甚至惊喜。创新能力是景区服务接待管理实力和相应的市场竞争力的重要体现。

(三)旅游景区服务接待管理的内容

旅游景区提供的服务产品具有无形性、复杂性和综合性等特点,其服务内容也不尽相同。不同类型的旅游风景区、主题公园、旅游度假地等除了有一些共性之外,也都有各自的个性特点。总体而言,旅游景区服务接待管理的内容主要包括景区咨询服务管理、景区票务服务管理、景区解说服务管理、景区投诉服务管理、景区配套商业服务管理等,下面将对其分别展开阐述。

1. 景区咨询服务管理

景区咨询服务接待主要是景区服务人员向通过各种渠道了解和咨询景区信息的游客提供咨询服务的全过程。景区咨询服务管理主要有电话咨询服务管理、现场咨询服务管理和智慧咨询服务管理三种方式。

1)电话咨询服务管理

(1)电话咨询服务礼仪管理。

①语言礼貌尊重。

接听电话咨询时,旅游热线应使用"您好,这里是××旅游咨询中心,工号××为您服务,请问您需要什么帮助?"的问候语,咨询网点可以使用"您好,旅游咨询。"或其他礼貌性且体现服务内容的简短问候语,禁止强行挂断电话。如游客咨询的问题不能立即回答,需要较长时间查找资料时,应先征求游客意见:"先生/女士,对不起/非常抱歉,请您稍等片刻,我立即帮您查询好吗?"

②态度积极热情。

应做到耐心、细心、热情、友好。通过语速、语音、语调及内容向游客传达热情、积极、主动的工作态度;在通话过程中要始终保持吐字清晰,语速适中,声音悦耳,给游客传达一种积极向上、乐观的正能量。

③仪表端庄得体。

在接听电话过程中,接线员绝不允许做与工作无关的事,如吃零食、喝茶等,也不允许姿势慵懒、任意走动或随便倚靠桌椅门墙等物,必须面带微笑,保持挺直、端正的坐姿,所谓"闻

其声如见其人",游客可以通过接线员的声音感受其形象和态度,因此,接线员在电话接听时务必保持端庄得体的仪容仪表和良好的精神状态。

(2) 电话咨询服务流程管理。

①电话接听流程。

接听电话前,服务人员应做好相应的准备工作,如清理好工作台面,准备好纸笔,将身心都调整至最佳状态;接听电话时,应在铃声响起两声后、三声内接通电话,然后按照通话礼仪和规范礼貌地与客人开始通话;通话中收集客人信息时,根据客人提问的复杂程度适当进行记录,并及时恰当地给予相应的反馈;处理游客问题时要耐心为客人解答,详细为客人介绍景区相关问题,确保回答的准确性,如遇到无法立刻解答的问题,应礼貌致歉,并留下客人的联系方式,并告知客人将尽快给其答复;通话结束时,应根据通话内容做好结束准备,并按照标准服务用语礼貌地感谢客人的来电,待客人先挂断电话后服务人员才放下听筒,并做好相关咨询记录。

②电话回复流程。

拨打电话前应做好相应的准备,对客人咨询的问题进行完整的梳理,根据复杂程度可整理成文档,以确保电话接通后能准确、完整地向客人反馈,回复时间应避开客人的休息时间;电话接通时应先礼貌问候客人并确认客人是否为前期咨询人,在确认对方身份准确无误后方可进入正题;通话过程中应简洁明了地对客人咨询的问题进行回复;通话结束后应运用标准电话服务用语礼貌地与客人再见,待对方挂断电话后服务人员才能放下听筒,并做好相关咨询记录。

2) 现场咨询服务管理

现场咨询服务具有咨询内容广泛、游客期望值较高、服务引导性强等特点。① 现场咨询服务流程包括前期准备、现场咨询和事后总结等环节。其中,前期准备包括设定游客咨询服务点、做好相关服务人员的培训工作、全面系统地掌握景区内外部最新的信息、做好服务场所环境卫生等工作;现场咨询包括密切关注咨询服务点周围的游客潜在的需求,主动问询有需要的游客,用心倾听游客的咨询内容,积极与游客进行耐心周到、细致及准确的沟通直至客人满意,礼貌地与客人道别等内容;事后总结则包括对游客咨询情况进行完整的记录和定期、不定期地分析整理游客所有的问询需求和工作建议,并积极上报上级领导部门。

3) 智慧咨询服务管理

智慧咨询服务即景区综合运用多种信息技术以及智慧旅游公共服务平台,帮助游客在旅游前、旅游中和旅游后及时、准确、全面地获取所需要的信息的服务。智慧咨询服务的形式包括景区App、景区微信公众号、电子商务网站等,这些移动终端和互联网平台,结合传统的线下咨询服务,能为游客提供出行游览线路选择、门票购买、景点产品介绍以及餐饮、住宿、娱乐休闲、购物等全方位的信息,便于游客在出行前就做好旅游行程规划。智慧咨询服务管理则能够维护和保证智慧旅游咨询平台正常运行,规范和管理后台工作人员的服务操作,收集景区咨询服务大数据并进行分析,以充分挖掘游客的旅游需求,引导景区在旅游规划、产品和线路设计、营销渠道等方面进行创新。

---

① 温燕.旅游景区服务与管理[M].武汉:华中科技大学出版社,2017.

2. 景区票务服务管理

旅游景区的门票是游客进入景区的凭证，也是游客对景区留下第一印象的重要窗口，因此，景区票务服务管理至关重要。景区票务服务管理主要分为订票服务管理和现场售票服务管理两个部分。

1）订票服务管理

随着信息技术的不断发展，景区的订票服务渠道越来越多，除了传统的旅行社、酒店或商场等代理订票以及电话订票等方式以外，互联网订票和手机移动终端订票越来越受到游客的欢迎。互联网订票大多是通过驴妈妈、携程、同程旅游、去哪儿、途牛等旅游电子商务网站进行订票，移动终端订票则大多是通过手机 App 方式随时随地进行订票。

一般来说，订票服务流程包括确定订票日期、选择订票类型和数量、填写订票人信息、提交并确认订单、选择付款方式、确定付款、订票成功。当订票成功后，游客即可在规定的时间内到专门的取票地点取票，取票时需按照要求带上相应的身份证件以及订票凭证。倘若在订票或取票中遇到问题，则可拨打相应的热线电话进行咨询，寻求帮助。

2）现场售票服务管理

现场售票服务一般有传统的人工售票服务和自助式智能售票服务两种类型。人工售票要求售票员严格按照景区售票员职业规范和操作规程对游客进行售票服务，其具体售票流程包括问候、欢迎游客，询问购票类型、数量及要求，向游客介绍并解释景区的票价政策和优惠办法，向游客核实购票信息，向游客确认票价和总票款，向游客询问支付方式，基于唱价、唱收、唱付进行收款并找零，售票结束对游客表示感谢并祝其游玩愉快。自助式智能售票服务则有自助售取票机、第三方互联网购票平台、微信购票、App 扫码购票等多种方式，自助售票方式缓解了过去人工售票让游客排队购票的麻烦，大大地方便了游客。景区售票管理者必须时刻监控和保持各种自助智能购票渠道的畅通，例如，时刻检查自助售取票机是否正常、保障第三方购票平台畅通运行等，从而为游客随时随地、随心所欲地快速、顺利地购票提供保障。

3. 景区解说服务管理

景区解说服务是景区服务接待的重要组成部分，是影响景区游客旅行游览体验效果的核心要素。良好的景区讲解系统和导游现场讲解能够让游客更加深刻地认识和体验景区的历史文化、风俗民情和自然风貌，充分满足游客的旅游需求。景区解说服务管理就是通过对景区解说服务的规范管理提高景区的解说服务质量，增强游客满意度，更好地满足不同游客多样化的需求。景区解说服务管理一般分为导游解说服务管理和自助式解说服务管理两大类。

1）导游解说服务管理

（1）规范导游解说服务行为。

导游讲解员应服从公司的统一管理，遵守劳动纪律和各项管理制度，在带团开展讲解活动时，应严格按照讲解员行为规范开展工作，履行好自己的工作职责，做好导游讲解、安全提示和宣传教育的工作。导游讲解是一项独立性强、体力和脑力劳动高度结合的复杂性工作。导游员在解说服务过程中应充分运用各种讲解技能，以准确有效地传播旅游景区的知识，增强旅游者的旅游情趣，满足旅游者多样化的需求。

(2) 培养高素质的导游解说队伍。

随着社会的进步和人们精神生活水平的不断提高,人们对导游讲解员提出了更高的要求。因此,景区要更好地服务游客,不断提升自身的市场竞争力,就必须培养一支高素质的导游解说队伍。为此,景区一方面要在导游讲解员招聘时严把质量关,高标准、严要求选拔一群合格的导游讲解员;另一方面,要定期对景区的导游讲解员进行思想和技能方面的培训。在招聘上,景区应该确立一套完善齐全的聘用制度,从思想品德、职业道德、身体素质、语言表达、文化素质和知识修养等方面严把"入口"关;在培训上,景区应首先在思想上不断向导游员灌输正确的世界观、人生观和价值观。此外,导游讲解员应注重日常业务技能培训和知识的学习,促进其专业知识的增长和讲解技能的提高,努力形成一支知识型、学者型的讲解队伍。

(3) 制定科学的绩效考核管理制度。

要激发导游讲解员的工作热情和积极性,景区还必须制定科学的绩效考核管理制度。通过绩效考评,对导游讲解员的思想道德、知识储备、讲解技能、服务态度等进行全方位的考评,并辅以合理的精神奖励和薪酬物质奖励,以充分调动讲解员的工作积极性,始终保持服务热情,时刻发挥主观能动性,为游客提供更好的讲解服务,从而促进景区整体讲解水平的提高。

2) 自助式解说服务管理

自助式解说是通过书面材料、标准公共信息图形符号、语言等设施设备向游客提供静态的、被动的、非人员解说的信息服务。① 自助式解说形式丰富多样,包括标识牌解说、信息资料解说、试听解说、语音解说等。自助式解说服务管理的重点在于确定需要解说的对象、选择合适的解说形式、展示科学合理的解说内容等方面。随着信息技术的不断进步,语音解说越来越受到游客的欢迎,语音解说主要有录音解说、感应式电子导游、无线接收、微信语音导览等几种形式。

4. 景区投诉服务管理

景区投诉服务管理是景区服务接待管理的重要内容。对景区而言,每天接待的游客量大,接待服务工作又非常复杂,因此,难免会有接待不周全的地方。投诉服务管理工作做得好与不好直接关系到游客对景区接待服务质量的总体评价,能将游客的不满和抱怨变成提高景区服务质量、提升竞争力的巨大动力。景区投诉服务管理主要包括重视游客投诉心理、分析游客投诉原因、掌握投诉处理技巧等几个方面。

1) 重视游客投诉心理

游客到景区游玩消费,目的是获得满意的接待服务和愉快的旅游体验。由于游客的旅行游览活动涉及食、住、行、游、购、娱等方方面面,当某一环节游客的期望值大于其实际体验值时,游客就会感到不满,当不满达到一定的程度,游客就会产生投诉行为。景区在处理游客投诉问题时,首先要重视游客的投诉心理,无论投诉事件如何处理,游客都希望自己能够受人尊重,希望获得心理上的平衡,希望获得与自己的损失相应的物质补偿。因此,景区接待员在接待游客投诉时,应充分把握游客的投诉心理,高度重视游客的投诉事件。首先,要

---

① 温燕.旅游景区服务与管理[M].武汉:华中科技大学出版社,2017.

认真倾听游客的投诉,了解事情的经过,明白游客的诉求;其次,要对游客所经历的事情表示同情和尊重,并致以歉意;最后,要对游客所提出的诉求表示理解,承诺景区一定会认真调查相关涉事人员并还游客以公道,让游客首先在心理上得到平衡。

2) 分析游客投诉原因

景区服务内容广泛,游客投诉的原因可能多种多样,但总体来说大致分为三大类:①针对景区服务人员的服务投诉,包括服务人员的服务态度、精神面貌、服务技能操作等方面;②针对景区服务产品的投诉,包括景区产品价格过高、餐饮和住宿条件较差、交通管理混乱等;③景区环境和设备设施方面,包括设备设施配备不全或损坏、景区存在较大安全隐患、景区环境脏乱差、公共厕所不能使用等。当分析了解游客投诉的原因后,就应该本着真心诚意解决游客问题的态度,与游客进行多方面的沟通和交流,充分听取游客的意见和建议,不与游客争辩或推卸自己的责任,积极寻求令游客满意,同时又维护景区合理利益的解决办法。

3) 掌握投诉处理技巧

在处理投诉问题时,景区接待人员应把握好投诉处理的技巧,归纳起来就是倾听、认同、引导和共赢。首先,要虚心接受游客的投诉,耐心倾听对方诉说,让游客的不满情绪能够得到宣泄,同时要抓住一些有用的信息,做好记录;其次,要学会换位思考,要能够设身处地为游客着想,认同游客的感受,理解游客的心情,并真诚向游客致歉;再次,要善于引导游客,学会转移和切换谈话的内容,将话题转移到解决问题的关键点,勇于承担责任,并用专业的知识、真诚的态度与游客共同寻求解决问题的方案;最后,在为游客解决问题时,也要合理地维护景区的利益,给游客提供的解决方案要力争达到双方共赢的目的。此外,问题解决后,景区还必须针对投诉问题改进工作,坚决杜绝此类问题的再次发生。

5. 景区配套商业服务管理

景区配套商业服务指依托景区的住宿、交通、游览、餐饮、娱乐、购物等设备设施为游客提供的所有服务。完善的配套商业设施是景区发展的物质基础,也是满足游客游憩体验需求的重要保障。景区配套商业服务管理主要包括配套设施的规划与设计、服务标准的建立与管理、服务人员的配备与培训等三个方面。

1) 配套设施的规划与设计

景区应根据自身功能特点、旅游服务需求及区域用地布局等特点,对景区的配套服务设施进行规划和设计。首先,在景区的核心景观区应严禁住宿、饮食、购物、娱乐、保健和交通等设施的布置,做到严格保护景观核心区域的生态环境;其次,应根据景区的性质和游程、景区附近的城镇或村落的设施配备及景区自身现有条件,合理规划和设计住宿、餐饮、购物和娱乐等商业服务场所,并正确选择规划项目的等级结构;再次,所有的商业配套服务设施的规划和设计应以方便游客利用和休闲娱乐为原则,避开有自然危害和不利于建设的地区;最后,景区内建筑的设计和布置应与当地的自然环境和风俗民情相协调,与生态或人文景区融为一体。

2) 服务标准的建立与管理

景区的配套商业服务内容多样,兼具综合性、复杂性、一次性和差异性等特点,游客又来自五湖四海,具有不同的文化背景和生活习俗。景区要提供令游客满意的服务,就必须有自己的服务标准规范和严格的管理制度,以此规范景区服务接待人员的行为,控制景区内各部

门的服务管理活动。科学合理的制度是景区日常工作的行动指南,也是对员工考核评定的标准和依据。对服务人员的管理除了系统的管理制度以外,还必须进行适当的现场管理,现场管理即管理者到各个工作岗位上进行现场巡视、督导和检查,及时发现服务过程中可能出现的隐患,及时处理服务人员工作中遇到的问题,协调各服务接待部门之间的关系,获取游客的意见和建议,以及与下属沟通思想、联络感情。

3) 服务人员的配备与培训

优秀的服务接待人员是景区为游客提供高质量服务的重要保证,游客在景区享受的所有服务都是由一线的服务接待人员提供的,服务人员职业素养的高低、服务态度的好坏、服务技能的娴熟与否都直接关系到游客享受到的服务。因此,景区对服务人员的招聘和管理至关重要。首先,景区各部门应严把招聘关,严格选聘各岗位服务人员;其次,景区应做好服务人员的上岗培训,严格训练和规范员工的服务接待行为;最后,要做好员工的管理工作,建设团队企业文化,定期对服务员进行业务技能培训和理论知识学习,让服务人员能够时刻保持先进的服务理念,不断提高服务水准,为景区游客提供物超所值的接待服务。

第三节　旅行社接待业务管理

旅游活动的兴盛和旅游产业的发展是旅行社业态萌芽和生长的基础与前提。尽管旅游产业的发展依赖酒店、旅游交通和旅游景区等构成要素的共同支持,但旅行社作为旅游产业内各要素的重要中介和旅游客源的重要组织者,在推动现代旅游业的发展中发挥着举足轻重的作用。它将交通、住宿、餐饮、旅游景点、娱乐项目以及购物等要素和部门加以组合,形成以文化体验为内涵的特色旅游产品,并从中获取极大的经济收益。旅行社正是通过改变传统的旅行方式、串接和组合旅游产业链条等来促进旅游活动的产业化和市场化发展。总体而言,旅行社的接待业务管理主要包括旅行社门市接待管理、旅行社团队接待管理和旅行社散客接待管理等。

一、旅行社门市接待管理

旅行社门市接待是旅行社服务接待工作的第一线,旅行社做好门市接待工作对整个旅行社的经营管理活动意义重大。门市接待员应以最佳的工作状态接待旅行社来访咨询的客人以及电话咨询的客人,并耐心向他们推荐、介绍旅游产品,为他们提供合理的建议,协助签订旅游合同,收集游客的意见反馈,解答游客的疑问。

(一) 旅行社门市接待服务流程

1. 咨询服务接待

旅行社门市接待员要做好回答客人来电或接待来访人员的咨询服务,做好记录,广泛收集信息,参与企业组织的推广活动,宣传和展示旅行社的最新旅游活动和旅游产品线路,负责来电或来访客人的业务推荐、产品营销等事宜。咨询服务的步骤为:谈话(或电话)倾听需求—预测游客动机—提出方案,展示线路—预订产品,编制旅行日程表—核定产品价格,商议购买事宜。

2. 销售手续办理

确认购买后,旅行社门市接待员应把所发的线路准备好,给客人报价(如遇到团队一般一团一议,因为人数不一样,票价也不一样,应随时核算);签订旅游合同时要提醒客人仔细查看行程内所有包含项目、不含项目、自费项目等,以确认行程,并根据顾客年龄填写相应的协议(如老年人旅游补充协议、未成年人旅游补充协议等);及时给客人上保险(自愿),给客人安排交接。手续办理完成后要给客人开具收据/发票,提供一式三份的旅游合同、确认的行程单、旅游告知书、保险单证和旅游包/帽等。

3. 售后服务

售后服务包括将客人的资料归档,将团号、日期、人数记在动态版,将客人资料写入名单表,报名资料录入电脑,并通知相关业务人员;接受游客投诉,将所掌握的投诉迅速而有效地转告专门的投诉处理部门和管理者,对投诉处理的进展要时刻关注,及时把处理结果反馈给游客;收集、整理游客的反馈信息,对游客的旅游偏好、个性化要求、旅游接待的意见和建议等进行汇总、归类和综合整理,形成书面文字留存备案,为后续客户关系管理打下基础。

(二)旅行社门市接待员素质能力要求

1. 良好的职业道德和思想政治素质

强化门市接待员的职业道德和思想政治素质教育是旅行社门市接待管理的立身之本,这也是培养高素质员工的着眼点。尤其旅行社接待工作具有很强的涉外性,经常会接待外国友人,接待员必须具有很高的政治素养,做到爱国、爱岗、敬业,维护我国的国家利益和民族尊严,树立中国形象,宣传中国传统文化,真心热爱自己的本职工作,真诚对待每一位客人,严格遵守企业的行为规范和接待标准,给顾客留下良好的印象。

2. 过硬的职业技能和业务素质

接待员要能准确理解游客的需求,为游客提供咨询服务;能熟练使用各种办公设备,完成游客资料的登记;能管理游客的基本信息;能熟练介绍相关旅游产品信息并运用多种销售方法推介产品;能按操作规程熟练完成旅游产品预订;熟悉国内游的目的地和主要的旅游线路、景点、航班、酒店等细节,熟悉旅游产品的供应商、地接社,熟悉操作报价和出团安排,熟悉合同法的相关内容,按照规程执行顾客的委托,准确地进行款项结算;能妥善处理顾客的一般投诉。除此之外,接待员还必须具备良好的语言表达、沟通协调和人际关系能力,善于控制情绪态度、善于处理突发事件等。

3. 较强的专业知识和学习能力

旅行社门店接待员要能胜任工作,还必须有宽广的知识面和较强的学习能力。前台接待员每天面对来自五湖四海的客人,游客很可能提出各种各样的问题,接待员必须懂得回答,或者懂得如何去寻找答案。对客人来说,旅行社门店接待员不仅是一个旅游专家,更是一个杂家,不仅能够精通各种旅游专业问题,也能够回答一些风土人情、历史地理、新闻时事等问题。因此,旅行社门店接待员除了应具备旅游专业大专以上的学历、良好的英语口语之外,还需要有很强的好学和自学能力,不断通过阅读、上网学习或培训等方式给自己充电,不断提升自己,为游客提供更优质的服务。

二、旅行社团队接待管理

(一) 旅行社团队接待过程管理

首先,旅行社应按照一定的标准提供旅游过程中的各种相关服务,标准化管理则以前国家旅游局(2018年3月,组建文化和旅游部)颁布的《旅行社国内旅游服务质量要求》《旅行社出境服务质量》以及技术监督局颁布的《导游服务质量》等为依据。其次是旅行社接待过程的程序化管理,即旅行社应根据接待服务的特点,对接待服务的每一环节和每道程序都做出详细规定,并据此向旅游者提供接待服务。旅行社服务接待的程序化管理是保证旅游服务质量的有效措施,是减少事故隐患、保证接待过程中各项工作落实、提高游客满意度的有效措施。最后,要做好不同接待阶段的规范化管理,旅行社团队接待过程可以分为准备阶段管理、接待阶段管理和总结阶段管理,每一阶段都有相应的管理内容和接待要求,必须分阶段精准落实并管理到位,严格按照服务操作规范、员工手册及各部门规章制度、岗位职责等要求执行服务接待,确保每一个环节都无差错,每一个细节都力求完美。

(二) 组团社与地接社交接管理

1. 团队确认

组团社应通过电话、微信、E-mail、传真等通信方式与地接社沟通和确认团队行程、价格、人数、住宿、交通、餐饮、接机标准等情况,待确认无误后形成《团队确认书》,该书一经确立,双方务必严格遵守,任意一方都不得擅自更改。如遇不可抗力或其他原因需变更,地接社应与组团社协商一致,并就变更后的具体事宜形成书面确认单。紧急情况下来不及形成书面确认书时,双方可先通过电话、微信等方式做出承诺,待紧急情况消失后的24小时内再形成书面确认单。

2. 标准确认

团队一经确认,地接社应严格按照前国家旅游局及有关行政主管部门颁布的《导游服务质量》《旅行社国内旅游服务质量要求》《旅游汽车服务质量》《饭馆(餐厅)卫生标准》《旅店业卫生标准》及《团队确认书》中规定的具体标准安排团队接待所需的导游、汽车、司机、酒店、餐厅、购物店、娱乐场所等旅游服务。

3. 特殊事宜

组团社的操作人员务必向地接社强调信守对客人的服务承诺,保证在景区内的游览时间、团队餐饮和住宿质量、用车标准等,如临时发生变更,应及时与组团社沟通。对于有特殊要求的游客,组团社的后台操作人员应提醒领队、全陪及地接社地陪,特别是在旅游过程中可能会出现的问题,一定要让带团的领队、导游有心理准备,做好应对措施。组团社内部与地接社之间应保证业务信息传递的及时准确和完整,并保存经办人的相关信息,做好各项工作的办理及交接记录。

(三) 领队和导游服务接待管理

导游和领队在团队接待服务过程中,必须严格按照《团队确认书》中约定的标准完成接待任务,务必做到礼貌、平等地对待游客,认真耐心地服务每一位客人,履行好自己应尽的职责和义务。

1. 出境领队服务接待管理

出境领队是指依法取得从业资格,受组团社委派,全权代表组团社带领旅游团出境旅游,监督境外接待旅行社和导游员等执行旅游接待计划,并为旅游团提供入境等相关服务的工作人员。出境领队的工作流程及管理要求有以下几个方面。

(1) 准备工作。领队在旅游团出发前,应给客人召开一个行前说明会,会上给客人发放出团通知、出行须知等资料,对重点需要游客注意的相关事宜,应耐心讲解,并仔细核对客人的住房要求等信息。准备好出团所需的证件、机票及业务资料,以及开展工作所需的辅助物品等。

(2) 办理中国出境手续。出境领队提前到达集合地点,清点游客人数,向游客介绍出关程序,带领并协助游客办理海关手续;提前告知游客航空公司的各项规定,事先收齐全团所有游客的护照,到航空公司的值机柜台前交验全部护照,办理登记手续;按照卫生检疫的要求,带领游客在关口的卫生检疫柜台前办理相关手续。

(3) 办理国外入境手续。到达旅游目的地后,领队应带领旅游团办理入境手续,领取托运行李,接受海关查验,并在办理完各项手续后带领全体游客到出口与接团导游员会合。

(4) 境外旅行游览服务。工作内容包括抵达联络、入住饭店、商定日程、监督计划实施、维护游客权益、做好团结工作、保管证件机票、指导游客购物等。在境外旅游期间,领队服务往往要与当地导游员一起配合完成,领队和全陪均需要清楚自己的职责和权限,出现紧急情况时,一切要以客人的生命财产安全为重,并及时与旅行社相关人员联系,做出妥善处理。当在某个景点或购物点的停留时间与合同约定不一致时,领队有责任纠正地陪的安排,维护游客的正当权益。

(5) 办理国外离境手续和回国手续。领队应先办理登机手续,再过边检海关,向地接社的导游员告别并致谢。过关前,告诉全体游客航班号、登机口和登机时间;领队持团队签证、护照和健康证明,要求游客按名单顺序排队,均一次审核过关。

(6) 散团及善后工作。工作内容为送别游客、做好后续工作和填写《领队日志》。散团前应充分利用时间让游客填写《旅游服务质量评价表》;后续工作包括妥善处理游客的委托事务,协助旅行社领导处理可能出现的投诉问题,与旅行社结清账目、归还物品等;重视《领队日志》的填写,总结分析工作中的成功经验和体会、存在的问题和不足,以及今后要改进的地方等。

2. 全陪导游服务接待管理

全陪是指受组团社委派,作为其代表,监督接待社和地方陪同导游员的服务,使组团社的接待计划得以按约实施,并为旅游团提供全程陪同服务的导游人员。全陪导游的工作流程及管理要求有以下几个方面。

(1) 准备工作。包括熟悉接待计划、物质准备、知识准备、与首站接待社联系等。全陪在拿到旅行社下达的旅游团队接待计划书后,必须熟悉该团的相关情况,掌握旅游团的接待计划、重点游客的情况及该团的特点等,掌握旅游团的行程计划、抵离旅游线路各站的时间、乘坐的交通工具的航班号、车(船)次,检查交通票据是否定妥及有无变更情况;做好带团过程中所需的物质准备及相关的知识准备;根据需要在接团前一天与第一站接待社取得联系,互通情况,妥善安排接待事宜。

（2）全程陪同。工作内容主要包括首站接团服务、入住饭店服务、核对商定日程、沿途各站服务、离店、途中、抵站服务、末站服务等。期间全陪必须做好联络工作，与地陪一起协助领队办好全程的各项服务，沿途各站均须严格按照《团队确认书》中约定的行程执行旅行计划，时刻做好与游客的沟通。

（3）善后工作。工作内容主要包括处理遗留问题、总结工作、填写《全陪日志》、结账、归还物品等。下团后，全陪应在尽可能短的时间内认真处理好旅游团的后续工作，对团队遗留下来的重大问题应先请示旅行社有关领导后再妥善处理，对游客委托的问题要认真对待，并依照相关规定办理；将带团经验和体会、不足之处等写成工作报告，以不断总结经验，提高完善业务接待水平；认真填写《全陪日志》和工作纪要，按财务规定尽快与旅行社财务部门结清账目，及时归还所有物品。

3. 地陪导游服务接待管理

地陪是指受接待社委派、代表接待社实施旅游行程接待计划，为旅游团提供当地导游服务的导游员。地陪是旅游计划的具体执行者，对确保旅游计划的顺利落实起着关键作用。地陪导游的工作流程及管理要求有以下几个方面。

（1）准备工作。工作内容包括熟悉接待计划与团队情况、必需物品的查验与准备、知识和语言准备、形象准备、心理准备、联络与沟通等。做好准备工作是地陪提供良好服务的重要前提。在接受工作任务后，地陪应认真阅读和分析接待计划，了解旅游团的基本信息及团队成员的基本情况、全程旅游路线、所搭乘交通工具的情况、交通票据的情况以及团队的一些特殊要求和注意事项等；做好必需物品的准备和查验，备齐团队必备的证件和物品、查验团队资料和票据等。此外，还应做好相关知识准备、个人形象准备、心理准备，以及旅游团联络和沟通准备。

（2）迎接服务。工作内容包括旅游团抵达前的业务准备、旅游团抵达后的服务、前往饭店途中的服务等。地陪必须落实旅游团乘坐交通工具抵达的准确时间，并与旅游车司机商定好出发时间、停车位置，与行李员联系，告知其该团行李的送往地点等；旅游团抵达后，地陪应认真核实，防止接错，集中清点行李，集合清点人数，然后与游客一起乘车前往饭店；去饭店途中要向游客致欢迎词，导游应沿途介绍当地的城市概况，给游客留下良好的第一印象。

（3）入店服务。工作内容包括协助办理住店手续、介绍饭店设施、宣布当日或次日活动安排、照顾行李进房、带领旅游团用好第一餐、协助处理入店后的各类问题、落实叫早事宜等。

（4）核对、商定日程。《导游服务规范》要求，地陪导游员应认真核实旅游行程，行程应以组团社的行程为准，如遇现场难以解决的问题，应及时请示组团社。因此，核对、商议日程是旅游团抵达后的重要程序，地陪在接待旅游团后，应尽快与领队和全陪进行这项工作。

（5）参观游览服务。工作内容包括出发前的服务、途中导游、景点导游讲解、参观活动、返程中的工作等。在参观游览过程中，地陪应充分运用各种带团技巧，充分发挥语言的艺术，为全团游客提供精彩的讲解和优质的服务，时刻关注细节和游客的安全，充分满足游客多样化和个性化的需求。

（6）食、购、娱等服务。食、购、娱等服务项目恰到好处的安排能够使旅游活动更加丰富

多彩,加深游客对旅游地的印象。因此,地陪应尽心竭力提供令游客满意的配套旅游服务。

(7) 送站服务。工作内容包括送站前的服务、离店服务、送行服务等。送站服务是导游工作的尾声,地陪应善始善终为游客做好离店送行服务。对于接团过程中发生的不愉快事情,地陪应尽量做好弥补措施;对于确实因客观原因无法做到的事项,地陪应真诚地向游客致歉,并解释原因,征得游客的体谅。

(8) 善后工作。工作内容包括处理遗留问题、结账和归还物品、总结工作。下团后,地陪应妥善处理好旅游团留下的问题,必要时应向旅行社领导请示;地陪应在规定时间内与财务部门结清账目,并归还相关物品;地陪还应认真填写《导游日志》,实事求是地汇报接团经过,总结经验和不足,向上级领导和组团社汇报,以不断提高接待质量和服务水平。

三、旅行社散客接待管理

(一) 散客旅游接待概述

1. 散客旅游的概念和特点

散客旅游又称自助式或半自助式旅游,它是由游客自行安排旅游行程,零星现付各项旅游费用的旅游形式。通常大部分散客都是自己安排旅游活动,但是也有不少散客委托旅行社安排全部或部分旅游活动。

目前,散客旅游之所以越来越受到游客的青睐,除了其旅游形式灵活、自由度高以外,还具备以下特点。

(1) 规模小,批次多。散客旅游多是本人单独出游或与朋友、家人结伴而行,因此人数规模较小。由于散客旅游发展迅速,尽管单次规模小,但是总人数多,从而形成了批次多的特点。

(2) 游客要求多,变化大。散客旅游中,游客自主意识较强,在旅游过程中往往也有明显的个人爱好,不愿受团队旅游的束缚和限制,也经常会随时变更旅游计划,导致更改或全部取消出发前向旅行社预订的服务项目,而要求旅行社为其预订新的服务项目。

(3) 预订期短,服务难度大。散客旅游的服务预订期相对较短,其有时是在出发前临时提出,有时甚至是在旅行过程中提出,往往要求旅行社能够在较短时间内安排或办妥有关的旅行手续,因此,对旅行社的工作效率和能力也提出了更高的要求。

2. 散客旅游与团队旅游的区别

散客旅游与团队旅游的目的是相同的,但在旅游方式、人员组合、活动内容和付款方式等方面仍然存在着一定的差别,具体如表 3-1 所示。

表 3-1 散客旅游与团队旅游的区别[①]

内 容	散 客 旅 游	团 队 旅 游
旅游方式	散客自行安排和计划,自由度大,形式灵活,选择性强	由旅行社或旅游服务中介机构提前安排,活动受到限制
旅游人数	现行规定9人以下	必须在10人以上(含10人)

---

① 熊建平,石洁.导游学[M].北京:北京大学出版社,2014.

续表

内　　容	散 客 旅 游	团 队 旅 游
服务内容	随意性大,变化多,服务项目不固定	按照规定的行程计划安排,项目固定
付费方式	零星现付,按购买项目的零售价格当场支付	支付综合包价形式,即全部或部分旅游费用由游客在出游前一次性支付
价格	单项服务付费,零售价格支付,很难享受最优折扣,价格较贵	批量,可享受最优折扣优惠,价格相对便宜
服务难度	难度大,相对复杂	难度相对较小

（二）散客旅游服务接待管理

散客旅游与团队旅游在接待服务工作和管理上有许多相似之处。但也有很多不同之处,散客部导游随时都在办理接待散客的业务,按照散客的具体要求办理单项委托服务的事宜,并填写《旅游委托书》,地陪则具体按照委托书（即接待计划）的内容进行操作。总的来说,散客旅游服务接待的流程和管理要求包括服务准备、接待服务和善后工作。

1. 服务准备

导游员应明确接待的日期、航班或车船的抵达时间及班次,游客姓名、人数和下榻的饭店,了解游客的职业、年龄、性别、宗教信仰、特殊要求等,此外,还应了解需要提供的服务接待项目有无变更及是否与其他散客一同前来等;在充分了解情况后,导游员应做好出发前的准备,携带迎接散客的接站牌、导游IC卡、导游旗等,检查所需的票证和经费以及餐费、游览券等;与接站的司机联系,约定出发的时间、地点,了解车牌号和车型;与游客联系,确认接站时间和地点,确保接客准确无误。

2. 接待服务

导游员应提前抵达接站地点,由于散客人数较少,没有领队和全陪,因此,导游应与司机站在不同的出口,选择易于被游客发现的地方举牌等候,确认接到客人后,应热情主动地问候,并介绍所代表的旅行社和自己的姓名,向他们表示欢迎。同时,询问游客行李件数并进行清点,帮助游客提取行李,引导其上车。在散客乘车到饭店途中,导游应做好沿途导游讲解服务,介绍城市的情况、下榻饭店的地理位置和交通状况,及旅行中应注意的事项等,同时,询问散客在本地的停留时间及需要旅行社为其代办的事项,并表示愿竭诚为其提供服务。到达饭店后,应协助客人办理入住登记手续,再次确认散客的日程安排及需要导游帮忙代办的事宜。在散客游览过程中,导游应尽心尽力做好沿途导游讲解工作,注重与游客互动、沟通、交流,及时回答散客提出的疑问,做好散客的参谋和顾问,介绍和协助安排散客的晚间娱乐活动,尽可能与散客之间保持和谐、愉快和友好的关系。接待任务完成后,导游员应及时将接待中的有关情况反馈给散客部或计调部,并填写《零散游客登记表》。游客完成本地参观游览活动后,导游员应按照约定时间到达散客下榻的饭店,协助散客办理离店手续,并清点行李,照顾客人上车离店。在送客人到机场或车船码头途中,导游应真诚地向散客征询在本地停留期间或游览过程中的感受、意见和建议,并代表旅行社向其表示感谢。待送散客至安检入口处,应礼貌地向其道别,诚挚地欢迎其再次来本地游玩。

3. 善后工作

善后工作包括向旅行社散客部汇报散客接待工作、总结经验和教训、反馈有关情况、处理可能遗留的问题、认真办理散客委托的代办事宜、与财务部结清账目、归还所借物品等。

思考与练习

1. 简述酒店前厅部的主要职能及接待业务管理的内容。
2. 简述酒店客房接待业务管理的主要内容。
3. 简述酒店餐饮接待业务管理的主要内容。
4. 旅游景区服务接待管理的主要内容有哪些？
5. 旅行社的接待业务管理的主要内容有哪些？

第四章

新型旅游接待业务管理

学习目标

1. 新型旅游接待业态概述
2. 汽车营地旅游接待业务管理
3. 邮轮旅游接待业务管理
4. 民宿旅游接待业务管理

核心概念

汽车营地旅游接待业　邮轮旅游接待业　民宿旅游接待业

近些年,中国旅游业持续保持快速增长态势,年均国内旅游人次和收入保持两位数增长,成为经济转型的新动能、消费升级的新引擎、供给侧改革的新抓手。伴随着中国旅游业的快速健康发展,在旅游者消费需求升级和旅游方式多元更新的推动下,涌现出一批区别于传统旅游接待业的新型业态。新型旅游接待业是未来中国旅游接待业重要的增长方向。本章将从新型旅游接待业兴起的背景出发,分析其概念和特征,以期读者能够对新型旅游接待业形成基本认识,并将详细介绍汽车营地旅游接待业、邮轮旅游接待业、民宿旅游接待业三个代表性新型旅游接待业的业务管理知识。

第一节　新型旅游接待业态概述

一、新型旅游接待业兴起的背景

(一)需求侧背景

随着人民生活水平的进一步提高,带薪休假制度的不断完善,旅游已成为我国居民大众化和常态化的生活方式。根据国内旅游抽样调查结果显示,2017年全年,我国国内旅游人

3. 善后工作

善后工作包括向旅行社散客部汇报散客接待工作、总结经验和教训、反馈有关情况、处理可能遗留的问题、认真办理散客委托的代办事宜、与财务部结清账目、归还所借物品等。

思考与练习

1. 简述酒店前厅部的主要职能及接待业务管理的内容。
2. 简述酒店客房接待业务管理的主要内容。
3. 简述酒店餐饮接待业务管理的主要内容。
4. 旅游景区服务接待管理的主要内容有哪些？
5. 旅行社的接待业务管理的主要内容有哪些？

第四章

新型旅游接待业务管理

学习目标

1. 新型旅游接待业态概述
2. 汽车营地旅游接待业务管理
3. 邮轮旅游接待业务管理
4. 民宿旅游接待业务管理

核心概念

汽车营地旅游接待业　邮轮旅游接待业　民宿旅游接待业

近些年,中国旅游业持续保持快速增长态势,年均国内旅游人次和收入保持两位数增长,成为经济转型的新动能、消费升级的新引擎、供给侧改革的新抓手。伴随着中国旅游业的快速健康发展,在旅游者消费需求升级和旅游方式多元更新的推动下,涌现出一批区别于传统旅游接待业的新型业态。新型旅游接待业是未来中国旅游接待业重要的增长方向。本章将从新型旅游接待业兴起的背景出发,分析其概念和特征,以期读者能够对新型旅游接待业形成基本认识,并将详细介绍汽车营地旅游接待业、邮轮旅游接待业、民宿旅游接待业三个代表性新型旅游接待业的业务管理知识。

第一节　新型旅游接待业态概述

一、新型旅游接待业兴起的背景

(一)需求侧背景

随着人民生活水平的进一步提高,带薪休假制度的不断完善,旅游已成为我国居民大众化和常态化的生活方式。根据国内旅游抽样调查结果显示,2017年全年,我国国内旅游人数达到 50.01 亿人次，比上年同期增长 12.8%。国内旅游收入 4.57 万亿元，比上年同期增长 15.9%。① 旅游需求侧规模在不断扩大的同时，也形成了旅游需求侧散客化、多元化、个性化、高端化的深刻变化。按照旅游消费升级的一般规律，人均 GDP 达到 3000 美金，旅游消费呈现快速增长，人均 GDP 达到 5000 美金，旅游方式从观光游升级为休闲游，人均 GDP 达到 8000 美金则进一步升级为度假游。国民经济的进一步发展，将推动旅游需求侧的不断升级。旅游者对低端同质的旅游产品不再青睐，而对中高端和拥有全新体验的旅游产品的需求则大幅增加，从而促进了新型旅游接待业的发展。

（二）供给侧背景

近些年，为解决中国的供给体系与需求侧严重不配套、中低端产品过剩、高端产品供给不足的问题，中国政府要求从生产、供给端入手，调整供给结构，破解"供需错位"的难题，旅游接待业也不例外。旅游业的供给侧结构性改革是调整旅游供给总量、提高旅游供给质量、调整旅游供给结构、补充公共旅游供给短板的过程。② 随着我国旅游者对旅游的消费需求越来越多元、越来越高端，针对个性游、自主游、深度游、高端游以及综合性度假产品的开发不断受到旅游投资者的关注。而新技术、新科技的发展，则大大丰富了旅游产品的创新可能，驱动了很多以装备制造、科技创新为依托的新型旅游接待业。

（三）管理侧背景

作为旅游行业的管理侧，我国政府和旅游行政管理部门在各项顶层设计中也以发展新型旅游接待业来推动旅游行业转型升级和健康发展。2009 年在国务院颁布的《关于加快发展旅游业的意见》中，旅游业首次被确立为"国民经济的战略性支柱产业和人民群众更加满意的现代服务业"，并提出"推动旅游产品多样化发展、培育新的旅游消费热点"等旅游业发展主要任务。至此，旅游业在国民经济和国家顶层经济规划中的地位不断提升。2015 年国务院颁布的《关于进一步促进旅游投资和消费的若干意见》，明确指出"实施旅游投资促进计划，新辟旅游消费市场；实施旅游消费促进计划，培育新的消费热点"等内容。2016 年我国《"十三五"旅游业发展规划》中，则专门将"自驾车旅居车旅游推进计划""邮轮游艇旅游发展计划"等新型旅游接待业作为专栏加以规划。在 2018 年的全国旅游工作会议上，国家旅游局局长李金早做了题为《以习近平新时代中国特色社会主义思想为指导奋力迈向我国优质旅游发展新时代》的工作报告。报告指出今后一段时期的全国旅游工作中心任务是"从高速旅游增长阶段转向优质旅游发展阶段"。优质旅游的发展需要新型旅游接待业的发展来支撑。

二、新型旅游接待业的内涵

（一）新型旅游接待业的概念

新型旅游接待业是本书提出的一个新概念，本书认为新型旅游接待业是在旅游市场日

---

① 国家旅游局数据中心.2017 年全年旅游市场及综合贡献数据报告.http://www.sohu.com/a/221574819_194121.

② 成英文.供给侧改革中的旅游业和旅游业的供给改革[N].中国旅游报，2016-03-30.

趋成熟、旅游产业规模逐步扩大、产业结构不断调整的背景下，由旅游供给侧、旅游需求侧、旅游管理侧各方协同推动而出现的在原来传统旅游业态基础上发展、衍生、融合、创新形成的，具有新情景、新业态、新标准、新技术等特征的新的旅游接待业业务类型。新型旅游接待业就是这些新出现的旅游接待业务类型的集合。

（二）新型旅游接待业的内容

新型旅游接待业涉及的内容十分丰富，本书认为，由于"新"的方面不同，新型旅游接待业可能涉及如下几个类型，第一，基于技术革新的新型旅游接待业，例如智慧旅游、VR旅游、OTA等；第二，基于出行方式创新的新型旅游接待业，例如自驾车旅游、房车旅游、邮轮旅游、通用航空等；第三，基于接待设施更新的新型旅游接待业，例如民宿旅游接待业、汽车营地旅游接待业等；第四，基于出行目的细分的新型旅游接待业，例如研学旅行接待业、会奖旅游接待业、医疗旅游接待业等。本章将结合新型旅游接待业的发展趋势，选取发展势头较快的汽车营地旅游接待业、邮轮旅游接待业、民宿旅游接待业作为新型旅游接待业的代表为读者进行详细介绍。

三、新型旅游接待业的特征

（一）新标准

我国新型旅游接待业的诞生时间并不长，早期发展的新型旅游接待业是按照旅游市场的偏好程度而进行产品设计、生产和提供的，因此，还没有形成相对固定的标准。但是新型旅游接待业又不能够完全按照原先的旅游接待业标准进行评判。针对新型旅游接待业发展的深入，相关政府主管部门推出了一系列新标准以规范新型旅游接待业发展。例如，由于传统的《中华人民共和国星级酒店评定标准》无法适用于民宿旅游接待业的评价，2017年国家旅游局发布《旅游民宿基本要求与评价》；传统的《旅行社接待服务规范》无法适用于OTA的评价，2017年国家旅游局发布《旅行社在线经营与服务规范》、2014年国家体育总局发布《自驾车汽车露营营地开放条件和要求》等。这些新标准将在具体内容上面向新型旅游接待业的特点，而显著区别于传统旅游接待业，成为我国新型旅游接待业发展的守则。

（二）新技术

传统的旅游接待业是劳动密集型和资本密集型行业，但是新型旅游接待业的发展离不开新技术的支撑，一部分新型旅游接待业已成为技术密集型行业。特别是以新型装备制造和互联网等新技术普及而驱动的新型旅游接待业，其技术含量更高。例如邮轮旅游接待业依托成熟的邮轮制造业，房车旅游接待业依托先进的汽车制造业，而智慧旅游、VR旅游、OTA则依托高速发展的移动互联网产业。

（三）新情景

新型旅游接待业的显著特征就是旅游接待情景发生了变化。相比于以住宿接待、餐饮接待为代表的传统旅游接待业，新型旅游接待业在接待场景、接待形式、接待内容上有了进一步的丰富。例如，以住宿情景为例，以往的住宿多基于星级酒店和经济连锁型酒店客房的标准化情景，但是新型旅游接待业中，住宿场景移植到了房车、邮轮、极具特色的当地民宿中，相应的体验和服务也完全不同。而对于餐饮情景，也从传统饭店情景转化为露营野炊、民宿主客共享等新的情景。情景的更新为旅游者带来了全新体验，也是新型旅游接待业的价值所在。

第二节 汽车营地旅游接待业务管理

近几年，随着我国经济社会的进一步发展，家庭汽车保有量逐年攀升，同时，节假日高速公路免缴通行费更是刺激了自驾车旅游的大规模开展。在庞大的市场需求下，汽车营地悄然兴起，并逐渐成为新型旅游接待业的一个重要部分。根据国际宿营和野营车联合会（FICC）的专业界定，汽车营地是指在交通便利、风景优美的地方开设的，有一定场地和设施条件，可以为自驾车旅游者和其他露营者提供自助或半自助的露营经营主体。汽车营地主要提供游览、住宿、餐饮、休闲、娱乐、购物、租赁、信息咨询、金融保险服务、汽车保养与维护等服务，一般分为自驾汽车营地和房车汽车营地。[①]

一、汽车营地旅游发展现状与趋势

（一）汽车营地旅游接待业发展现状

1. 国外汽车营地旅游接待业发展现状

国外自驾车旅游的快速发展，迅速拉动了汽车营地的建设。一般认为，汽车营地起源于1860年美国举行的旨在增强青少年野外生存技能和意志品质的汽车露营活动。经过长期发展，自驾车旅游已经成为国外旅游者十分推崇并且占比较高的旅游方式。据统计，目前，国外汽车营地行业规模已较为庞大，美国汽车营地超过2万个，全欧洲则有近5万个汽车营地[②]，而且国外积累了较丰富、较成熟的汽车营地设计规划、运营管理、行业标准等方面的经验。从选址布局看，国外汽车营地多选择交通区位较好的交通干线周围或沿线重要节点城镇，以及自然风光优美或热门旅游景区区域进行布局；从营地规划看，汽车营地的功能区划设计和内部交通游线规划合理、配套设施与公共设施衔接合理便捷；从服务内容看，已形成了完备的营地产品开发体系，为游客提供食、住、行、游、购、娱等一条龙式的服务，并尝试开发观光休闲、个性新颖、探险刺激等全方位、综合性的服务，并形成了联合化、规模化、品牌化的运营方式。[③]

2. 中国汽车营地旅游接待业发展现状

近年来，随着人们生活水平的提高，汽车保有量不断攀升，房车被越来越多的消费者接受，自驾车出行成为散客化旅游时代的重要方式。2009年12月发布的《国务院关于加快发展旅游业的意见》首次把旅游房车纳入国家鼓励类产业目录。2014年，李克强总理第一次在政府文件中明确提出加快自驾游和露营地建设。2015年，《休闲露营地建设与服务规范 第2部分：自驾车露营地》国家标准发布。同年，国务院办公厅下发关于进一步促进旅游投

[①] 瞿文凤.中国汽车营地发展现状分析[J].经济研究导刊，2012(16).
[②] 范业正.我国汽车营地发展模式研究[J].北京第二外国语学院学报，2012(7).
[③] 欧阳青青，王贺.汽车营地的复合型规划与开发——以玉溪哀牢山生态旅游营地为例[J].江西科学，2012(4).

资和消费的若干意见文件,其中,明确提出"加快自驾车房车营地建设"、"支持少数民族地区和丝绸之路沿线、长江经济带等重点旅游地区建设自驾车房车营地"、"到 2020 年,鼓励引导社会资本建设自驾车房车营地 1000 个左右"等。我国汽车营地目前主要分布在环渤海、长三角、珠三角、成渝、内蒙古中部、滇中西、吉延边、闽海西和青东北等十大板块。① 我国营地数量最多的省份分别为北京、广东、海南、江苏、山东。② 但是我国汽车营地尚处于建设的初级阶段,在发展的过程中仍然存在诸多现实问题,例如露营产品尚不够丰富、经营效果差、投资回报率低、专业露营指导和管理人才缺乏、信息网络不健全、营销手段单一、设施服务条件不到位等。③ 自驾车旅居车旅游推进计划如表 4-1 所示。

表 4-1 自驾车旅居车旅游推进计划④

编制规划与标准	出台国家旅游风景道自驾车旅居车营地建设规划,制定出台自驾游目的地基础设施和公共服务标准
完善公共服务体系	将营地标识纳入公共交通标识体系。鼓励服务商利用北斗卫星导航系统智能服务平台提供自驾游线路导航、交通联系、安全救援和汽车维修保养等配套服务。完善自驾游服务体系
加快营地建设	积极发挥社会资本在建设自驾车旅居车营地中的主导作用。评选一批建设经营和管理服务水平高的示范性营地,引导营地功能升级。到 2020 年建设 2000 个营地
提升租赁服务	大力发展自驾车旅居车租赁产业,促进落地自驾游发展,开展异地还车业务。放宽旅居车租赁企业的资质申请条件和经营范围、经营规模限制,鼓励取得汽车租赁经营许可的企业从事自行式和拖挂式旅居车租赁业务
加强科学管理	严格落实自驾车旅居车营地住宿实名登记制度。强化营地的安全防护和消防设施建设,加快自驾游呼叫中心和紧急救援基地建设,健全自驾游信息的统计、监测与预警系统
发展相关制造业	将旅居车纳入汽车行业发展规划,建立旅居车整车和相关零配件制造技术标准体系。畅通旅居车零配件供应和维修渠道,延伸旅居车产业链
推广旅居生活新方式	积极推广自驾车旅居车露营旅游新方式,传播自驾车旅居车旅游文化品牌,推广精品自驾车线路。举办自驾车旅居车旅游博览会。大力培育青少年露营文化。研究改进旅居车驾驶证管理制度

(二)汽车营地旅游接待业发展趋势

1. 规模化趋势

2017 年 5 月 8 号,国家旅游局、国家体育总局等 8 个部门联合发布《汽车自驾运动营地发展规划》(以下简称《规划》),要求共同做好汽车自驾运动营地建设管理工作,推动汽车运

---

① 李凤,汪德根.中国自驾车房车营地空间分布特征及其驱动机制[J].资源科学,2017(2).
② 中国产业信息网.2017 年中国汽车营地行业发展现状分析.http://www.chyxx.com/industry/201703/504462.html.
③ 欧阳青青,王贺.汽车营地的复合型规划与开发——以玉溪哀牢山生态旅游营地为例[J].江西科学,2012(4).
④ 中华人民共和国."十三五"旅游业发展规划.

动发展。《规划》提出,到2020年,基本形成布局合理、功能完善、门类齐全的汽车自驾运动营地体系;重点打造一批精品汽车自驾运动赛事活动,培养一批专业化程度高的汽车自驾运动俱乐部,推出一批主题鲜明的汽车自驾线路;建成1000家专业性强、基础设施完善的汽车自驾运动营地,初步形成"三圈三线"自驾线路和汽车自驾运动营地网络体系。该规划将有效推动汽车营地旅游接待业的规模化增长。

2. 标准化趋势

随着我国汽车营地的快速发展,需要相关行业标准来规范汽车营地健康发展,2015年6月2日,首个自驾车露营地服务的国家标准——《休闲露营地建设与服务规范第2部分:自驾车露营地》正式发布。该标准借鉴了国际汽车联合会(FIA)汽车露营委员会、国际露营联盟(FICC)、中国汽车运动联合会汽车露营分会的有关标准,并结合了我国汽车营地的行业实践经验。该标准规定了各类汽车(含旅居车)露营营地开放应具备的基本条件和星级评定要求,对汽车营地的选址、规划、空间布局、服务设施和服务质量等方面做出了基础性要求。国标的提出将促进我国汽车营地的标准化发展。

3. 主题化趋势

随着汽车营地旅游接待业的进一步发展,汽车营地在提供食宿补给等基础性服务接待业务的同时,将更加注重主题化的营造,从而规避汽车营地产品供给同质化。生态主题、聚会主题、爱情主题、亲子主题、怀旧主题、童话主题等都将成为汽车营地青睐的主题,汽车营地的主题化主要包括营地氛围主题化、服务项目主题化、活动设计主题化等方面。以山东星河·白浪河露营地为例,设置了入口改造示范区、文化风情主题区、清雅和风木屋区、丛林勇者野营区、房车拓展主题区等五个主题分区,营地设有家庭亲子、田园风光、艺术等主题房车,为家庭式自驾游群体及团队游客提供独特的房车住宿体验和全新的游乐体验,营地还将提供特色美食,儿童游乐,活动拓展,篝火晚会,戏曲表演及各类亲子、交友活动,研学教育活动等多种多样的参与性活动。

4. 智慧化趋势

互联网技术、物联网云和先进电子技术等高新科技的高速发展将推动汽车营地向智慧化发展。基于上述技术打造的智慧型汽车露营地系统,将实现线上预订—移动支付—行程管理—营地自助入住办理—营地自助消费等功能的集成,并将这些功能导入游客手机端。智慧型汽车露营地系统还将收集游客的消费使用信息,为汽车营地运营方管理者分析游客属性,为精准营销和个性化服务提供决策参考。随着更多汽车营地接入智慧型汽车营地系统,编织成一张汽车营地网络,营地间的车位和流量信息得以实现共享,进而引导游客合理规划的形成。汽车营地的智慧化发展趋势将提高游客体验度,方便游客高效、便捷地享受营地自助生活。除此之外,智慧化汽车营地将有效解决目前汽车营地多人值守,而造成的盈利能力低下、运营成本偏高等行业痛点问题。

二、汽车营地旅游接待业务特点

(一)综合性和集成性

汽车营地旅游接待业务具有综合性的特点,汽车营地旅游接待业务包含要素十分广泛,

基本囊括了食、住、行、游、购、娱等旅游要素。汽车营地在满足基本食宿服务需求之外,会尽可能提供多方面的娱乐设施及活动服务。此外,营地可以针对游客对旅游期间的信息服务需求,如道路交通状况、旅游路线和信息,汽车的租赁和养护的特点,进而提供相应的服务[①]。

(二)实用性和便捷性

汽车营地旅游接待业务讲究服务和产品的实用性,汽车营地中无论是餐饮、住宿、咨询,还是娱乐、维修等服务都应把实用有效作为其标准。游客在旅游期间对道路交通状况、旅游路线和信息、汽车的租赁和养护、娱乐活动以及相关的配套设施都有较多的要求,在汽车营地的驻留也非长期活动,甚至将汽车营地只作为停留补给的驿站,因此,并不会过多地追求服务的高端和舒适,相反,游客更需要便捷有效的接待服务。

(三)专业性和规范性

汽车营地所提供的自驾车游客集散、自驾车旅游管理、住宿接待、餐饮、购物、文化娱乐、自驾车旅游信息采集与发布、自驾车旅游咨询服务、自驾车游线道路安全保障、应急救援、金融保险服务、一卡通办理、自驾车租赁、维修等相关配套服务功能,都需要专业性的接待人员加以实施。随着汽车营地旅游接待业的不断发展,包括《汽车旅游营地等级划分与评定》《汽车露营营地开放条件和要求》等在内的行业标准出台,上述接待业务将进一步规范流程和质量。

三、汽车营地旅游接待业管理的基本内容

(一)汽车营地选址

汽车营地选址问题是汽车营地旅游接待业管理的首要问题,也是汽车营地旅游接待业管理专业人才需要掌握的必备技能。宏观上,汽车营地的选址关系到整个区域旅游业的协调有序发展;微观上,汽车营地的选址与其自身的投资建设、运营情况以及旅游者满意度紧密相关。虽然不同类型的营地对条件选择各有侧重,但一般而言,汽车营地选址需要兼顾市场区位、资源环境、交通要素、土地政策等不同维度,它们是营地成功的必要条件。

1. 考察市场区位

由于汽车营地旅游接待面向的对象是自驾车与房车游客,良好的经济社会发展基础是汽车营地市场需求的保证。一方面,要对汽车营地辐射区域的主要客源市场和潜在客源市场进行考察,特别要结合私家车、房车的保有量和增长率,社会消费情况,城市人口数量与结构等关键性指标分析;另一方面,还要调研周边已有或正在规划的汽车营地情况,避免重复开发和恶性竞争。

2. 评价资源环境

汽车营地的发展需要较高资源禀赋和优良生态环境来支撑。特别是对于资源驱动型的汽车营地,资源环境评价是其选址工作的生命线。评价资源环境通常从以下几个方面进行:①气候,气候温和、日照充足、极端天气较少的区域通常较适合汽车营地布局;②核心吸引物,汽车营地应当处于某一核心吸引物的辐射范围内,核心吸引物主要包括高等级、高品位

[①] 杨旭.中国自驾车旅游营地特征与服务体系探析[D].北京:北京第二外国语学院,2009.

的旅游资源,比如世界自然遗产、世界文化遗产、国家级风景名胜区、国家5A级景区、国家公园等;③地形地貌,地形地貌条件决定了土地所能承受的项目开发能力,项目地岩性、是否位于地震带、泥石流出现区等,这些都是后期汽车营地安全运营需要考虑的问题;④生态环境,风景优美、植被良好、毗邻水域是汽车营地建设的首选。

3. 评估交通要素

汽车营地对于高速、国道、省道等交通设施的依赖十分明显,可达性较好的区域是汽车营地长期运营实现盈利的前提条件。城市空间中连接城镇和远近郊区的环城高速和放射性国道均对营地建设有明显的吸附作用,区域内等级节点间的交通连接和路径通畅对营地发展意义重大。在评估交通要素时不仅要考虑通达性指标,还要将交通沿线的景观作为重要因素加以考察,例如,我国西部的交通基础设施落后于东部发达地区,但是,其交通干线周围的天然生态景观十分良好,在此布局汽车营地也会吸引自驾车和房车群体前往。

4. 调研土地政策

除了对社会要素和自然要素进行考察,汽车营地作为实体性建筑,需要进一步调研选址区域的土地政策。土地政策是汽车营地选址的政策性约束,不仅需要对禁建区、保护区等加以识别,还要对土地用地属性、土地价格、土地交易等政策充分解读和把握,确保汽车营地选址的可实施性。

(二) 汽车营地设计

1. 发展模式定位

汽车营地设计首先要解决的就是定位问题,即对汽车营地的发展模式做出判断。主要包括:①景区驱动型。以著名景区为核心吸引物,在景区内部或周边区域规划建设汽车营地。景区内部的汽车营地通常作为景区配套设施的基础服务功能,景区周围建设的汽车营地则倾向于与景区在基础服务、产品开发等方面互补。②资源驱动型。以良好的自然生态环境和景观作为核心吸引物,这类汽车营地通常位于自然资源禀赋突出、尚未大规模开发的偏远地区,例如我国西部。③市场驱动型。以地理位置临近自驾车旅游市场为优势,在大城市周边进行布局,可达性良好,有一定地域特色和较丰富的休闲活动。④设施驱动型。以汽车营地自身设施设备为核心吸引物。例如,以移动木屋、房车、帐篷等不同类型的住宿设施为载体,配套开发各类型的休闲娱乐旅游产品,形成一个综合性的旅游休闲度假地,兼具体育运动、休闲度假、养生康体、商务会议、亲子游乐等多重属性[1]。

2. 营位选型及配比

为了迎合不同自驾车市场的消费偏好,汽车营地通常会提供多样化的营位。按照自驾车型划分,包括普通汽车营位、自行式房车营位、拖挂式房车营位等三种类型。按照住宿业态划分,包括帐篷营位、移动木屋营位、集装箱营位、木屋别墅营位等类型。上述营位的类型需要根据汽车营地的目标市场客群定位、土地用地性质等多方面综合确定,一般而言,普通汽车营位数量应超过总营位数量的一半。除了单体营位的选型,还要考虑营位组团形态,常

---

[1] 搜狐网.自驾车营地发展四大模式比较.http://www.sohu.com/a/199158011_788073.

见的营位形态包括尽端式营位、通过式营位、港湾式营位、分离式营位等[①]，如图 4-1、图 4-2、图 4-3 及图 4-4 所示。

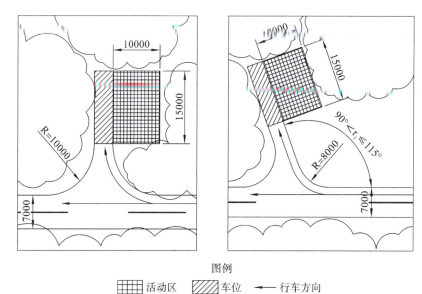

图 4-1 尽端式营位

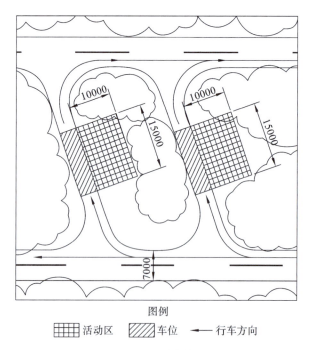

图 4-2 通过式营位

---

① 陈海涛.功能复合型汽车营地规划设计研究[D].广州:华南理工大学,2015.

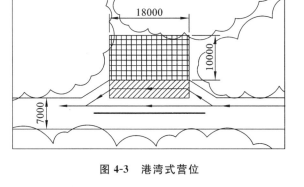

图 4-3 港湾式营位

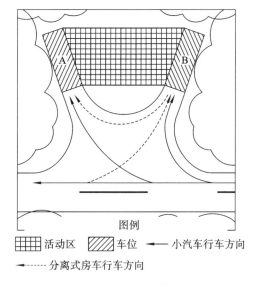

图例: ▦ 活动区　▨ 车位　← 小汽车行车方向
　　　 ←--- 分离式房车行车方向

图 4-4 分离式营位

3. 功能分区设置

汽车营地一般包括以下功能分区:①服务区,提供基本服务功能,包括汽车营地游客服务中心、商业购物场所、餐饮店、管理中心等;②营舍区,由房车、帐篷或富有特色的住宿设施等组成的一个个相对独立的生活空间;③休闲娱乐区,设置丰富的游憩活动,如攀岩、滑草、漂流、越野赛车、垂钓、果实采摘、烧烤、丛林探险等。

4. 基础服务设施

汽车营地不仅提供房车、自驾车露营所需的设施,还要配套完善的基础服务设施,以满足游客的休闲娱乐需要。通常包括:①住宿设施,包括传统住宿场所、高品质移动木屋、木屋别墅、海景篷房、集装箱等多样的住宿设施;②休闲娱乐设施,包括亲子乐园、健康步道、户外拓展、水上运动等;③安全卫生设施,包括卫生间、医疗急救、消防设施、安保设施等。

(三)汽车营地运营

1. 游客服务中心业务

游客服务中心业务包括咨询、结算、预订、展示等功能。①咨询功能,首先,应提供汽车

营地的服务手册,包括服务项目、营地地图、收费标准、服务电话、安全须知等内容;其次,工作人员应充分了解汽车营地的各项设施和规章制度,以旅游接待人员的基本素质和礼仪,随时在岗解答游客问题。②结算功能,对游客在汽车营地所发生的消费进行统一结算。③预订功能,处理好游客现场预订、电话预订以及互联网预订等各个渠道的预订信息,并准确记录游客预订类型,包括车位、住宿、餐饮、维修、休闲娱乐等。④展示功能,发挥游客中心的平台作用,充分宣传和展示自驾车和房车露营知识,推介相关品牌房车,提高旅游者对自驾车房车旅游新业态的认知。

2. 营位业务

营位业务包括引导、补给、维护等功能。①引导功能,一些规模较大、营位较多的汽车营地,为避免旅游者找寻营位困难,应有工作人员提供停泊引导服务,并针对游客自身情况,推介适合的服务方案。②补给功能,主要是通过提供水电桩,给自驾车和房车提供补给。③维护功能,即为自驾车和房车提供简单的专业保养和维修。

3. 餐饮业务

餐饮业务是汽车营地旅游接待业务的基本内容,一般而言,汽车营地向游客提供能满足游客基本生活需求的简洁便利、安全卫生、具有一定本地特色风味的标准化餐饮。

4. 休闲娱乐业务

汽车营地旅游接待业务不仅要提供基本的食宿服务,还应当具备休闲娱乐功能。需策划一系列迎合游客偏好和适合汽车营地开展的休闲娱乐活动,例如水上运动、沙漠探险、丛林探秘、射击场、跑马场、高尔夫球场等户外休闲娱乐活动,以及电影院、SPA、酒吧、场馆游乐等室内休闲活动。

5. 购物和租赁业务

汽车营地配备购物设施,向旅游者提供旅途中可能需要的生活日用品、食品等,也提供当地土特产等旅游商品。除此之外,汽车营地还需向游客提供租赁服务,包括帐篷、睡袋、烧烤架、钓具等户外设备,甚至房车的租赁业务等。

6. 安全业务

汽车营地人流、车流较为密集,加上游客的自助式户外活动,如露营、野炊、水电使用等较多,容易造成一系列安全隐患。安全业务是汽车营地旅游接待业务安全开展的保证,通过全天候的监控、巡逻和引导,确保汽车营地接待安全。一旦发现安全隐患要及时消除,出现突发事件要第一时间处理。

第三节 邮轮旅游接待业务管理

邮轮旅游接待业是我国未来一段时期的新型旅游接待业的重要组成部分。2006年7月2日,欧洲地区最大的邮轮公司意大利歌诗达公司面向广阔的中国市场开辟了"爱兰歌娜"号邮轮中国母港航次,中国邮轮旅游进入了全新发展时代。邮轮旅游是一种以大型豪华游船为载体,以海上巡游为主要形式,以船上活动和岸上休闲旅游为主要内容的高端旅游活动。① 早期的邮轮是海洋上定线、定期航行的大型客运轮船,其功能定位主要是提供国际跨洋的人员、邮件与货物运输服务。一方面,现代民用航空的飞速发展,使邮轮的客运和邮政运输功能渐渐弱化。另一方面,人们生活品质的提升,使乘客在国际跨洋长时间的航程中,需要更好的服务和更舒适的环境。所以生活、娱乐、休闲与度假等各类设施一应俱全的豪华邮轮登上历史舞台,并逐渐形成了规模庞大的现代专业旅游活动。

一、邮轮旅游发展现状与趋势

(一)邮轮旅游接待业发展现状

1. 全球邮轮旅游接待业发展现状

邮轮旅游是一项"舶来品",其发源于欧洲地中海沿岸及美洲加勒比海地区。欧洲的海洋文明是孕育邮轮旅游的文化母体,先进的造船航海技术奠定了发展邮轮旅游的技术基础,而地中海沿岸和大西洋岛屿的秀丽风光则成为邮轮旅游的重要吸引物。加勒比海区域一方面与欧洲文化具有同源性,另一方面,则依靠北美强大的经济实力和庞大的客源市场成为世界邮轮旅游的重要目的地。

根据北美邮轮协会(CLIA)和欧洲邮轮理事会(ECC)的有关数据,自1980年以来,世界邮轮旅游业年均增长7.6%,2004—2014年,尽管受到2008年全球金融危机的影响,全球邮轮游客仍然从1314万人增长到2204万人,增长高达68%,远高于同期旅游业增长速度,并成为全世界旅游产业增长较快的部分。全球邮轮旅游主要的客源市场是北美和欧洲等经济发达国家,而较受欢迎的邮轮旅游目的地包括加勒比海地区、地中海、欧洲、阿拉斯加等地。近年来,包括亚洲市场在内的新兴市场迅速成长,成为世界邮轮旅游接待业的重要板块。

从邮轮旅游产品来看,全球范围内较受欢迎的邮轮旅游产品航程集中在6—8天,以北美地区2004—2011年全部3.5万个航次的数据来看,其中7晚的航线最多,占总航次的45%以上,其次是4晚、5晚和3晚的航线,分别占航次总数的13%、10%和8%左右。②

2. 中国邮轮旅游接待业发展现状

自从"爱兰歌娜"号邮轮进入中国以来,邮轮旅游产品迅速被国人接受,并逐渐成为旅游消费者宠儿。根据中交协邮轮游艇分会(CCYIA)的相关数据,从2006年中国母港邮轮市场开始,截至2017年,中国邮轮港口接待邮轮总量达到5807艘次,接待出入境游客量达到1813.54万人次。其中,接待母港邮轮3720艘次,母港邮轮出入境客量达到1482.82万人次;接待访问港邮轮总量达到2087艘次,接待访问港游客330.72万人次。我国母港邮轮接待量从2006年的18艘次增长到2017年的1098艘次,增长60倍。③

目前,我国已经逐渐形成了华北、华东、华南三大邮轮旅游圈。其中,华北地区邮轮旅游圈主要面向东北亚,以天津港为核心,青岛、大连为支点;华东地区邮轮旅游圈主要面向东北

---

① 张言庆,马波,范英杰.邮轮旅游产业经济特征、发展趋势及对中国的启示[J].北京第二外国语学院学报,2010(7).
② 孙晓东,武晓荣,冯学钢.邮轮航线设置的基本特征与规划要素研究[J].旅游学刊,2015(11).
③ 搜狐网.2017—2018中国邮轮港口发展年度报告.http://www.sohu.com/a/222119807_100002900.

亚,以上海港为核心;华南地区邮轮旅游圈主要面向台湾和东南亚,以广州港、厦门港、三亚港等城市为核心。其中,华东地区邮轮旅游市场规模最大,市场占有率最高,拥有全国约60%的市场,这主要和华东地区经济发展水平和港口条件有关。我国最大的邮轮母港——上海邮轮母港,截至2018年共接待邮轮500艘次,接待出入境邮轮旅客近300万人次,邮轮游客发送量跻身全球第4大世界级邮轮大港行列。

从邮轮旅游产品来看,中国邮轮旅游产品航程集中在4—6天,以东北亚的日、韩航线为主。根据皇家加勒比邮轮公司发布的2018年中国母港航线数据显示,全年共计母港航次127艘次中,5—6天的航次共116艘次,占比超过九成;而6天以上的航次有11艘次,占比不足一成。其中,东北亚日韩航线119艘次,占比超过九成,停靠港以韩国的济州岛、釜山、仁川,日本的福冈、长崎、鹿儿岛等居多。数据显示我国邮轮旅游尚处于较低水平发展阶段,邮轮旅游产品不够丰富。邮轮游艇旅游发展计划如表4-2所示。

表4-2 邮轮游艇旅游发展计划[①]

加强基础设施建设	制定实施邮轮港口布局规划,形成布局合理的始发港、访问港邮轮港口体系。建设一批公共游艇码头和水上运动中心。促进邮轮运输与航空、铁路、公路等其他运输方式的有效衔接
开发特色旅游线路	打造具有特色的邮轮航线,探索开辟无目的地邮轮航线、洲际及环球邮轮航线。出台系列政策措施,大力发展国际邮轮入境游
壮大邮轮市场主体	鼓励多元资本进入邮轮旅游产业,加强与外资邮轮企业合作,支持本土邮轮企业发展
促进游艇租赁消费	鼓励开展游艇租赁业务,规范游艇租赁运营管理,培育大众游艇消费,推出一批游艇休闲示范项目
培养邮轮游艇人才	加快培养邮轮游艇驾驶人员、海乘、维修保养、法律咨询、经营管理等专业人才

(二)邮轮旅游接待业发展趋势

邮轮旅游接待业是一种介于运输业、观光与休闲业、旅行业之间的边缘产业。在新一轮扩大内需和消费升级的背景下,邮轮旅游接待业将成为旅游业乃至现代服务业的重要增长极,具有十分广阔的市场前景。从现阶段来看,我国邮轮旅游接待业具有以下几个发展趋势。

1. 规模化趋势

邮轮旅游是一种较为高级的旅游业态,根据发达国家的经验,一国邮轮旅游的兴起,其人均GDP一般在8000—10000美元,当人均GDP达到20000美元时,邮轮旅游需求则达到高峰。2018年中国人均GDP已达到8582.94美元,已经到达邮轮旅游快速发展的风口。现阶段,多家国际邮轮巨头公司已经登陆中国,并将中国作为邮轮航线母港。粗略估计,中国邮轮旅游市场渗透率仅为万分之五,远低于全球邮轮旅游百分之三的平均渗透率,中国庞大

---

① 中华人民共和国."十三五"旅游业发展规划.

的中产阶级规模将成为邮轮旅游的坚实的市场基础。特别是在国内新一轮对外开放和供给侧改革的背景下,中国邮轮旅游接待业市场规模必将进一步扩大。

2. 多元化趋势

随着邮轮旅游接待业在我国发展时间的持续增长,邮轮旅游接待业将呈现多元化的发展趋势。主要表现在邮轮旅游线路的多元化、邮轮船上旅游项目的多元化、邮轮旅游营销模式的多元化等方面。在邮轮旅游线路方面,现阶段市场占有率最高的日韩游线,未来一方面将围绕海上丝绸之路战略,与沿线国家紧密合作,推出不同主题的邮轮航次,打造具有国际特色的具有海上丝绸之路特色的邮轮旅游产品;另一方面,将与地中海、加勒比海等传统邮轮旅游目的地加强线路开发,打造远洋邮轮旅游产品。而且我国有着绵延的海岸线以及众多港口,邮轮公司可以选择不同的港口作为母港和停靠港,以开发更多元的国内邮轮航线。邮轮船上的旅游项目不仅提供基础餐饮、住宿等接待服务,还提供大量 IP 和科技手段的休闲、娱乐项目,这将极大程度丰富邮轮旅游接待产品的内涵。邮轮旅游营销模式方面,将拓展至 OTA 在线销售模式,并进一步提供定制化和个性化服务,以满足不同游客群体的特定需求。

3. 本土化趋势

中国邮轮旅游市场前景十分广阔,国际邮轮公司纷纷将中国作为邮轮业务开疆拓土的重点区域。由于邮轮旅游进入中国的时间并不长,现阶段中国消费者对邮轮旅游认识不深,初次接触邮轮旅游的中国游客或多或少表现出不习惯和不适应。鉴于此,不少国际邮轮公司开始实施"中国定制"的战略,首先,将其最新的邮轮优先投放中国;其次,在邮轮的设计和研发阶段,充分考虑并迎合中国游客的偏好和习惯,在餐饮、住宿、娱乐等方面加入中国元素。未来中国邮轮旅游接待业的本土化和中国化将是一大趋势。例如,公主邮轮在 2017 年投放中国市场的"盛世公主号",称作"专为中国宾客量身打造的奢华大师级邮轮"。皇家加勒比邮轮推出的"海洋赞礼号"、星梦邮轮的"云顶梦号"、诺唯真邮轮的"喜悦号"等都是"中国定制邮轮",专门投放中国市场。本土化将促使中国游客更方便和舒适地接受邮轮旅游方式和文化。

4. 远程化趋势

现阶段,中国邮轮旅游航线目的地仍以东北亚日韩为主,航程在 5 天左右,显著少于欧美邮轮 7 天左右的平均航程。究其原因,首先,与中国的休假制度有关;其次,与中国游客对邮轮旅游的认知和接受程度有关;最后,与中国护照签证的难度有关。随着中国带薪休假制度进一步落实,以及邮轮旅游的普及和邮轮消费观念的逐步养成,以及给予中国人落地签证和免签政策的国家增多,加之我国海上丝绸之路等对外开放战略的布局和落实,以欧洲地中海地区、中东地区、加勒比海地区为目的地的中远程邮轮旅游航线将越来越受市场青睐。

二、邮轮旅游接待业务特点

(一)综合性

邮轮旅游接待业务在产品和服务供给上具有显著的综合性,覆盖面十分广泛。一方面,邮轮旅游接待业务涉及邮轮旅游岸上接待业务、邮轮旅游港口接待业务、邮轮旅游船上接待业务。另一方面,邮轮旅游接待业务作为一项新型的旅游接待业类型,相对于其他旅游接待业务来说,最显著的区别是邮轮旅游的"行""游"融合。邮轮旅游不仅仅是作为一种旅游交通方式,某种程度上邮轮本身就是一个提供各种旅游服务和产品的旅游目的地。因此,邮轮也往往被称为"漂浮的星级酒店""无目的地的目的地"等。邮轮不仅是一种运送旅客漂洋过海、欣赏美景的工具,而且是一种休闲度假的综合服务平台。从产品上来看,邮轮旅游接待服务贯穿旅游者的食住行游购娱等各个环节,在旅游者登上邮轮的时间里,他们的饮食、住宿、休闲、娱乐、购物等活动都将由邮轮上为他提供。

（二）全时性

从广义上来说,邮轮旅游者踏上邮轮港口即意味着邮轮接待业务的开始,直至旅游者下船并离开邮轮港口。邮轮旅游者接受岸上、港口、船上的种种服务都属于邮轮旅游接待业务的全过程。而且现代邮轮致力于为客人提供舒适、方便的感受和一切设施,现代邮轮旅游接待业务也因此具有全时性。特别是现代邮轮的活动营造十分丰富,整艘邮轮就像一座漂浮在海上的不夜城,旅游者白天航行或登岸游览,傍晚后的邮轮才开启精彩的旅行生活。酒吧、剧场、舞厅、娱乐场、电影院往往彻夜营业,更有旅游者甚至彻夜狂欢。因此,邮轮接待业务需要全时段覆盖,接待人员甚至需要轮流倒班,确保随时为旅游者提供服务和产品。

（三）涉外性

邮轮旅游接待业务的涉外性主要表现在:第一,邮轮航线以跨国性航线为主导。邮轮根据邮轮旅游航线涉及区域跨度的不同,邮轮旅游可以分为内河近岸航线产品和跨国航线产品两大类,但是全球邮轮旅游超过95%的份额都由跨国航线占据,邮轮旅游接待对象大部分为出境旅游者。第二,邮轮旅游接待运营的国际化。邮轮制造主要集中在挪威、芬兰、意大利、德国;邮轮企业（特别是邮轮集团总部）主要分布于美国、英国、希腊、马来西亚、挪威;邮轮业资本主要来自美国、德国、英国和日本;邮轮运营管理人才主要来自意大利、希腊、挪威、英国;船员主要来自南欧和东南亚。[1] 邮轮旅游接待人员必须掌握丰富的国际旅行知识、国际服务礼仪和国际交流能力,才能胜任邮轮旅游接待业务。

（四）高端性

邮轮旅游接待业务的高端性主要由以下几个方面决定:第一,邮轮的高端化打造。邮轮是一所海上超五星级酒店和漂浮的宫殿,包括皇家加勒比邮轮、星梦邮轮、天海邮轮、诺唯真邮轮、歌诗达邮轮、公主邮轮等在内的国际邮轮巨头公司,无一不是以豪华、高品质作为旗下邮轮产品的定位。不仅在邮轮建造和硬件设施上往往给人极尽奢华的观感,在活动和业态设置上更是匹配了高端业态,除了高端餐饮住宿外,大剧院、雪茄俱乐部、迷你高尔夫球场、水上游乐场等也几乎是国际邮轮的标配。第二,邮轮旅游服务对象的高端。正因为邮轮本身往往花费重金打造,因此,邮轮旅游产品的市场定位也面向高端人群,邮轮旅游接待对象往往是经济收入和社会地位较高的人群,他们对旅游服务有着更高的期望和要求,这就要求邮轮旅游接待时要充分考虑并满足接待对象较高的需求,甚至提供超预期服务。

---

[1] 张言庆,马波,范英杰.邮轮旅游产业经济特征、发展趋势及对中国的启示[J].北京第二外国语学院学报,2010(7).

三、邮轮旅游接待业务管理的基本内容

(一)邮轮旅游产品设计业务

1. 邮轮旅游产品航线

现阶段,我国旅游者对邮轮旅游产品的选择,主要集中在长江内河航线和东北亚日韩、东南亚等较短航线。旅游者参加邮轮旅游的最直接目的仍然还停留在体验邮轮这一旅游形式上。除此之外,旅游者对沿途停靠港口的选择也较为关注。在邮轮旅游产品航线的设计上要兼顾旅游者对邮轮停靠目的地港口的偏好,以及航线航程的时间约束,对于长途跨国邮轮航线产品的设计则还需参考当地港口的签证政策,尽量选择风光优美、购物丰富、签证便利的港口作为停靠点,并将不同类型的停靠点进行优化组合,串联起整条具有市场吸引力的邮轮旅游航线。

2. 邮轮旅游产品内容

邮轮旅游产品内容设计就是规划邮轮船上、港口提供的各种旅游服务和产品,包括邮轮观光旅游产品、邮轮会议旅游产品、邮轮休闲娱乐旅游产品、邮轮文化旅游产品等。要在整个邮轮旅游产品中尽可能地丰富其产品内涵,提供多样化、多重组合的邮轮旅游产品内容,以增强邮轮旅游产品吸引力。

3. 邮轮旅游产品定价

邮轮旅游产品的价格设定十分关键,随着国际巨头邮轮公司纷纷进入中国市场,现有邮轮旅游产品已经十分丰富,行业竞争较大,游客对价格的敏感性仍然较高。设计邮轮旅游产品,首先需要判断这款产品能否被目标群体接受,能否在同类产品中有定价优势。我国现阶段,市场较青睐的邮轮旅游产品以短程国际航线和内河航线为主,定价在6000元左右,而超过万元的洲际航线产品市场需求较小。

4. 邮轮旅游产品航程

邮轮旅游产品航程的设计受制于邮轮旅游产品定价以及客源地休假制度,同时,也与市场受众对邮轮旅游产品认知接受程度有关,因此,航线航期的确定需符合目标市场的现实情况。根据世界各大邮轮公司在不同区域投放的邮轮产品航程来看,加勒比地区,6—8天和12—14天的邮轮旅游产品较受欢迎;地中海区域,14—16天的邮轮旅游产品较受欢迎;爱琴海和北欧区域,7—8天的邮轮旅游产品较受欢迎,而亚太地区,3—5天的邮轮旅游产品则占据大部分市场。

(二)邮轮旅游港口接待业务

邮轮旅游港口接待业务是邮轮旅游接待业务的重要组成部分。一般而言,国际邮轮港口通常需具备以下功能和设施:办公功能、游客服务功能、邮轮营运服务功能、交通服务功能、岸检服务功能、旅游服务功能等。[①] 如表4-3所示。

---

① 叶欣梁,黄燕玲,丁培毅.中国邮轮母港旅游服务接待质量与标准体系探析——以上海吴淞口国际邮轮港为例[J].北京第二外国语学院学报,2014(11).

表 4-3 国际邮轮母港功能与设施

序号	功能	具体内容
1	办公功能	港务行政管理机构、邮轮公司办事处、邮轮代理商、邮轮批发商、旅行社
2	游客服务功能	专人问讯服务处、行李即卖识别、游客大厅、残疾人服务设施、乘客候船室、VIP通道、连接码头的通道与封闭式廊桥或舷梯、酒吧咖啡厅、商城、餐馆、酒店及其他旅游服务设施
3	邮轮运营服务功能	泊位、登船设施——连接客运大楼的舷梯过道、补给服务设施、岸电设施、垃圾收集站、拖车服务设施、安全服务设施、与物资补给相关的物流服务设施、临时性仓库等
4	交通服务功能	室内私人停车场、出租车站、大型巴士站、公共停车场等
5	岸检服务功能	一关两检口岸联检设施
6	旅游服务功能	公共活动：大型广场、标志性景观、公园、公共绿地等
		商贸服务：办公大楼、展览中心等
		旅游活动：大型旅游街区、休闲娱乐项目、旅游纪念品商店、购物中心等

1. 邮轮母港登船服务

邮轮母港游客登船服务主要包括旅游服务、游客大厅服务、登船岸检服务等环节。在登船前，邮轮港口需对游客身份信息进行核实，如果航线涉及出境还需进行护照签证等出入境证件的查验，对游客及行李进行安检、发放登船牌、运输行李上船，同时为游客船上消费做好准备，办理信用卡预刷、发放消费登记卡，介绍邮轮基本情况和安全知识等。完成上述程序后，引导游客登船。

2. 邮轮访问港接待服务

邮轮访问港接待服务的提供者主要包括港口经营方、旅游服务经营方、口岸查验监管方等。港口经营方应安排专人迎接、引导旅游者，协助旅游者填写各类单表，准确接收、交付、提取行李，协调、配合游客办理通关手续。旅游服务经营方应认真研析、编制、周密下达邮轮旅游的接待计划，合理安排旅游日程，细化落实导游、车辆、景点、餐饮等业务；提供导游，陪同邮轮旅游团（者）进行游览活动。口岸查验监管方应在规定时限内对邮轮旅游者提供及时、便捷、高效的通关服务。

3. 港口旅游接待

港口旅游接待主要提供旅游餐饮、旅游购物、旅游休闲娱乐、旅游交通等一系列接待服务。这些服务一方面要具有港口特色，另一方面则遵守一定的接待标准，与旅游集散中心提供的相关服务类似，在此不做展开。

（三）邮轮旅游船上接待业务

邮轮旅游船上接待是邮轮旅游接待业的核心环节，邮轮内提供的种类繁多的休闲娱乐设施和活动，是邮轮旅游重要的吸引物和组成部分。具体而言，邮轮旅游船上接待业务主要涵盖以下三个方面。

1. 邮轮客舱接待服务

邮轮客舱接待服务是邮轮船上接待业务中较基础的部分。通常情况下，邮轮客舱包括不同的等级,因此,接待服务规格和标准也有所差异。但是,邮轮客舱接待服务所包括的内容是基本一致的,主要包括客舱布置与清扫服务、客舱洗衣服务、客舱送餐服务、客舱通信服务、物品租赁服务、贵重物品保管服务等。这些服务基本遵循相应等级的星级酒店服务流程和标准。面对特殊客群还会提供针对性服务,例如,对于VIP客人,邮轮将提供贴身管家的全过程跟进式服务;对于身体不适的客人,邮轮将提供客舱医疗、陪护等服务。

2. 邮轮餐饮接待服务

邮轮餐饮接待服务根据场景的不同,可以分为主餐厅接待服务、休闲餐厅接待服务、特色餐厅接待服务、酒吧接待服务等。其中,主餐厅集中反映邮轮品牌的风格和主题,由邮轮顶级厨师烹饪,提供丰富的菜式品种和精致饮食。主餐厅通常规模较大,并且涵盖早餐、中餐、晚餐等各个时段。主餐厅的接待服务流程和标准与高星级酒店餐厅类似。休闲餐厅则主要提供轻松自由的就餐选择,以自助餐、下午茶为主,涉及的主要为辅餐。特色餐厅则包括各种主题餐饮,例如咖啡厅、披萨店、甜点店、汉堡店、烧烤店等。而酒吧则兼具餐饮和休闲双重功能,不仅有世界各国种类繁多的酒水,还有令人惊叹的调酒表演和乐队表演。

3. 邮轮休闲娱乐接待服务

如果说餐饮和住宿是邮轮旅游接待业务最基本的内容,那么邮轮休闲娱乐接待服务则是邮轮旅游接待业务的核心内容。而且现代邮轮与早期邮轮最显著的区别是现代邮轮提供了让人眼花缭乱的休闲娱乐项目。一般而言,邮轮上涉及的休闲娱乐项目包括文化演出、运动健身、美容美体、博彩娱乐、休闲购物、艺术品鉴赏等(见图4-5)。作为邮轮旅游产品的设计者,要充分了解客群需求,组合设置相应的休闲娱乐活动,并为航行的每一天设计合理、丰富的休闲娱乐活动安排;作为邮轮现场管理人员,要做好游客引流和指引,方便游客精准到达各个休闲场所;作为邮轮休闲娱乐接待的基层服务人员,由于这些休闲娱乐项目细分化程度很高,往往需要接受专门训练才能胜任。

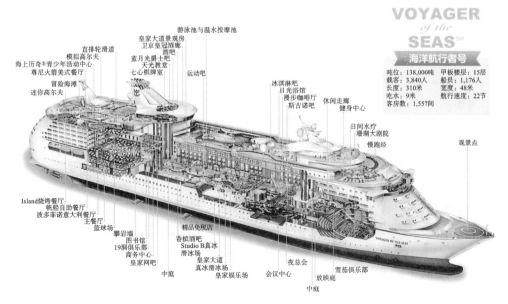

图4-5 邮轮休闲娱乐项目

第四节 民宿旅游接待业务管理

中国民宿旅游发展势头迅猛,2015年国务院发布的《关于加快发展生活性服务业促进消费结构升级的指导意见》明确提出,"积极发展客栈民宿、短租公寓、长租公寓等满足广大人民需求的细分业态。"随后,我国民宿产业进入新一轮黄金发展期。民宿是依托旅游目的地自然资源禀赋和地域文化特色自建、改造或开发的小规模、提供个性化体验服务的非标准旅游住宿产品。在旅游消费升级和旅游者个性化需求进一步提升的背景下,民宿旅游接待业成为旅游接待业中的一个新增长点。

一、民宿旅游发展现状与趋势

(一)民宿旅游接待业发展现状

1. 国外民宿旅游接待业发展现状

虽然民宿萌芽的历史十分悠久,但是民宿作为一种经营性行业,大致从二战后才开始。关于民宿的起源,一般有两种观点:一是认为民宿源于日本的民办旅店,通过倡导开发农渔山村,以城市市民居住在农村居家中而形成的一种特殊寄居度假方式。二是认为民宿源于欧美发达国家,美国的Homestay和英国的Bed & Breakfast是民宿作为经营性行业的雏形。

国外民宿旅游接待业发展较快的国家包括英国、美国、德国、日本等。在英国,根据英国民宿协会相关数据表明,民宿已成为英国旅游业的重要组成部分,2015年全英大约有2.5万家民宿,营业额约20亿英镑,大约有40%的旅客选择在民宿过夜。在美国,2008年著名的短租网站Airbnb(AirBed and Breakfast)成立,Airbnb是一家联系旅游人士和家有空房出租的房主的服务型网站,它促成了更多民宿产品的诞生和销售,成为拉动世界范围内民宿旅游接待业发展的技术推力。在德国,2016年平均每11个旅客中就有1个选择通过互联网租用民宿,首都柏林的民宿交易量甚至占总住宿交易量的20%。在日本,由于人口不断衰减,出现了大量闲置空房,这些空房通过整修改造,成为个性化的民宿。2016年,全国注册民宿数量达到24000家,既有以滑雪场为中心的山岳型民宿,也有以海水为主题的海滨型民宿,还有体育竞技型民宿,以及刚刚兴起的随着绿色发展推进的农业民宿。

2. 中国民宿旅游接待业发展现状

中国民宿旅游接待业最先出现在经济发达的东部沿海地区以及西南民族地区,初级阶段的民宿旅游接待业从传统的农家乐转变而来,一般提供简单的住宿、餐饮和娱乐服务。随着国民生活品质不断提高,旅游体验不断丰富,旅游者越来越不满足于传统的标准化旅游接待服务,转而追求个性化、精致化的民宿。除了庞大的市场需求推动我国民宿旅游接待业的发展,我国政府也出台了大量政策推动和鼓励民宿旅游接待业发展。2015年11月23日,"客栈民宿"首次出现在国家政策性文件中,国务院颁布的《关于加快发展生活性服务业促进消费结构升级的指导意见》明确要求"积极发展客栈民宿、短租公寓、长租公寓等满足广大人民需求的细分业态。"2016年1月27日,国务院发布的《关于落实发展新理念加快农业现代化实现全面小康目标的若干意见》中指出"大力发展休闲农业和乡村旅游,依据各地具体条件,有规划地开发休闲农庄、乡村酒店、特色民宿、自驾露营、户外运动等乡村休闲度假产品。"2017年8月21日,为了规范快速发展的民宿旅游接待业市场,国家旅游局发布行业标准《旅游民宿基本要求与评价》,规定了旅游民宿的定义、评价原则、基本要求、管理规范和等级划分条件。

正是由于市场和政策的双重驱动,近几年,我国民宿旅游接待业整体发展迅猛,单从数量上看,截至2016年年底,我国客栈民宿线上注册量总数达到了53852家,比2015年增加8000多家,比2014年增加20000多家,短短两年时间内,我国客栈民宿数量涨幅达到近78%。从产业空间分布上看,我国民宿旅游接待业较发达的地区主要集聚在滇西北、浙闽粤、长三角等。在业主自发地开展民宿接待业务的同时,很多专业性民宿连锁品牌也介入进来,国内知名的民宿品牌诸如花间堂、悦榕庄、安曼酒店、隐居集团等已逐渐占领中高端民宿市场,推动民宿旅游接待业的专业化发展。而互联网时代的到来,很多诸如途家、蚂蚁短租、小猪短租等具有互联网血统的民宿新贵也逐渐受到市场青睐。

(二)民宿旅游接待业发展趋势

1. 品牌化趋势

随着民宿旅游接待业的进一步发展,房地产商、酒店行业巨头、互联网企业等将不断进入,民宿旅游接待业的更新换代速度将加快,产品竞争将进一步加剧。同质化和孤立的民宿产品难以立足市场,因此,这些企业将依靠各自的优势,重视品牌建设,努力打造行业标杆性的民宿产品。民宿旅游接待业品牌化、连锁化将成为其重要的发展趋势。这种趋势在进一步挤压传统业主自营式民宿的生存空间的同时,也将形成民宿旅游接待行业新的标准,并推动传统民宿旅游接待业的升级和优化。根据迈点研究院(MTA)发布的中国民宿品牌研究报告得知,2017年包括花筑、久栖、心宿、游多多、登巴、童话、邂逅时光、阳光纳里、原舍、亲的客栈等品牌进入中国民宿品牌风云榜TOP10[①],如表4-4所示。

表4-4 中国民宿品牌TOP10

序号	品牌名称	所属集团	品牌指数	环比变化	排名变化
1	花筑	旅悦旅游集团	193.63	20.84%	—
2	久栖	嘉兴久栖酒店管理有限公司	180.26	40.46%	↑
3	心宿	宁波高远文旅投资管理有限公司	165.83	12.75%	↓
4	游多多	游多多网络科技(上海)有限公司	145	−2.03%	↓
5	登巴	成都登巴投资管理有限公司	142.82	−7.30%	↓
6	童话	七彩童话酒店管理有限公司	134.92	2.78%	↑
7	邂逅时光	邂逅时光酒店管理有限公司	118.74	−4.35%	—

---

① 迈点研究院.2017年客栈民宿的品牌指数的研究报告.http://k.sina.com.cn/article_6433484724_17f772fb4001006vst.html.

续表

序号	品牌名称	所属集团	品牌指数	环比变化	排名变化
8	阳光纳里	丽江阳光纳里名人酒店管理有限公司	117.92	1.03%	↑
9	原舍	伊卓乡伴旅游文化发展有限公司			↑
10	亲的客栈	上海亲联投资管理有限公司	110.82	−10.59%	↓

2. 专业化趋势

现阶段我国民宿中以业主自主经营居多，民宿业主个体水平的差异，将造成民宿产品和服务质量的参差不齐。随着民宿市场的进一步发展，民宿行业竞争加剧，消费者需求升级，民宿专业化将成为一个重要趋势。一方面，对于业主自主经营型民宿，民宿国家标准的出台将有力推动该类民宿产品和服务的标准化和专业化，同时，一些互联网民宿平台也引导和帮助房东形成统一水平的专业服务，并对卫生、安全等关键指标采用强制标准要求；另一方面，以专业投资和团队运营的民宿会逐步扩大占比，这些民宿从设计、建设、运营、管理等各个环节都由专业化团队执行，将大大提高民宿产品的专业性。

3. 根植化趋势

民宿旅游接待业发展在经历品牌化和专业化趋势的同时，其生命力的保证仍然是文化的根植性。现阶段，我国民宿旅游接待业发展过于强调硬件设施和环境氛围的营造，往往忽视了民宿旅游接待业应该向旅游者提供的体验当地文化和生活方式的机会，民宿旅游产品有发展成精品酒店的趋势。但是，能实现长远发展的民宿一定是根植于包括自然资源要素、社会生活要素等一系列当地文化之中，具有文化内核的民宿产品，这一点已经被越来越多的业内人士认识到。

二、民宿旅游接待业务的特点

（一）非标性

民宿旅游接待业务与其他旅游接待业务显著的区别就在于它的非标性。与标准化的星级酒店、经济连锁型酒店不同，民宿从开始的策划设计一直到一线服务员提供的面客服务，从整体环境氛围到细节设置，可能都无标准可言，也无章法可循。对于消费者而言，他们正需要从这种非标准化的接待服务中，甚至是天马行空、别具匠心、出乎意料的接待服务中，获得标准化服务体验不到的个性化服务，感受有别于日常生活的旅游体验。民宿旅游接待业务的非标性，并不意味着对所有环节的产品和服务不加以质量约束，恰恰相反，在卫生、安全、基本礼仪、基本设施等基础关键环节仍然有国标提出相关要求。

（二）主题性

民宿旅游接待业务具有鲜明的主题性。首先，一个鲜明、独特的主题，是民宿旅游接待获得游客满意并在市场竞争中获胜的关键因素。其次，主题贯穿于民宿旅游服务接待业务的全过程。从民宿的选址开始，特殊的地域环境特征就赋予了民宿最基本的主题本底。在规划设计上，其装修风格也被赋予特定的主题，如中国风、民族风、民国风、原始风等。在对客服务方面，不同主题定位的民宿，在其服务过程中也需要具有相应匹配的服务规范。如在民族风主题的民宿中,餐饮产品、服务礼仪都应当体现民宿主题。让游客从硬件到软件,完全沉浸在民宿所营造的氛围之中。

（三）情感性

民宿旅游者通常是追求全新生活方式,崇尚个性、自由、灵活、舒适、随性生活态度的一群人。他们不选择标准化住宿业,除了为了获得多元、个性的住宿体验外,更希望在民宿产品的消费过程中获得心灵满足和自我认同。这就导致优秀的民宿旅游接待业务必须与情感挂钩,它不是冷冰冰的规程化服务,而是充满情感和真诚的对话。一个成功的民宿并不是要追求旅游者休息得有多舒服,而是与旅游者在情感的某一方面上形成共鸣,比如感受乡愁、找回童年的记忆、与当地居民深入且真诚的交流等。

（四）精致性

民宿是业主利用自用住宅空闲房间或者闲置的房屋,以家庭副业方式经营,提供旅客乡野生活的住宿处所。国家旅游局发布的《旅游民宿基本要求与评价》行业标准,明确提出"单幢建筑客房数量应不超过14间（套）",房屋数量通常在50间房屋以下的规模,这就意味着单体民宿的规模不会很大。因此,民宿旅游接待业务将不是规模化的批量供给,而体现明显的精致性。民宿旅游接待本身的定位,并非强调高档的住宿体验,而是为游客提供一种精致别样的生活体验。

三、民宿旅游接待业务管理的基本内容

（一）民宿主题与设计

1. 民宿主题定位

民宿旅游接待业首先需要解决主题定位问题。独特的主题定位是民宿成功运营的关键。国内民宿旅游接待业按照主题特色一般分为：①自然风光民宿,以民宿所处地域的自然景观作为吸引物,向游客提供良好的观景视角和赏景氛围,使游客更身临其境贴近自然；②历史文化民宿,以民宿所处地域的历史文化底蕴作为吸引物,在硬件设施和软件服务上都体现浓浓的地域文化元素,满足文化性游客的需求；③名人文化民宿,利用民宿所处地域或者民宿主人独特的名人资源,发挥名人效应,例如将政界、文艺界名人居住或停留的地方进行改造,将名人使用过或钟爱的物品作为房间的装饰品；④艺术特色民宿,音乐、美术、工艺、建筑等都可以作为这类民宿的背景主题,富有浓郁的艺术气息,可以熏陶人们的艺术修养[①]。

2. 民宿产品设计

民宿产品设计主要有：①建筑景观设计。民宿的建筑景观往往最先吸引游客的注意,同时,第一时间传递了民宿的主题风格和设计创意。一个赋有浓浓的人情味和民宿主人的生活理念,并且具有当地特色的建筑景观是民宿成功的重要条件,例如沿江的吊脚楼水乡本土风格景观、浓郁的地中海异域风格景观、浪漫的花前月下田园风格景观等。②环境氛围营造。环境氛围分为外部大环境氛围和内部小环境氛围。外部大环境氛围应风景独特、气候宜人,内部小环境氛围则应传达整间民宿的主题定位。③民宿场景构建。民宿作为非标住

---

① 张延,代慧茹.民宿分类研究[J].江苏商论,2016(10).

宿业，提供游客基础的住宿服务只是基本内容，更要满足游客对当地文化和生活方式的求新求奇需要，甚至要提供与民宿主人有温度的交流与沟通的机会，要构建契合游客内心向往和符合当地特色的生活场景和氛围。④民宿IP塑造。给民宿产品一个精彩的故事，也就是赋予民宿产品独特的IP，让产品独具魅力。有故事的民宿才能满足旅游者情感上和心灵上的需求，让游客深度体验，入乡随俗。

（二）民宿运营与管理

1. 民宿产品营销

民宿业发展过程中，既有自身发展的局限性，也有外部激烈的竞争，有情怀的民宿首先得生存下来。因此，民宿运营者非常关注自家民宿的营销策略，好的营销创意更是民宿生命力的不竭动力。例如，凤凰古城坡山公馆的感恩营销，拉近了游客之间的距离。凡巴基斯坦国籍游客免费入住，我国香港同胞每年7月1日免费入住、澳门同胞每年12月20日免费入住、台湾同胞中秋免费入住、军人或记者半价入住、吉首大学学生半价入住。民宿老板请名家手绘凤凰地图，以低于市场的价格售卖给游客、商铺、客栈、酒店，而手绘地图背面介绍有凤凰著名景点、一流餐饮，还有自家民宿的宣传。如果单个民宿没有能力举办大型的节庆营销、事件营销，但至少要有连续不断的小型活动，尤其是结合当地民俗的活动，这样才能增加民宿游客入住的黏性。

2. 民宿产品供给

民宿产品供给主要有：①民宿住宿服务。应提供整洁卫生、安全舒适的住宿设施。旅游民宿应整洁卫生，空气清新，无潮霉、无异味。客房床单、被套、枕套、毛巾等应做到每客必换，并能应宾客要求提供相应服务。公用物品应一客一消毒。客房卫生间应有防潮通风措施，每天全面清理一次，无异味、无积水、无污渍。②民宿餐饮服务。提供早餐以及特色餐饮服务。③民宿休闲服务。提供休闲娱乐设施和场所，经常组织娱乐活动。④民宿交通接驳。有条件的民宿可提供飞机高铁等的接站送站服务，方便宾客抵离。也可提供方便游客前往旅游目的地景点等热门区域的交通接驳。⑤旅游咨询服务。接待人员应热情好客，穿着整齐清洁，礼仪礼节得当。应熟悉当地旅游资源，熟悉当地特产，可为宾客做推荐，晚间应有值班人员或电话。

 思考与练习

1. 什么是新型旅游接待业？
2. 简述新型旅游接待业的基本特征。
3. 汽车营地旅游接待业务管理的基本内容包括哪些？
4. 邮轮旅游接待业务管理的基本内容包括哪些？
5. 民宿旅游接待业务管理的基本内容包括哪些？

第五章

跨界旅游接待业务管理

学习目标

1. 跨界旅游的理念内涵
2. 跨界旅游的典型产业
3. 跨界旅游接待业的基本要求

核心概念

跨界旅游　在线旅游　会展旅游　特色小镇

跨界旅游是旅游服务业的重要衍生业态,除了传统旅游业提供的食、宿、行、游、购、娱等基本服务之外,还要根据跨界对象,提供与旅游相结合的其他产业需要的服务。因此,跨界旅游接待业是旅游服务业的提升和扩展。跨界旅游接待业反映了"旅游+"的产业现状,体现了产业融合的新理念,更凸显了我国社会在发展进步过程中的新要求。

跨界旅游接待业必须随着产业跨界融合而不断调整和发展。旅游跨界的思路众多,旅游业向其他产业跨界的过程中,跨界接待业需要做出哪些新的调整?跨界接待业管理者应该具备哪些行业知识和基本素养?跨界旅游接待服务相较于传统产业而言新增了哪些接待项目?这些都是本章重点探讨的内容。

第一节　跨界旅游接待业概述

一、跨界旅游的产生和兴起

(一) 跨界旅游的产生兴起

一方面,行业竞争压力在国际化趋势下日益明显;另一方面,国内服务业在GDP的占比在不断增长,旅游产业是我国国民经济的支柱型产业。作为引领服务业的龙头,旅游产业正

在进行结构调整。旅游产业的上端管理链、中端供应链和下游消费链在不断扩展和延伸,以满足旅游大消费时代的需求。旅游产业发展从线下走向了线上、从C端进入B端,形成"旅游+"的跨界融合经济圈和生态圈。跨界旅游成为旅游行业当下最新型的发展趋势。

(二)跨界旅游的概念内涵

跨界旅游研究最早始于国外,20世纪30年代跨界旅游管理、竞争、合作意识开始在国外兴起。国内相关研究起步较晚,主流研究集中在跨界旅游合作模式及应用上。目前,国内外对跨界旅游的概念还没有统一界定。跨界旅游是区域旅游合作的重要方式,是将具备旅游属性的事物,从其原本的旅游属性进入另一属性的运作,旅游属性的主体不变,事物属性归类变化。跨界旅游发展的基础、本质和应用具体如下。

(1) 跨界旅游的基础。科学技术和互联网的发展和兴起,旅游开始步入互联网科技时代。PC端、移动端信息流通畅发达,旅游需求和供应水平在不断升级。

(2) 跨界旅游的本质。跨界旅游的本质是指旅游与其他产业的整合和融合。将旅游产业中的某一资源或者要素与其他非旅游产业资源进行融合,实现优势互助、劣势互补,整合形成完整独立的新个体或行业。

(3) 跨界旅游的应用。目前,跨界旅游已渗透各个非旅游行业。跨界旅游实现了旅游行业的无界限,在这个概念体系下,旅游行业可以根据时代发展趋势与市场需求,与不同行业融合演绎出新产品和新元素,形成旅游无界限的发展空间。

(三)跨界旅游的效益价值

可持续发展战略是我国的国家战略,我国各行各业发展均要立足于国家的基本国情。跨界旅游是消除传统旅游利益冲突、实现旅游业及其他行业可持续发展的重要举措。跨界旅游所涉及的不同行政区、不同行业和不同利益相关者能够通过多种形式的合作管理,实现经济效益、社会效益和资源效益。

1. 经济效益

我国旅游业发展进入黄金时代,成为国民经济创收的重要支柱型产业。目前,我国各区域的旅游业经济创收水平差异明显,"东强西弱、南强北弱"的整体格局尚未有实质性改变。跨界旅游可以作为统领性的指导思想来均衡旅游发展的经济效益,形成规模经济效益:①弱势旅游产业与其他强势产业融合,以强势产业带动弱势产业经济发展,实现"强势+弱势"的跨界模式;②强势旅游产业与其他互补强势产业融合,以互补的方式促进产业间的协调发展,更好地创造多行业经济效益,实现"强势互补"的跨界模式;③弱势旅游产业与其他弱势产业融合,以"1+1>2"的思路形成产业互助来改变弱势产业现有的发展困境,突破单一弱势的经济局限,实现"弱势互助"的跨界模式。

2. 社会效益

传统旅游业产品内涵单一、形式传统,旅游从业人员素质不高、人力资源浪费,旅游接待服务水平有限、专业性不够,旅游市场乱象、保障体系不健全等问题依然十分突出,难以满足我国人民日益增长的品质需求。跨界旅游是我国传统旅游业突破当下局限的重要手段,旅游跨界融合能够显著提升行业社会效益,主要表现在:①人力资源节约。旅游与其他行业跨界发展,可以充分利用行业间的人力资源,减少人力成本浪费。②人才发展多元。旅游行业的从业人员需要掌握多种知识,在旅游跨界中,可以促进本行业人才了解其他行业,促进旅游人才市场的多元化发展。③产品品质升级。旅游产业是以旅游资源为依托而发展的产业,观光是其主要功能,旅游与其他产业的跨界融合可以全方位提升旅游产品的多元价值,融合、挖掘其他功能,塑造产品内涵,实现社会相关行业产品品质升级。④市场发展规范。传统旅游行业的市场乱象可以借助跨界旅游中其他行业的相关规范来整治和完善,形成规范有序的跨界旅游市场。

3. 资源效益

我国是旅游资源大国,在资源数量上占有优势,但是资源利用不够合理,优势资源过度利用,弱势资源利用不充分,这在很大程度上限制了我国旅游产业的整体发展,更是造成了我国部分旅游资源的破坏。跨界旅游是实现旅游资源效益最大化的新思维,跨界旅游资源为资源合理利用提供了三种新思路:①寻找配套资源,我国旅游资源在跨界合作过程中能够清晰认识自身产品,寻找到与自身资源最合适的配套资源,让资源在跨界中实现价值最大化。②有效整合资源,当选择好配套资源后进行跨界整合才能称之为有效整合,旅游业与其他产业之间互补短板、跨界整合才能达到催化剂效果,而相互整合资源后才能实现资源的有效且可持续利用。③开拓创新资源,当旅游跨界整合能够实现现有资源有效利用时,行业之间就能更快更精准地尝试创新商业模式、创新运营模式、创新盈利模式,从而跟上时代的发展,促进旅游行业和其他行业资源的良性持久循环。

二、跨界旅游的主要类型和特征

跨界旅游有区域跨界和行业跨界两种主要渠道。区域跨界是指旅游业与其相邻行政区旅游业之间的跨区域整合,这种跨界渠道没有跳出旅游业的行业范围,并不是真正意义上的跨界融合,而是一种旅游产业面积、旅游客源市场拓宽的方式。目前,我国旅游业已经基本实现这种区域跨界整合。行业跨界是指旅游业与其他非旅游行业之间的跨行业整合和融合,这种跨界渠道突破了旅游业本身的行业属性,形成具有多元属性的新业态,趋向旅游行业无界限的一体化发展模式,也是真正意义上的跨界旅游。当前,"旅游+电商""旅游+文化""旅游+会展"是发展较成熟的跨界旅游方向。此外,跨界旅游还与其他行业之间形成了诸多跨界方向。

(一)"旅游+电商"

传统旅游行业以线下实体经济为主,伴随旅游消费市场的不断扩大和电子商务的方兴未艾,旅游行业与电商行业的跨界融合是跨界旅游的典型。我国1996年开始发展电子商务网站,到目前为止,旅游电商在这短短数十年时间里发展势头迅猛,旅游电商的跨界融合彻底改变了旅游行业的单一实体经济发展模式,开拓了新一代交易模式。"旅游+电商"跨界的基础计算机和电子商务行业的发展,通过将旅游产品整合进入电商网络运营平台,实现销售、资源获取、产品推广等线上运营方式,通过网站、语音、移动端、多媒体端获取信息,其交易类型有B2B、B2E、B2C和C2B四大类。

(1) B2B(Business-to-Business):旅游企业与相关企业(包含特定企业和非特定企业)之

间通过网络进行数据信息交换、传递,开展交易活动的商业模式。①

(2) B2E(Business-to-Enterprise):旅游企业与其他非旅游类的机构、机关或企业通过线上旅游平台进行的专业合作。例如,大型企业与专业旅行社合作,开展商务旅行全程代理,包括差旅出差、会议展览、奖励旅游事务等。②

(3) B2C(Business-to-Customer):专指电子旅游零售,也是当下应用较广泛的电子商务形式之一。电子旅游零售平台是一种中介服务平台,无论是散客还是团体均可以通过网络获取旅游产品信息,进行预订、购买和支付等。③

(4) C2B(Customer-to-Business):根据旅游者发布的特定需求,旅游电子商务企业通过网络向旅游者提供产品和服务,由旅游者自行选取产品和服务,并由双方自愿达成交易的模式。④

(二)"旅游+文化"

我国居民消费需求正在从物质需求向精神文化需求转型升级,文化产业受众群体越来越广泛,文化产品受到越来越多消费者的青睐。自然资源和人文资源是旅游产业两大核心资源,人文资源与文化产业紧密相关,文化和旅游从独立发展走向跨界融合发展,形成相互渗透的发展趋势。"旅游+文化"跨界融合形成的文创旅游新业态是当前旅游业的核心业态,我国旅游业在新时代下也逐渐培养了旅游发展离不开文化内涵的发展意识。文创旅游产业表现出四大优势。

1. 产业渗透性强

渠道融合和内容融合是文创旅游产业渗透的主要方式。文化产业又称"符号产业",其核心是非物质文化形态的文化符号,"旅游+文化"的跨界将文化符号内容渗透到不同旅游产品中,旅游产品进而成为文化传播渠道,在符号渗透和载体传播机制下,文创旅游可以摆脱实物载体,以形象符号向多行业广泛渗透。

2. 产业关联度高

文创旅游产业与信息科技业、制造业等多种社会行业关联度极高,它能带动社会多产业关联发展。文创旅游的表现形态(视觉效果、听觉效果、体验效果等)高度依赖信息科技业(互联网技术、数字技术、通信技术、虚拟现实技术等)。文创旅游各类产品(服装、家具陈列、文创旅游综合体等)的打造与制造业(手工业、工业、建筑业、服装业)等密切相关。

3. 产业延展性强

文创旅游产业可以由一个创意带动多个系列产业连续性发展。一方面,文创旅游景区可以作为向多行业发展的载体;另一方面,其他行业创意可以作为文创旅游景区设计理念,带动其他周边产业发展。例如,迪士尼主题公园以文创旅游景区为依托,开发娱乐节目制作、玩具、图书、电子游戏和影视作品等多个系列产业。宋城集团以盛大集团旗下《传奇世界》游戏场景为原型,打造实景文创旅游综合体,带动宋城集团旗下旅游产品、盛大网游产品及动漫游戏周边产品销售的多轮收益。

4. 产业集约性强

文创旅游产业是资源高度整合、结构多维优化的高效率集约型产业。文创旅游产业集

---

①②③④ 引自"旅游电子商务(以网络为平台运作旅游业的商务体系)"百度百科词条,略做改动。

约化水平一方面体现在与强调劳动密集、资本密集的传统产业相比,文创旅游产业是重创意概念的知识密集型产业,如文创景区规划设计、文创旅游纪念品设计、文创旅游形象 Logo 设计等,文创旅游公司规制和人员相对传统产业较少;另一方面体现在文创旅游产业注重异质资源整合,追求范围效应,与传统制造型企业的规模效应形成鲜明对比,从集聚范围上看,文创旅游产业集中整合了文化、旅游、艺术、科技、娱乐等多种产业资源。

(三)"旅游+会展"

会展最早起源于国外,逐渐在国外发展成为都市旅游的重要经济创收来源。由于中国是最大的发展中国家,人口数量和总体消费能力在国际排名领先,我国会展行业虽然起步晚于国外,但是发展态势迅猛,在硬件设施和接待能力上大有超前发展之势。我国举办的国际会议、研讨会、论坛等会务活动以及各种跨国展览会众多,在带来会展经济创收时,也使我国成为重要的旅游目的地市场,接待前来参加会议和展览的商务旅游者,在旅游创收中占有重要地位。会展业和旅游业同属第三产业,会展活动的举办会带来人员的异地流动,从而引发"食、宿、行、游、购、娱"等产品的消费,形成会展旅游新业态。会展旅游特性表现为以下两个方面。

1. 接待规格要求高

会展旅游接待的游客以商务旅游者为主,会展旅游接待要求符合商务旅游者的特点,根据会展或会议规模灵活调整接待规格。总体上消费档次、服务水平、接待规模要比其他旅游接待业务要求高。

2. 消除淡旺季影响

传统旅游业有明显的淡季和旺季,旅游收入主要来源于旺季。淡季时期,部分旅游资源和人力、物力资源闲置,收入水平低,甚至出现收入赤字。会展旅游不受季节、气候和旅游资源最佳观赏期的影响,且大多都安排在城市旅游淡季,提高了城市旅游设施和服务的使用率。

(四)"旅游+N"

旅游行业被众多国家视为经济支柱型绿色产业,人民旅游消费需求仍然在不断扩张。全球旅游企业正在不断尝试"新玩法"以满足旅游消费者需求,创造更大的社会价值和经济价值,旅游跨界融合之路仍在继续。除了当下较成熟的旅游电商、文创旅游、会展旅游之外,旅游业还出现了多种类型的跨界尝试。

(1)旅游+教育。旅游与教育产业的跨界融合表现为学生夏令营、研学旅行和各大企业集团的员工户外拓展活动等。

(2)旅游+农业。旅游与农业融合有四种模式,分别是旅附农型(休闲生态"亲子游"、梯田景观带)、农辅旅型(度假山庄中自采自摘)、综合发展型(科技果树采摘基地)、农旅合一型(乡村旅游)。

(3)旅游+地产。旅游与地产融合是将房地产建设选址与具备一定旅游资源的区域,打造成旅游观光、休闲度假、民生服务型居民高档住宅区或办公商业区,使传统房地产具有更高的投资价值。

(4)旅游+金融。旅游与金融行业的跨界融合表现为旅游行业和金融行业的跨界合作,推出各类旅游消费信贷、旅游支付、旅游企业融资服务等产品和项目。

(5)旅游+城镇化。旅游业与城镇区域概念结合,整合区域内外部产业,使其成为特色旅游资源要素,例如特色小镇、美丽宜居小镇、生态景观小镇和田园综合体等。

(6)旅游+N。旅游+航空、旅游+VR、旅游+影视/音乐/综艺、旅游+医疗、旅游+养老等"旅游+N"的多种业态形式在全球均已萌芽。

三、跨界旅游未来的发展趋势

跨界旅游是旅游业的新型业态,为旅游业未来发展提供了新方向和新思路。对于跨界旅游而言,跨界是概念,选择跨界方向是创意。传统旅游业在这个概念的指导下,已经形成了具备多种行业特色的多元化创意产品。在这一趋势下,跨界旅游将融入更多不同行业,不断创新出新的融合方式,最终趋势是实现旅游"无界限",这种"无界限"突出表现在产业链融合、线上线下的双向互动、旅游和生活方式融为一体这三个方面。

(一)产业链

跨界旅游会使旅游产业链产生深刻的结构性改变。首先,传统旅游的产业链会被逐渐分解,分解后的模块会重新组合或渗透或嵌入到新型行业的产业结构之中,引起传统旅游行业产业链条的全新变革,形成新业态形式;其次,新型产业链的上下游端口会逐渐完善和整合,形成由多条产业链组成的产业网络,上游的控制端口和下游的运作端口可以实现无缝对接,传统旅游行业的供需问题可以由多条产业链同时完成和解决;最后,跨界形成旅游产业链的自我调节与反馈系统,通过产业链自我调节和反馈机制,最终实现价值链诉求的利益协同性、企业链的结构完整性、供需链的平衡性和空间链的无障碍性。

(二)线上与线下

随着互联网时代的发展,智能设备覆盖已经成为规模,消费者移动消费习惯已经养成,线上线下的企业链已经实现初步融合,跨界旅游未来会进一步实现线上线下的双向互动。从宏观层面来看,线下资源+线上平台、线下平台+线上资源、线上渠道+线下渠道的交互利用是必然趋势;从微观层面来看,未来旅游业的入口,不仅仅是传统的OTA(Online Travel Agency)、BAT(Baidu、Alibaba、Tencent)的流量入口,在新行业跨界融合的形势下,旅游业的进入方式会变得更加多样化。

(三)旅游与生活

跨界旅游会使旅游行业的界限变得模糊甚至消失,当前盛行的"全域旅游"新理念,就是一种跨界的思维。在传统旅游业观念中,旅游是人们的一种异地休闲娱乐方式,而在跨界旅游的未来发展中,旅游将是人们的日常生活方式。当区域内外部资源与旅游合理融合并形成旅游业态时,旅游与居民生活就会形成一体化的融合发展,即对旅游目的地居民而言,旅游就是当地居民的生活方式;对旅游者而言,旅游则是其本地生活的异地化表现。

第二节 在线旅游接待业务管理

一、在线旅游的概念和内涵

(一)在线旅游的兴起背景

人类文明在科技发展助力下不断进步,互联网技术发展态势迅猛,"互联网+"为全球带来产业发展的"技术革命",各行各业依托互联网技术在不断开发网络业务平台。传统旅游行业在旅游业务处理能力和速度上难以跟上需求规模扩张的步伐,在技术发展支持下,在线旅游业逐渐兴起,科技发展、旅游消费升级和旅游行业跨界扩张是在线旅游业发展迅速的主要原因。

1. 科技发展为在线旅游平台建设提供技术支撑

互联网技术不断成熟,为在线旅游平台从萌芽期向成熟期不断发展提供了技术支持,我国在线旅游平台发展周期和互联网技术发展程度基本保持一致。1996年至2018年是我国互联网发展的关键时期,同时也是在线旅游从兴起到成熟的关键时期。1999年携程和艺龙逐渐起步,2003年到2008年五年时间,携程和艺龙进入启动期,到现在携程和艺龙已经合作成为我国在线旅游企业的巨头。

2. 旅游消费升级为在线旅游平台提供消费基础

我国拥有丰富的旅游资源,国内旅游人数和入境旅游人数在不断增长,旅游接待服务效率和质量在不断提升。在此趋势下,传统的旅游门市接待已经难以满足不同旅游者的需求,在接待能力和接待效率上表现出明显的不足。而在线旅游囊括了旅游者出游必备的各项信息和资源,旅游者可以通过在线旅游平台选择自己需要的旅游信息和产品,并完成线上支付,为旅游消费者提供了新的消费方式,大大减少了传统旅游门市的服务接待压力。

3. 旅游行业跨界扩张使在线旅游成为必然趋势

旅游行业是综合性的服务行业,服务范围包括旅游者活动中的食、宿、行、游、购、娱等多项要素,传统旅游门市企业必须联合旅游目的地和常住地多家旅游企业共同完成旅游者在旅游过程中的所有服务。随着行业链条逐渐缩短,传统旅游企业在不断扩张,扩大其服务范围和经营项目,尽可能为旅游者提供"一条龙"服务,从而获取更大的经济效益。在线旅游就是旅游行业跨界扩张的产物,在线旅游的出现大大缩短了旅游产业链,旅游者只需与在线旅游平台对接即可完成旅游活动中的所有需求。

(二)在线旅游的概念内涵

在线旅游(Online Tourism)是指旅游者通过在线旅游平台进行信息查询、产品预订、网络分享等活动。在线旅游平台是依托互联网技术,为旅游者提供各项线上服务并从中获取效益的网络平台,在线旅游行业涉及面广泛,包括航空、铁路、租车、酒店、景区、海内外旅游局、旅游签证等服务供应商以及OTA、通信运营商、旅游咨询和社区网站等搜索引擎。在线旅游是互联网与旅游业跨界融合的新业态,在理解在线旅游行业概念内涵时要注意:①要正

确理解在线旅游的旅游者行为范畴和在线旅游平台概念。在线旅游并不是旅游者通过在线（网络）的方式进行旅游,和旅游者足不出户进行虚拟现实旅游活动存在本质差别。②在线旅游归根到底仍然是旅游服务型行业,不是旅游活动的提供主体。在线旅游是将传统门店旅游服务和旅游销售在线上进行整合,给旅游者提供了获取信息的新途径和新的支付方式。③在线旅游行业是以互联网技术为基础的电子商务行业,不能离开互联网平台而独立存在。

(三) 在线旅游的发展阶段

我国在线旅游发展已经经历 20 年历史,在这期间实现了从无到有,从萌芽到初步完善的巨大蜕变。我国在线旅游发展大致可以分为四个阶段:萌芽期、起步期、发展期和持续完善期。

1. 第一阶段:萌芽期(1996—1998 年)

1996 年到 1998 年,借助全球互联网投资的兴起,我国在线旅游产业进入萌芽期。1997 年,互联网技术和相关投资在全球范围内兴起,在技术支持和资本运作下,互联网产业逐渐向传统行业渗透,中国的第一批旅游网站就是互联网资本渗透进入旅游行业的产物,携程旅游网、中青旅在线、Et-china、华夏旅游网在这段时期逐渐萌芽。

2. 第二阶段:起步期(1999—2002 年)

1999 年到 2002 年,我国在线旅游产业进入起步期。2000 年,我国在线旅游服务商开始收购传统旅游门市和分销商,尝试新的运营模式,扩展市场覆盖范围,例如,艺龙开始收购酒店预订公司,携程收购线下订房平台。新兴的在线旅游通过收购传统旅游分销商或与传统旅游企业合作扩大市场覆盖范围,逐步形成规模。

3. 第三阶段:发展期(2003—2008 年)

2003 年到 2008 年,我国在线旅游产业进入发展期。2003 年开始,在线旅游市场定位逐渐明晰,和国外 B2C 在线运营模式有所不同,我国在线旅游市场将电话呼叫中心服务与网络运营相结合,实施网络预订和电话预订共存的模式,向旅游消费者提供最全面、最直接、最便捷的旅游产品预订服务。从 2003 年开始,我国在线旅游业在融资方面逐渐起步,开始吸纳资金,扩大业务发展方向。2005 年,中国在线旅游行业以商务旅游为主,开始开发新的旅游产品,期间也涌现了新的在线旅游服务商,差异化和多元化趋势逐渐明显。

4. 第四阶段:持续完善期(2009 年至今)

2009 年,我国在线旅游业务逐渐形成规模,行业基本态势已经成型。各种旅游专业性门户网站开始兴起,专业功能性旅游门户网站或平台又称垂直网站(例如去哪儿网、马蜂窝等),垂直搜索网站的出现有利于酒店、旅游度假村业务的线上发展,利用大众点评和旅游攻略能够对自身旅游产品起到良好的宣传效果。综合来看,垂直搜索引擎对整个旅游市场的发展起到了催化剂的作用,加剧了行业竞争,也极大地促进了旅游行业整体产品质量和服务水平。

前三个阶段是在线旅游的主要发展阶段,而 2009 年,行业跨界趋势日益增加,旅游行业的市场参与主体众多,运营发展模式各不相同,在持续发展阶段中,在线旅游在持续变革,未来将会形成各种模式竞合业态,促进旅游产业发展。

二、在线旅游的主要类型和特征

（一）在线旅游的主要类型

我国在线旅游行业兴起至今，各大在线旅游供应商不断开发新产品，在线旅游产品是我国传统旅游产品的现代化延伸。根据我国在线旅游行业现有产品，本书共梳理出我国在线旅游行业产品的五大类型，分别是旅游碎片产品、定制咨询、陪游平台、旅游社群、行程助手。

1. 旅游碎片产品

旅游碎片产品又称目的地旅游产品或小包装行程，是指贩售一小时到一天的短暂行程相关产品，包括景点交通接送、景区门票、短期成团活动，不包含旅游客源地到目的地交通、行程住宿等个人化选项服务，适合年轻自由行游客。这类平台主要是与旅游目的地市场的景区、旅游地接社合作，向游客提供碎片化形成模块，由平台收集顾客信息、售卖产品，然后打包交由当地地接社等旅游传统服务门市提供具体服务。

2. 定制咨询

定制的概念理想上是满足游客的最大化需求，定制咨询服务又称达人定制或达人咨询，是传统旅行社组团安排的变种，运用当下流行的"明星效应"，将传统旅游行业的服务咨询人员塑造成为"旅游达人"，让旅游达人参与大量旅游活动，通过在线旅游平台宣传营销成为消费者心目中的旅游百事通，然后由他们为旅游者提供咨询服务或根据旅游者详细具体的要求为他们设计相应的旅游活动。这类产品收费比一般大众旅游活动高，往往是自由行（非穷游）价格的两倍，主要以高端旅游消费群体为主要目标市场。

3. 陪游平台

陪游平台又称为私人导游服务，根据旅游者具体需求选择导游提供陪游服务，导游只需要为小规模甚至一两名旅游者提供导游服务，活动中以游客意愿为主导，和传统导游服务存在明显区别。传统导游是在组团社统一安排下进行的大规模导游服务，私人导游服务与私人管家有相似之处，除了提供相应的旅游导览服务之外，根据服务对象不同也需要掌握其他方面的技能。陪游平台目前在康养旅游市场、研学旅行市场应用前景较广，例如，当地康养师为老年人提供私人导游服务和康养生活服务，研学导师为研学旅行学生群体提供私人导游服务等。

4. 旅游社群

旅游社群是传统自由行用户较依赖的在线旅游工具。旅游社群是收集了大量旅游游戏、行程分享、游客心得分享与评论，并依照旅游目的地进行分类的游客社交分享平台。这类平台提供的服务以信息服务为主，用户可以根据自身需要在平台上寻找感兴趣的或者自身需要的信息，信息资料大多来自旅游者的第一手资料分享，对于用户而言更具说服力和可信度。此外，此类平台还提供用户之间相互沟通和咨询的渠道，游客可以在平台上交友、结伴出游，因此成为自由行用户较依赖的在线旅游信息平台。

5. 行程助手

穷游行程助手是行程助手产品的代表，旅游者在这类产品上选择想要去的地点后，系统可以迅速为用户提供旅游目的地旅游景点建议、酒店预订建议，也可以为用户规划出旅游线

路。用户可以根据平台所提供的信息进行进一步的属性设定和调整,平台进一步智能推荐更加适合用户需求的产品,用户可以在平台上完成预订、支付等行为,为旅游者带来极大的便利。

(二)在线旅游的主要特征

在线旅游是以互联网在线平台为基础而产生的行业,其主要特征是市场开放度高、服务不受时间空间限制、业务集中性强、客户受众面广。与传统旅游相比,在线旅游在运营方式、预订系统、支付方式、信息来源和客户群体上表现出了明显的差异(见表5-1)。

表5-1 在线旅游与传统旅游差异对比

项目	在线旅游	传统旅游
运营方式	网络平台运营	实体门店运营
预订系统	网站预订、电话预订	电话预订、门店预订
支付方式	线上支付	门店支付
信息来源	国内外线上线下信息综合	线下信息
客户群体	国内外所有线上旅游用户	旅游门市辐射范围内的线下游客

1. 市场开放度高

市场开放度高即进出门槛低,由于在线旅游业涵盖的服务面涉及旅游行业的所有层面。因此,每个环节都可以成为进入或退出市场的突破口。这一特点使在线旅游行业同质性平台和产品较多,竞争激烈程度日益增强。

2. 服务不受时间空间限制

在线旅游平台依靠PC端和移动端进行运营和售卖,和传统门市规定的工作作息时间相比,在业务处理的时间和空间上不受限制。移动端技术越来越普及和发达,用户可以随时随地访问在线旅游平台,进行信息获取、产品预订和支付处理。

3. 业务集中性强

在线旅游平台高度整合了旅游市场供需链的所有产品,尤其是大型在线旅游供应商,一个平台即可提供旅游者所需要的所有业务受理服务,与传统服务单一、功能有限的旅游门市相比,产品可选择性广,受理业务效率大幅度提升。

4. 客户受众面广

在线旅游依靠互联网平台,操作简单,服务便捷。对于无法前往旅游门市咨询的国际游客而言,在线旅游平台是其了解其他国家旅游咨询的主要平台。因此,在线旅游提供的服务主要包括国内服务和国际服务,客户受众面除了国内旅游市场外,还有国际游客市场。

三、在线旅游接待业管理

在线旅游和传统旅游业共同构成了旅游接待服务业的完整体系,而在线旅游业属于旅游跨界形成的新兴接待服务业,其服务方式主要依靠网站平台为用户提供网络服务,因此,良好的在线旅游网站建设与管理是在线旅游接待业管理的核心。

(一)在线旅游网站流程优化

在线旅游网站流程优化是为了让用户能够以最简单的方式进入网站,以最直接、便捷的方式获取信息,去掉多余使用的流程,为用户提供最便捷的网络接待服务。在线旅游网站流程优化具体包括:①优化网站使用稳定性。优化在线旅游网站平台、App 使用过程中的卡顿、闪退等情况,给用户最流畅的使用感受。②优化网站搜索引擎。根据搜索引擎算法来确定在线旅游网站搜索引擎设置的合理性,调整关键词布局、搜索内容智能排序等,提高用户使用效率。③优化网站页面布局。修改删除在线旅游网站中的冗余代码,调整页面布局、文本设计、友情链接以及广告插入的布局,要做到功能模块分区清晰、文字图片信息精简美观、链接功能实用性强。去掉复杂多余的网站使用流程,才能提升在线旅游接待业的用户自服务效率。

(二)在线旅游客服接待管理

在线旅游属于电子商务平台,客服是与用户直接联系的一线业务受理人员,他们的主要职责是业务受理(网络订单业务,包括新增订单、退换货物、撤销订单、订单退款等)、售后服务(投诉处理、产品售后等)、上传下达(向上传达用户反馈与建议,向下宣传产品、传递服务理念和产品性能等)。因此,在线旅游客服接待业务管理是在线旅游接待业管理的核心部分。在线旅游客服接待业务管理包括:①建立客服工作管理章程和奖励措施,激励在线旅游客服人员工作积极性,提升其服务水平;②定期提供旅游售前及售后客服的专业培训,让客服能在工作中学习到在线旅游服务知识,提升业务能力;③建立客服工作失误处理机制,严肃处理在线旅游客服服务过程中的违规现象,例如个人回复失误导致的用户投诉问题;④建立完整业务流程查询库,使在线旅游客服在工作时有足够的工具可以支持工作;⑤建立呼叫反馈系统,客服人员对无法解决的问题可以及时呼叫上级人员获取解决方案并及时向用户反馈。

(三)在线旅游用户研究管理

在线旅游平台用户数量庞大,用户需求是在线旅游平台运营和发展的一切基础。掌握了在线旅游平台的主要用户信息和特征,才能更好地为用户设计产品,提供接待服务。在线旅游用户研究管理包括:①建立用户研究中心。掌握在线旅游平台的注册用户,在线用户,付费用户,在线时长,购买频次,网站跳出率、转化率等基本信息,指导网站设计、产品设计和客服接待相关工作。②确定在线旅游用户消费高峰时段。在高峰时段安排更多客服进行接待服务,以此为基础对在线客服工作时间进行排班和调整。③确定在线旅游用户群体。将用户分为核心消费群体和其他消费群体,针对不同消费群体策划有针对性的产品,提供专业性服务,此外,根据消费群体规模还可以调节网站功能模块占比等。

第三节 会展旅游接待业务管理

一、会展旅游的概念和内涵

(一)会展旅游的产生兴起

现代会展业兴起于工业革命和机器大生产以后。随着现代会展业的发展,会展业逐渐

成熟并演变成包含会议、展览、大型活动等集体性的商业或非商业活动的行业。1841年7月5日,托马斯·库克组织并运送570人从莱斯特前往拉夫巴勒参加禁酒大会,这次活动成为公认的近代旅游活动的开端,这次活动也是真正意义上的会议型旅游活动,是早期的会展与旅游的跨界融合。我国会展旅游的发展从萌芽到快速发展时期,大致可以分为以下三个阶段。

1. 会展旅游客源输出阶段(1915—1957年)

在这一时期,我国会展尚未萌芽,而国外会展已经开始发展。我国在这一阶段主要是派人出国参展,是重要的国际会展客源输出国。例如从1915年起,我国就派个人或团体参加了世界各国举办的博览会。

2. 国内会展旅游萌芽阶段(1957—1978年)

1957年春季,中国进出口商品交易会(又称广交会)在我国广州举办,广交会的举办代表着我国会展的起步和会展旅游的萌芽,我国由此成为国外会展商业游客的目的地,广交会也成为我国会展旅游发展史上历史最悠久、规模最宏大、会展游客接待量最多、知名度最高的国际贸易展览会。

3. 会展旅游快速发展阶段(1978年至今)

1978年改革开放后,我国社会经济建设进入新阶段。国际开放程度不断提高,进一步推动国际市场发展的同时,国内出现了"政府搭台、经济唱戏"的各种地方性商贸会展,旅游经济也进入市场化运作阶段,逐渐形成了国际与国内、出境与入境、会展与旅游的齐头并进。1929年6月6日在杭州举办的西湖博览会被认为是中国近代最早的会展旅游活动。

(二)会展旅游的概念和内涵

国内外许多学者对会展旅游的概念做出了界定,但是目前为止仍没有统一的概念内涵。国际上关于会展旅游较为统一的说法是 MICE(Meetings, Incentives, Conventions and Exhibitions)。本书所讨论的会展旅游对应于M、I、C、E细分旅游市场概念,会展旅游(Mice Tourism)包括 Meetings(会议)、Incentives(奖励旅游)、Conventions(大会)、Exhibitions(展览),此外,还延伸出节日庆典和体育赛事为主题的节事(Events),即会展旅游是指借助举办各种主题的会议、研讨、论坛、交流等会务活动和各种类型的展览会、博览会、交易会、招商会等展会,吸引商业游客前来洽谈贸易、信息沟通、文化交流、技术合作和观光旅游,并带动举办地区交通、旅游、商贸等多项相关产业发展的旅游活动。会展旅游是会展业和旅游业跨界融合的新业态,会展旅游充分发挥了会展业和旅游业之间良性互动的关系,这种良性互动主要表现在会展旅游存在相辅相成、动态发展、积聚效应这三种关系。

1. 相辅相成

会展业和旅游业的相辅相成主要表现在会展地点选择和会展活动组织方面。会展地点一般选择在基础设施建设完善、交通发达、城市资源丰富和接待服务设施完善的城市。一是因为资源发达的城市更能代表国家形象和区域形象,会展是国家形象和城市形象知名度提升的良好渠道;二是因为旅游业发达的区域能为会展接待提供更优质的服务,能够协调和安排展前接待和展后休闲娱乐活动,提升会展吸引力。

2. 动态发展

旅游与会展的动态发展主要表现在旅游与会展发展的时间序列和发展层次上。一方面,旅游发展是会展发展的基础条件,只有旅游业发展到一定程度,旅游基础设施和接待水平达到一定标准,才能具备举办会展旅游活动的条件。另一方面,会展旅游的产生和发展能够为区域旅游聚积人气,促进旅游消费,无形推广和宣传旅游产品。会展旅游的发展在此基础上,会实现会展业和旅游业以及区域其他产业的不断发展,总体呈现螺旋上升的趋势。

3. 积聚效应

会展业和旅游业都属于"注意力经济"的范畴。越多人参与和关注就会获得越大的收益,会展旅游也是如此。旅游目的地引入知名会展能够将人们对会展的关注向举办地旅游资源转移;会展进入知名旅游目的地同样会将人们对旅游目的地的关注向会展本身转移,会展旅游则能更好地将会展和旅游进行整合,充分发挥积聚效应优势。

(三)会展旅游的效益价值

会展旅游活动往往综合了多方利益相关者和多行业资源,依附于会展旅游举办地的软硬件设施,能够拉动举办地多行业消费需求的增长,同时为参与者提供合作交流的增长平台。综合来看,会展旅游市场具有综合性、依附性和联动性的特点,其发展效益良好,尤其在经济效益、社会效益和文化效益上表现突出。

1. 经济效益

会展旅游者一般是商务人士,会展参与者和旅游者的双重身份使他们具备较高的消费能力。会展旅游者既是在旅游也是在工作,其交通、住宿、餐饮等方面的花费一般由其所在的单位和部门承担,所以在食、住、行消费上,会展旅游要比一般旅游者消费高,而食、住、行也是旅游消费中比重较大的部分,因此,会展旅游经济效益相比普通旅游经济效益要好。

2. 社会效益

会展旅游者一般是某一行业参加会议和展览的代表,其中不乏具有一定社会地位的人士,这些人士的参与能够为会展旅游举办地起到无形的宣传作用,形成良好的社会影响力。此外,会展行业是短暂劳动密集型的行业,在会展举办期间,需要大量的人力、物力投入,能够为当地大学生、相关行业从业者和劳动人员提供社会实践、能力锻炼和经济收入的机会。

3. 文化效益

会展旅游绝大多数都穿插着会议、展览和论坛交流,是一个文化交流和学习的平台。参与者在其中能够接触到某一特定行业或类别中的不同人员,在这个平台进行交流探讨,能够开拓参与者的眼界,促进不同文化的交融和传播,尤其是国际性的会展旅游,更是一个看世界的舞台。不同国家、不同行业的人员能够借此机会进行思维碰撞、传播和弘扬自身文化、学习其他文化,促进世界文化、思想和观念的全球化发展。

二、会展旅游的主要服务项目

会展旅游是会展业和旅游业跨界融合的新业态总称,会展活动中来自异地的主办者和参与者都符合旅游者定义,因此,会展活动的参与人员既是在工作,也是主要服务对象,如公司、组织或团体,针对个人和散客的服务较少,主要服务项目有四大类,分别是会议旅游、奖励旅游、展览旅游、节庆事件旅游。

(一)会议旅游

早期的会议旅游只有在大规模高端会议中出现,随着经济全球化发展,国际会议和国内会议的举办频率越来越高,会议旅游逐渐成为会议举办的必备项目。会议旅游是会展旅游的一种,也是典型的商务旅游形式。会议旅游活动能够提高会议的吸引力和会议举办城市的知名度,调节旅游淡旺季客源市场不均衡的现象,拉动当地会议举办地各项消费需求的增长。会议旅游一般是作为会议的同期活动,指会议接待者利用召开会议的机会,组织与会人员参与的旅游活动,它所涉及的旅游目的地选择、旅游活动安排一般与会议工作内容相关。规模较大、消费水平较高、停留时间较长、不受旅游淡旺季影响是会议旅游项目的主要特点。

(二)奖励旅游

奖励旅游产生于20世纪20年代,根据国际奖励旅游协会的定义:奖励旅游是企业为达到其特定的目标而设立的旅游活动,其参与对象是协助达到企业目标的相关人员,以旅游活动的形式给予他们特殊奖励、培训或者机会。奖励旅游的旅游形式由企业根据自身需求设定,没有统一标准,一般包括商务会议旅游、海外培训、休闲度假旅游等。奖励旅游和传统员工旅游有所不同,奖励旅游是由企业为参与对象提供一定的经费,委托专业旅游公司精心设计的定制旅游活动,以此来奖励员工、提升员工能力、调动员工的积极性、增强企业的凝聚力。因此,奖励旅游具备独立成团、参与人数较多、出游多数选择在淡季、消费支出高、接待服务要求高等特点。

(三)展览旅游

展览旅游是指在大型国际展览会举办期间,吸引各地客商前来观光旅游、商品交易的商务旅游活动。大型展览活动可以吸引成千上万的人到举办地旅游,带来大量短期直接的经济效益,通过短期效益的叠加和品牌效应的持续作用,逐渐形成长期经济效益循环,带动当地旅游产业持续发展。目前,许多国家和政府大力支持展览旅游业发展,争先恐后地争取世界性的博览会和交易会的举办权,以此来提升国际形象,开放对外贸易、吸引外资和促进消费经济繁荣和会展旅游业发展。

(四)节庆事件旅游

节庆事件旅游是指借助地方传统文化、习俗和事件,在当地举办的具有地方特色的节事活动,通过此活动组织当地人民参与,吸引外地游客前来旅游,从而促进地方旅游业发展。节庆事件旅游对自然旅游资源依赖程度小,对人文资源依赖程度高,在自然旅游资源匮乏的地区,节庆事件旅游是旅游业发展的突破口。随着国际全球化趋势日益增强,文化逐渐被同化,节庆事件成为地域特色的代表,逐渐被人们重视,能够吸引人们的注意力,产生注意力经济。节庆活动通常有三类:①文化类,包括民俗节日(傣族泼水节)、艺术活动(上海电影节)、宗教活动(龙虎山道教文化节);②政治类,包括国家政治节日活动(劳动节、国庆节)、各种重大政治事件(建国、建军、阅兵);③科教类,包括名校庆典(哈佛校庆,清华、北大校庆)、科学事件(科技颁奖典礼、著名科学家讲座)。

三、会展旅游接待业管理

会展旅游具有规模庞大、计划性强和效益辐射面广等特点,成功的会展旅游活动的运作和发展对接待能力要求很高,会展旅游接待业管理主要包括会展旅游运作主体业务管理、会展旅游客户接待业务管理和会展旅游项目接待业务管理三个方面。

(一)会展旅游运作主体业务管理

会展旅游运作主体分为需求主体和供给主体。会展旅游需求主体是指会展市场和会展旅游产品的买方,是会展旅游活动开展的中心,需求主体包括参展商、与会者、观众游客。供给主体是按照需求主体要求,为需求主体提供策划、组织、举办相关会展旅游活动及周边服务的相关主体,包括政府、行业协会、会展主办者、会展企业和旅游企业。会展旅游对不同的主体管理方法不同,对需求主体而言主要是接待管理,对供给主体而言主要是业务能力管理。

1. 会展旅游需求主体接待管理

(1)会展旅游需求主体具有不同的旅游者性质,其消费能力和结构有所不同。参展单位和专业观展商是商务旅游小团体,属于公费旅游群体,消费能力较高,接待以与单位和公司对接,达到对方所要求的接待标准为宜。

(2)普通观展商是一般旅游者,也是自费旅游群体,在各方面的消费较前两者低,在保证服务质量的同时,提供经济型服务,分类营销旅游产品较为适宜。

2. 会展旅游供给主体业务能力管理

(1)政府是会展旅游的宏观调控者,代表国家和地方利益。在会展旅游中扮演计划者、审核者、基础设施建设者、大型国际会展旅游活动申办者等角色,也是会展旅游接待业务规范化管理的核心部门,需要承担信息服务提供、维护会展旅游各方权益、建立市场秩序等职责。

(2)行业协会代表行业利益,在会展旅游活动举办中起到主办者或协助举办单位的作用。我国较大规模和较有影响力的会展一般是由行业协会组织举办,行业协会需要管理、规范会员行为,建立会展旅游业的正常秩序,指导并协助会展举办地接待管理工作。

(3)企业(会展企业、旅游企业和其他相关企业)是会展旅游的联合承办者或服务提供者,需要合理协调、策划、组织、安排会展活动的各项环节,是会展接待的主要职能部门,常常需要引进专业人才,提高服务水平,开发适合会展旅游者的产品,满足需求主体和其他供给主体的接待要求。

(二)会展旅游客户接待业务管理

会展旅游的客户是最核心的产品消费群体,与其他物质性生产企业相比,会展企业面对的客户不是实物产品就能满足的客户,而是希望通过展会或旅游活动组织来获取更大的市场份额的参展商和贸易商。因此,会展旅游企业在满足客户期望上难度更大,满足客户期望、维系客户关系是会展旅游客户接待业务管理的核心,具体做法如下。

1. 收集客户信息,主动挖掘市场

各行各业都有可能成为会展旅游的客户,因此,会展旅游企业面临着庞大而复杂的客户市场,要保证客户接待业务质量,就需要了解和识别客户群体,利用互联网与客户互动,通过跟踪系统将客户资料、消费偏好和交易历史等资料转化成客户数据库,进而进行客户市场细分、预测会展旅游客户,提供针对性接待服务。

2. 制定客户方案,实施定制服务

会展旅游企业在收集客户信息的基础上,针对客户类别,定制客户服务接待计划与市场营销活动。在这一过程中,需要会展旅游企业营销人员以及会展旅游服务团队在展前进行有效沟通和在展中提供即时地服务,以良好的服务接待水平向目标客户输送展会各项服务信息。

3. 绩效互动反馈,维护客户关系

会展旅游业务面涵盖广泛,客户需求不断变化,会展旅游接待业务需要频繁与客户进行互动,追踪有关参展商或企业的需求变化,获取参展后客户的有关评价和大众评价,不断修改客户接待服务方案。在此基础上综合分析会展旅游活动绩效,理解客户的预期目的,提供新的解决方案,以此不断改善会展旅游的客户关系。

(三) 会展旅游项目接待业务管理

会展旅游项目是会展活动展开的基础保障,具有吸引力的项目加上完善的接待管理,是会展旅游活动举办成功的关键。会展旅游项目接待业务管理就是以会议和展览为中心,开展的一系列接待服务和管理工作。由于会展旅游活动具有时效性,因此,会展旅游接待业务管理要求相关工作人员能够在短时间里做好大规模接待服务工作,使会展项目目标最大化实现。会展旅游项目按照举办目的不同可以分为专业展览型或专业旅游项目、产品交易型项目、综合博览型项目和会议洽谈型项目,不同项目对接待业务要求不同。

1. 专业展览型或专业旅游项目

专业展览项目主要是指以某种专业领域或优势产业为依托举办的博览会、展示会;专业旅游项目主要是根据企业具体要求设计的奖励旅游活动或海外培训活动。这类活动的接待业务要求主要有:①接待专业性要求高,由于参加此类专业展览或专业旅游活动的参展商或旅游者都具备一定的专业性,提供接待服务的会展旅游企业相关人员需要有相关的专业知识,才能保证展会和旅游项目的专业性水平;②接待服务技术含量高,承办专业型展会或旅游活动不同于一般大众会展旅游项目,其所需的软硬件配置要求高,软件配置包括专业技术、专业术语解读能力等,硬件配置包括展会或场景布置、专业设备配置等。

2. 产品交易型项目

产品交易型项目主要是指将某产业与内外贸易相结合而展开的以产品销售为主要目的的产品交易会、展销会(例如名车展)等,期间组织的旅游活动大多也与产品营销活动相关。这类项目的接待业务要求有:①接待营销针对性强,在接待过程中除了保证接待服务水平之外,还要根据客户要求对参展观众和旅游消费者进行针对性营销。②接待管理以交易目标优先,相关接待管理工作方案要把实现交易目标放在首要地位,设计相关旅游活动要求尽可能达到产品宣传交易的目的,吸引有购买力的专业观众和游客参与其中。

3. 综合博览型项目

综合博览型项目主要是指以宣传本地人文资源如文化、艺术、体育等为宗旨的大型展览旅游活动,例如上海世博会等。这类活动的接待业务要求有:①接待业务周期长,参展商会以静态或动态展示的形式展览较长时间,观众或旅游者人数在此期间也会持续不减,因此,项目接待管理的执行需要多方监控、多方协作完成。此外,由于此类展会在举办落幕后依然会吸引不少旅游者,因此也要注重展后散客的接待。②接待业务成本预算高,由于综合博览型会展旅游项目规模大、周期长,以展示某地人文资源为宗旨,不以交易为目标。因此,展品直接受益较小,需要在接待业务管理中投入大量人力、物力、财力,让各方参与者充分感受到无处不在的会展旅游主题,通过吸引注意力集聚人气,进而发展品牌辐射效应,带动其他产业发展。这无形增加了接待业务管理中的难度,因此成本预算较其他项目类型要高。

4. 会议洽谈型项目

会议洽谈项目是在各国重要城市举办的国际会议或论坛活动。这类项目的接待业务要求有:①接待业务具有周期性,这类活动周期性强,不同的周期承办国家和城市有所不同。这要求会展旅游接待业务能够在不同的周期持续运转,维系好各方参与者关系,提供优质服务。②服务全面但规格小,会议和展览不同,会议一般有具体的服务范围和人数,参与人员规模比展览型项目小很多,但会议是会展旅游中接待质量要求最高的项目,会议接待要求做到全方位服务,包括场地布置、参会人员食宿行安排、信息与通信技术支持、安保服务等均要尽可能全面到位。

第四节 特色小镇旅游接待业务管理

一、特色小镇的产生和兴起

1996年,中共昆山市委、市政府发表的《加快新型城镇建设促进经济社会发展》中首次提到要积极探索小城镇建设方式,建设出一批功能独特、风格各异的特色小镇。这是特色小镇这一概念在我国首次被提出。我国开始建设社会主义市场经济后,地方政府开始加强城乡建设,特色小镇逐渐兴起,特色小镇在我国兴起主要是由于产业升级压力、城乡互动需求和政策导向支持。

(一)产业升级压力

社会主义市场经济推动我国产业进步的同时,也给各行各业带来了新的压力,传统的粗放型产业发展方式给我国生态环境带来了极大的破坏。供给侧改革要求我国各行各业和各地区推动产业间的跨界融合,创新产业发展方式、推动绿色生态产业和资源集约型产业发展,以适应社会发展和消费升级需求。在产业升级压力下,特色小镇成为地方政府推进产业融合的抓手。特色小镇将集中地方优势资源和产业,融入现代化生产生活方式,使区域发展从"物的城市化"走向"人的城市化",最终实现新型城镇化建设。特色产业的集聚使特色小镇成为新的旅游点,旅游产业和区域特色产业的融合发展大幅度缓解了产业升级的压力,为区域的社会发展、经济发展和文化发展带来了新的机遇。

(二)城乡互动需求

除了经济社会的转型要求以外,特色小镇着眼于小型乡镇建设,为城乡互动开辟了新的发展空间。我国各大城市"中心化"发展成为主流的同时,乡镇基础设施老旧、人口流失严重、生活环境不佳等问题日益显现,社会发展逐渐从"都市化"向"城镇化"转型,特色小镇是

我国城镇化发展的重要支柱,特色小镇以"＋农业""＋工艺""＋康养""＋生态"等跨界融合的形式,为传统乡镇资源开辟了新的发展空间,将城市资源引入乡镇,将乡镇资源向城市居民推广,使得资源能够在城乡之间合理分配、自由流动。特色小镇成为新的产业发展集聚区和新型城镇化重点,缓解了城市人口与资源密集的压力,实现了城乡之间的良性互动。

(三) 政策导向支持

特色小镇的发展受其优势产业和旅游产业发展的共同影响。特色小镇的前身是"风情小镇",在浙江省政府的支持和要求下,浙江省"风情小镇"按照3A级以上景区建设,旅游资源按照5A级景区标准建设,随后"浙江模式"逐渐在浙江省范围内被广泛应用,2014年浙江省政府将"风情小镇"更名为"特色小镇"[①]。2015年9月,习近平总书记、李克强总理以及张高丽副总理就浙江特色小镇建设做出重要批示,"浙江模式"开始在全国范围内兴起;2015年10月,中共中央《关于定制国民经济和社会发展第十三个五年规划的建议》中提出要培育中小型城市和特色小镇,使"特色小镇"的发展力度在全国范围内加强[②];2016年2月,国务院发布的《关于深入推进新型城镇化建设的若干意见》提出特色小镇建设工作重点,要求我国各地区加强重视特色小镇发展,带动农业、经济、科教和新型城镇化建设。[③]

二、特色小镇的概念及类型

(一) 特色小镇的概念内涵

特色小镇是指相对独立于市区,依赖某一特色产业和特色环境因素(包括地域特色、生态特色、文化特色等)而打造的具有明确的产业定位、文化内涵、旅游特征和一定社区功能的综合开发项目,包括建制镇、风景区、综合体等。"特"包含四个层面,一是形态独特,二是产业特色,三是功能特色,四是发展机制特色。

一般而言,特色小镇在规模上要求规划空间集聚连片,面积在3—5平方公里(不大于10平方公里),建设面积集中在1平方公里左右,建设面积不超出规划面积的50%;在人口上要求居住人口密度小,总人数控制在3—5万人。对于特殊产业跨界型特色小镇或地域特殊型特色小镇(如旅游发展集聚区,地形地势结构多山、多海等)规划面积和建设面积往往超出10平方公里。[④]

(二) 特色小镇的主要类型

根据特色小镇发展模式、产业特色和资源类型,我国特色小镇大致可以分为十大类。

(1) 生态旅游型特色小镇。生态旅游型特色小镇是指生态环境良好,宜居宜游,以绿色

---

① 引自网页特色小镇构建的四种理论形态:发生、阶段、类型与功能. http://www.360doc.com/content/17/1217/07/6017453_713738484.shtml(稍作改动)。

② 引用《中共中央关于制定国民经济和社会发展第十三个五年规划的建议》,转引自网页 http://www.xinhuanet.com/mrdx/2015-11/04/c_134781010.htm(稍作改动)。

③ 引用《国务院关于深入推进新型城镇化建设的若干意见》转引网页 http://www.gov.cn/zhengce/content/2016-02/06/content_5039947.htm(稍作改动)。

④ 引自网页"特色小镇与特色小城镇的概念界定及相关政策解读" http://www.360doc.com/content/16/1021/21/33633632_600317282.shtml(稍作改动)。

低碳产业为主导产业,可持续发展性强的生态观光和康体休闲小镇。例如,丽江玫瑰小镇、武义温泉小镇。

(2) 历史文化型特色小镇。历史文化型特色小镇是指历史脉络清晰、文化古迹内涵突出、特色鲜明,产业发展和城镇建设以延续历史文脉、尊重历史传统为核心的特色小镇。例如,龙泉青瓷小镇、平遥古城。

(3) 城郊休闲型特色小镇。城郊休闲型特色小镇是位于都市旅游圈内,与城市距离较近,一般在两小时车程以内,基础设施建设与城市差距较小,具有旅游休闲功能的休闲度假型小镇。例如,丽水长寿小镇、安吉天使小镇。

(4) 资源禀赋型特色小镇。资源禀赋型特色小镇是指具有处于领先地位的优势资源、资源市场前景广阔且发展潜力巨大的特色资源小镇。例如,桐乡桑蚕小镇、花都珠宝小镇。

(5) 新兴产业型特色小镇。新兴产业型小镇是指具有一定的新兴产业积累、产业园区集聚效应突出,以科技智能等新兴产业为主导产业,科技和互联网产业尤其突出的新型产业集聚小镇。例如,余杭梦想小镇、西湖云栖小镇。

(6) 高端制造型特色小镇。高端制造型小镇是指产业发展遵循产城融合理念,追求高、精、尖,注重高级人才引进,突出高端智能化建设的特色小镇。例如,萧山机器人小镇、宁海智能汽车小镇。

(7) 特色产业型特色小镇。特色产业型小镇是指以新、奇、特产业为主,产业规模小,产品精美奇特的产业特色小镇。例如,吴兴美妆小镇、平阳宠物小镇。

(8) 金融创新型特色小镇。金融创新型特色小镇是指经济发展迅速,具有区位优势、人才优势、资源优势、创新优势和政策优势,且市场投融资前景广阔、资金积累达到一定程度的科技金融小镇。例如,义乌丝路金融小镇、杭州玉皇山南基金小镇。

(9) 交通区位型特色小镇。交通区位型特色小镇是指交通区位条件良好,位于重要的交通枢纽或中转地区,能够联动周边城市资源,成为区域交通网络节点,有助于实现资源有效利用的特色小镇。例如,萧山空港小镇、建德航空小镇。

(10) 时尚创意型特色小镇。时尚创意型特色小镇是指以时尚产业为主导、与国际接轨,能够引领时尚潮流的时尚融合发展型特色小镇。例如,西湖艺创小镇、余杭艺尚小镇。[1]

(三) 特色小镇的主要特点

特色小镇是旅游与社区生活融合形成的新型旅游区和新型产业发展集聚区。特色小镇的发展一般是由主导产业和旅游产业两大部分组成。在功能上以生态可持续发展为指导,保留小镇生产生活特色。特色小镇形态上集中了自身风格、生活风貌、新型产业风尚和旅游风情。其发展机制是以当地政府为主导,企业作为发展主题,社区居民共同参与。

1. 产业特点:特色产业+旅游产业

区别于一般的居民生活型小镇,特色小镇自身拥有特色产业,特色产业又可以作为特色旅游资源,进而发展成为旅游目的地。因此,特色小镇一般至少拥有两大经济支柱型产业,一个是特色产业创收,另一个是旅游创收。特色产业和旅游产业两者之间是相辅相成的关

---

[1] 引自网页"解密特色小镇开发的十大类型". http://www.chanyeguihua.com/2702.html(稍作改动).

系,特色产业发展越繁荣,旅游吸引力越强,旅游产业发展良好,又能促进小镇特色产业的宣传。

2. 功能特点:生产+生活+生态

特色小镇基于传统居民小镇发展而来,基本保留了当地居民的生活方式,在生产方式上以小镇特色产业生产为主,特色小镇是新兴产业,因此,其生产方式均按照绿色生态、生态循环的理念进行调整,更加符合国际化的生产生活和消费观念。

3. 形态特点:风格+风貌+风尚+风情

特色小镇是具有一定鲜明风格的集聚区,呈现出独特的生产生活风貌,特色小镇产业是在原始优势产业的基础上融入新型发展理念而衍生的具有新型产业发展风尚的特色产业,鲜明的风格、独特的生产生活风貌和新型产业风尚大大提升了特色小镇的旅游吸引力,使其成为具备旅游风情的旅游目的地。

4. 机制特点:政府主导+企业主体+社区参与

特色小镇的发展机制是以政府为主导,集聚特色资源或产业,以企业为主体,建设或改造特色产业集聚区和资源核心区,同时保留当地社区居民的生产生活方式,让社区和居民共同参与小镇的建设维护和发展。

三、特色小镇旅游接待业务管理

特色小镇包括居民生活区、产业集聚区和特色旅游区。作为新型的旅游目的地,其游客的接待管理包括完善旅游基础设施建设、建立游客接待服务中心,此外,还要发挥社区参与的作用,主张社区参与接待服务。

(一)特色小镇基础设施建设管理

特色小镇基础设施建设总体上要按照3A级景区标准来完成,其中,旅游资源建设要按照5A级景区标准。基础设施建设包括道路建设、水电供应系统建设、通信设施建设、排污系统建设、教育医疗设施建设、旅游公厕建设等。

(1)道路建设。特色小镇(尤其是人口总数超过10万人以上的特大型小镇)道路要尽可能按照中小型城市标准建设,道路建设要与周边城市联通,建设多条道路分流,增强旅游者可进入性。

(2)水电供应系统建设。特色小镇要建立完善的水电供应系统,此外,还要建设备用水和备用电输送系统,确保特色小镇内居民、游客的用水用电需求得到满足,各项基础服务设施能够正常运转。

(3)通信设施建设。特色小镇(尤其是地处偏远的特色小镇)要加强通信设施建设,确保小镇内互联网、移动信号源的稳定性和可用性,确保小镇内手机、电脑等通信设备和依靠网络信源的基础服务设备能够正常为企业、居民和游客提供服务。

(4)排污系统建设。特色小镇的发展以生态环保可持续为根本,要加强污水排放、垃圾处理、废气循环系统的建设,确保特色产业发展、旅游产业发展和居民生产生活中的废气、废水及垃圾能够及时处理并循环利用。

(5)教育医疗设施建设。特色小镇要加强教育医疗设施建设,学校要求从幼儿园到高

中均有医疗建设,要求至少有一家大型医院,并在多处设立医疗卫生服务站,以解决居民的教育医疗需求,解决游客接待过程中的应急医疗服务需求。

(6) 旅游公厕建设。特色小镇旅游公厕建设要求按照5A级景区标准建设,游客集中的区域要设置多个旅游公厕,安排专人清洁管理,厕所要求无异味、无排泄残留,并要求设立"第二卫生间"。

(二) 特色小镇游客接待服务中心管理

特色小镇作为旅游目的地,必须配备游客接待中心,以实现游客服务、集散等综合功能。游客接待中心包括咨询台、导服中心、游客接待中心和后勤中心,具体的接待管理如下。

(1) 咨询台。咨询台服务人员要了解特色小镇景区环境,熟知景区知识及小镇内游客住宿、餐饮、娱乐、购物、交通、医疗卫生站、旅游公厕等各项旅游基础硬件设施的地理位置、服务项目、价格政策、开放时间,并能准确向游客提供信息咨询服务、及时处理游客投诉。

(2) 导服中心。导服中心服务人员要能为散客或成团游客提供准确、热情的导游服务,并统一导游服务价格和人数限定。此外,还要为游客提供电子导览设备和景区导览图。

(3) 游客接待中心。游客接待中心要分为散客接待中心和组团接待中心。散客接待中心要为散客游客提供临时组团服务或其他基础服务,组团接待中心要根据组团规模提供相应的团队服务。

(4) 后勤中心。后勤中心要能够为咨询台、导服中心和游客接待中心提供各项后勤服务,确保游客接待工作的顺利完成,保证游客接待中心的安全和环境。

(三) 特色小镇社区参与接待服务管理

特色小镇是社区居民较为集中的旅游目的地,社区参与是特色小镇旅游发展的必然趋势。在社区参与过程中需要规范社区参与过程,确保游客接待服务工作的顺利进行,社区参与接待管理包括社区参与旅游决策管理、社区参与经济活动管理、社区参与生态环境管理和社区参与教育培训管理。

1. 社区参与旅游决策管理

特色小镇旅游开发决策和旅游规划过程中,要广泛征求社区意见,保证社区居民利益,不破坏社区居民生活形态。只有这样,社区居民才会更愿意积极投身到旅游建设中,参与旅游接待业务、承担旅游环境保护责任等。

2. 社区参与经济活动管理

社区参与经济活动管理主要是规范管理社区居民参与的旅游经济生产活动,例如社区居民售卖旅游产品、参与农林生态产品的生产、自建旅舍、制作手工艺旅游纪念品等。特色小镇的旅游工商管理部门或质检部门要对社区居民参与的经济生产经营活动进行营业登记、定期检查、质量检测等,确保社区参与的经济活动达到规范要求,质量过关,为游客提供更好的接待服务。

3. 社区参与生态环境管理

提升特色小镇接待业要从两个方面管理社区生态环境:一是对社区周边生态环境严格管理、落实到户,尤其是景区周边的社区;二是要加强管理社区居民在生产和经营过程中的污染处理、资源利用,确保社区居民的生产生活和经营方式达到生态可持续发展标准,为特色小镇旅游者提供绿色健康的环境和产品。

4. 社区参与教育培训管理

针对普通居民应该进行适度旅游教育,由居委会组织特色小镇旅游教育宣传,让居民了解特色小镇的文化生态,了解生活周边的自然、人文资源。针对参与旅游产业生产的社区居民要定期组织旅游知识和相应服务部门的专业化培训,确保居民自营的旅游产品和服务能够达到专业化水平。①

思考与练习

1. 怎样理解跨界旅游的概念?
2. 简述跨界旅游的典型产业及发展阶段。
3. 在线旅游产业发展对我国旅游业发展有何重要作用及影响?
4. 简述会展旅游产业的核心业务和特点。
5. 结合案例探讨特色小镇在我国旅游发展及城乡建设中的重要作用。
6. 从可持续发展的角度探讨跨界旅游和产业融合未来的发展趋势。

---

① 引用网页"社区参与旅游发展". http://wiki.mbalib.com/wiki/%E7%A4%BE%E5%8C%BA%E5%8F%82%E4%B8%8E%E6%97%85%E6%B8%B8%E5%8F%91%E5%B1%95(稍作改动)。

第六章

旅游接待业顾客关系管理

学习目标

1. 旅游接待业顾客关系管理的概念和内涵
2. 旅游接待业顾客关系管理的系统内容
3. 旅游接待业顾客关系管理的实施流程
4. 旅游接待业顾客关系管理的基本策略
5. 旅游接待业顾客关系管理的实施保障

核心概念

旅游接待业顾客关系管理　旅游接待业顾客关系管理系统　策略

顾客是企业的生存之本,进行有效的顾客关系管理是提升我国企业竞争力的重要手段。目前,我国大多数旅游接待企业虽已逐渐认识到顾客关系管理(CRM)的价值和重要意义,但在充分利用大数据获得完整的顾客信息、准确地把握顾客个性化的需求方面还有欠缺,在快速响应市场、改善与顾客的沟通技巧和创新顾客关系策略方面也有待进一步提升。因此,在新的时代,如何加强与顾客的关系,如何实施有效的顾客关系管理创新战略,是我国旅游接待企业必须思考的重大问题。

第一节　旅游接待业顾客关系管理概述

一、旅游接待业顾客关系管理的概念

(一) CRM 的定义

CRM(Customer Relationship Management)顾客关系管理(又称客户关系管理)最早出现于美国。20 世纪 80 年代,美国就有了以专门收集顾客与企业联系信息的接触管理

(contact management),随后巴巴拉·本·杰克逊提出了关系营销的概念,为 CRM 的产生奠定了基础。20 世纪 90 年代初,接触管理逐渐演变成了贯穿于市场营销所有环节的客户关怀(customer care)。1999 年,美国加特纳公司首次提出了 CRM 的概念,自此以后,CRM 开始受到学界、企业界和政府的高度重视,并被提升到企业管理理念和战略的高度,也逐渐被传入我国。

1. CRM 的定义

对于 CRM 的定义,国外众多著名的研究机构和跨国公司都进行了不同的诠释。[①]

加特纳公司认为,CRM 不单纯是一种技术,而且还是企业的一种商业策略,它能够为企业提供全方位的管理视角,赋予企业更完善的客户交流能力,最大化顾客的满意度,提高企业的赢利能力。

赫尔维茨公司认为,CRM 既是一套制度原则,也是一套软件和技术,其焦点是改善与顾客关系有关的商业流程,并使之实现自动化。其目的是缩减销售周期和销售成本,寻找新的市场和渠道,提高顾客价值、满意度和忠诚度,增加企业的收入及提升盈利能力。

IBM 公司认为,CRM 通过提升产品性能增强顾客服务,提高顾客价值和顾客满意度,与顾客建立长期、稳定和互相信任的密切关系,从而有助于企业吸进新顾客、维系老顾客。

盖洛普公司认为,CRM＝策略＋管理＋IT。其中,策略指战略,管理指战术,IT 指工具。相比而言,该定义与加特纳公司的定义非常接近。

我国的众多学者和研究机构在国外研究的基础上也对 CRM 的定义提出了自己的见解,其中最具代表性的是中国客户关系管理研究中心(CRM Research Center of China, CRCC)从管理哲学、经营管理和技术方法三个层面对 CRM 所做的界定[②]:CRM 是先进的管理与现代信息科技相结合的典范,是企业为提高核心竞争力,重新树立以顾客为中心的发展战略,并在此基础上开展的包括识别、选择、争取、保持顾客所需实施的全部商业过程;是企业以顾客关系为重点,通过开展系统化的顾客研究,优化企业组织体系和业务流程,提高顾客满意度和忠诚度,提高企业效率和盈利能力的完美管理实践;是企业在不断改进与顾客关系相关的全部业务流程中所创造和使用的大数据和 IT 技术、软硬件及优化方法、集成方案的总和。

2. CRM 的内涵

(1) CRM 是一种现代的经营管理理念。

它起源于西方的市场营销理论,吸收了关系营销、一对一营销等现代最新的营销思想的精华,又逐步融合了移动互联、智能终端、云计算等大数据时代的信息技术对市场营销理念的创新发展,形成了以顾客为中心、视顾客为资源、通过顾客关怀实现顾客满意度的现代经营理念。

(2) CRM 包含的是一整套解决方案。

它是一种能够为企业提供全面的客户资料,帮助企业发现和捕捉客户以及维系客户关系的新型管理模式,让企业能够针对目标顾客快速做出反应,并在营销、销售、服务等各项管理工作中都能做出最佳的抉择,形成最优的解决方案。

---

①② 林建宗.客户关系管理理论与实践(第二版)[M].北京:清华大学出版社,2018.

（3）CRM 意味着一套应用软件系统。

它是一套集合当今最新信息技术的现代化应用软件系统，又将关系营销、接触管理、顾客关怀、顾客价值等现代化的管理理念通过信息技术的手段集成在软件上面，从而使 CRM 应用软件系统得以在全球大规模的普及和应用。

（二）旅游接待业 CRM 的定义和内涵

旅游接待业顾客关系管理就是指旅游接待企业在现代市场营销理念的指导下，充分运用互联网、移动终端、物联网等现代信息科技，有效整合企业的各项资源，为管理者提供全方位的顾客视角，赋予企业更完善的顾客交流能力，提高企业的整体经营管理水平，提升顾客满意度，最大化顾客的收益率和企业的盈利能力。旅游接待业 CRM 的内涵主要体现在以下几个方面。

1. 旅游接待业 CRM 贯穿整个顾客的生命周期

旅游接待业顾客生命周期是从顾客的体验和观念角度来看顾客与旅游接待企业接触的全过程。旅游接待业顾客的生命周期包含四个主要的阶段。

（1）考虑期。考虑期指顾客产生旅游需求并开始调查所有可选方案。

（2）购买期。购买期指顾客通过综合分析评价各备选方案，从中选择最好的可选方案，实施旅游预订，产生购买行为。

（3）使用期。顾客在购买旅游产品之后使用旅游接待企业所提供的服务和产品的阶段。

（4）延伸期。延伸期是对顾客生命周期价值的延续，即旅游接待企业通过服务产品升级、顾客关系维护等后续服务获得顾客重复入住或向友人推荐等的价值。

旅游接待业 CRM 贯穿顾客生命周期的全过程，通过有效的顾客关系管理，能够培育顾客忠诚，创造顾客价值，使旅游接待企业获得更大的经济效益和社会效益。

2. 旅游接待业 CRM 是以顾客为资产的管理理念

旅游接待企业是生产服务的企业。目前，我国越来越多的旅游接待企业已认识到顾客是形成企业核心竞争力的宝贵资源，而旅游接待业 CRM 提倡并且树立顾客是企业资产的管理理念，它成功实现了"以产品为中心"的商业模式向"以顾客为中心"的商业模式的转化，完善了企业管理的全过程。传统的旅游服务和经营管理不能抓住服务顾客时的潜在销售机会，缺乏对顾客信息的全面收集和管理运用，以顾客为资产的旅游接待业 CRM 则能够帮助企业最大限度地获取和利用该企业以顾客为中心的资源（包括信息、技术、人员和资产），并将这些资源集中应用于顾客和潜在顾客身上，从而使企业能够缩减销售周期和销售成本，获得扩展业务所需的新市场和新渠道，提升顾客价值、满意度和忠诚度，增强企业的赢利能力，大大提升旅游接待企业管理的有效性。

3. 旅游接待业 CRM 是利用现代信息科技对顾客进行系统整合营销的过程

旅游接待企业与其他物质性生产企业相比有着诸多的不同，它面对的顾客不再是用实物产品就能够满足的客户，而是那些在外出旅行游览过程中，想通过优质的旅游接待服务获得更多身心享受、心灵愉悦的旅游者。因此，旅游接待业满足顾客期望的难度更大，因为企业所面对的顾客来自五湖四海，其需求具有非常大的差异性。此外，旅游接待企业提供的产

品也更具有独特性,主要包括有形的物质产品和无形的服务产品,并以无形服务产品为主。旅游接待业CRM就是在借助现代信息科技、在强大的数据处理和整合的基础上,建立跨部门、跨业务、跨地区的统一的顾客信息资源,将所有顾客与公司的接触点整合成一个完整的过程进行管理,帮助挖掘、追踪和识别企业的潜在顾客,再以一致性的信息进行营销传播,并按照顾客个人需求提供个性化的产品和服务,奠定与顾客建立良好关系的基础。此外,旅游接待业CRM还打破了西方传统的以4P(产品Product,价格Price,渠道Place,促销Promotion)为核心的营销方式,将营销重点从顾客需求进一步转移到顾客价值上,保证旅游接待企业能够把有限的时间、资金和管理资源直接集中在这个关键任务上,实现对顾客的整合营销。

二、旅游接待业CRM发展的动力因素

(一)社会信息技术飞速发展的推动

CRM的发展与企业所处的竞争环境变化和信息技术的发展息息相关。随着互联网技术和电子商务的广泛应用以及移动通信、物联网、云计算等现代信息科技的迅猛发展,旅游接待业CRM也顺势得到快速的发展和应用。在大数据时代,一些处于领先地位的旅游接待企业已初步感受到了顾客关系管理的理念和它相关的解决方案为企业所带来的变化,深刻认识到有效管理企业的顾客资源是形成企业核心竞争力的关键,它们正进一步完善技术、服务等支撑体系,以创建面向顾客的更先进的新商业模式。大数据、移动应用、CRM正在快速走向新的融合,为旅游接待业带来新的变革。

(二)旅游接待业营销理念创新的驱动

现代化的旅游接待企业经营管理的基本理念是随着市场环境的变化而不断演变的。最初旅游接待业以生产为导向,这是适合于旅游接待业发展初期卖方市场的理念。随后,旅游接待业又确立了以销售为导向的理念,这种理念是在旅游接待业市场竞争逐渐增强时形成的。市场经济大潮洗礼后,旅游接待业又普遍确立了以市场为导向的经营理念,强调对市场信号的关注。而在市场竞争更加白热化的现代社会,旅游接待业与市场的关系,最重要、最根本地表现为旅游接待企业与客户的关系相处得如何。事实上,CRM也正是源于关系营销、一对一营销、整合营销、顾客价值理论等发展而发展起来的。对旅游接待业同样如此,旅游接待业营销理念的创新发展也拉动着旅游接待业CRM的快速发展。

(三)旅游接待业顾客消费行为变化的拉动

目前,我国已经进入中国特色社会主义的新时代,正处在决胜全面小康的关键阶段,我国社会的主要矛盾也转变为"人民日益增长的美好生活需要和不平衡不充分的发展之间的矛盾"。在这样一个全新的时代,人们更加注重精神和文化生活的需要和满足,旅游者的旅游消费观念也逐渐向着外向化、个性化的方向发展,他们不再仅仅满足于旅游产品和服务的价格、质量、品牌和便利性等因素,而是更注重产品和服务的附加值,如顾客关怀、个性化需求的满足程度、与企业之间的相互信任等。因此,旅游接待企业需要更多地关注顾客,高度重视企业与顾客之间的沟通与交流,充分维系顾客关系,加强企业的CRM的建设,才能更好地满足顾客的精神和心理的消费需求。

（四）旅游接待业市场竞争加剧的促动

随着中国对外开放的脚步不断加大，旅游接待业之间的竞争早已由国内市场竞争转向了全球化竞争，竞争的焦点也由产品竞争转向品牌竞争、服务竞争和顾客竞争。尤其是随着我国旅游者消费观念的不断成熟升级，他们对旅游产品和服务的个性化需求也越来越多。因此，在产品的同质化越来越严重的旅游接待业，服务成为体现企业产品差异化和形成有效竞争力的关键手段。旅游接待企业要想为顾客提供个性化和差异化的服务，就必须将CRM作为一项长期的战略任务，通过实施CRM战略，以在更加复杂的顾客群体中准确识别顾客的不同需求、实现与顾客的沟通和互动、建立和保持长期的友好合作关系、培育顾客忠诚。

三、旅游接待业CRM的实施意义

CRM将带给旅游接待业经营管理理念、方法和技术上的重大变革，对提高旅游接待企业的运营效率、降低旅游接待企业的经营风险、增强旅游接待企业的盈利能力、转变旅游接待企业的商务模式和增强旅游接待企业在新时期的竞争力等各方面都有着重大意义。

（一）提高旅游接待企业的运营效率

旅游接待业CRM能够系统整合企业的各类资源，极大地提高旅游接待企业的运营效率。向前，它可以朝旅游接待业的各个渠道的各个方向伸展，既可以综合传统的电话中心、顾客机构，又可以结合旅游接待企业门户网站、网络销售、网上顾客服务等电子商务内容，构架"动态"的旅游接待业前端；向后，它能逐步渗透至生产、设计、物流配送和人力资源等部门，整合ERP（企业资源计划）、SCM（供应链管理）等系统，实现整个企业内外部的信息共享和流程的协同，使业务处理流程的自动化程度和旅游接待企业员工的工作能力大大提高，从而使旅游接待企业的运营更为顺畅、资源配置更为有效。

（二）降低旅游接待企业的经营风险

旅游接待业CRM能够为企业提供强大的决策支持，降低旅游接待企业的经营风险。首先，旅游接待业是公认的脆弱性行业，市场极易受到外界环境的影响；其二，旅游接待业的服务和产品极易被模仿，市场竞争非常激烈；其三，旅游接待业的服务对象是来自世界各地的旅游者，对旅游产品和服务的需求往往带有不同的个人期望值，企业很难同时满足所有顾客的需求。而CRM具备对顾客资料进行系统储存与管理的能力，能够通过在线分析、数据挖掘、商业智能等工具对顾客资料进行分析，确定顾客对企业的贡献度，发现顾客的偏好与需求，甚至能对顾客的消费行为模式进行未来预测，最后将结果提供给企业作为决策的重要依据。因此，CRM能够帮助企业更好地满足顾客需求，为企业提供更可靠的决策支持，最大限度地降低企业的经营风险。

（三）增强旅游接待企业的盈利能力

旅游接待业CRM具有增强企业与顾客互动管理的功能，从而能在一定程度上降低企业运营成本，提高对客服务质量，增强企业的盈利能力。良好的CRM可以有效地管理企业与顾客的各个互动渠道，使互动渠道的运用更加高效；同时，它还具备强大的顾客资料分析能力，能将所有顾客进行价值评价，并根据评价结果将企业顾客进行分类，使企业能够按照顾客的不同等级来选择顾客，创新与不同顾客的沟通互动模式，从而更好地满足不同顾客的需求,同时也极大地提高了本企业整体的工作效率。CRM对顾客的有效分类以及有的放矢地采取不同的顾客互动管理模式能帮助企业更好地识别顾客,为企业带来更高的投入回报。

（四）转变旅游接待企业的商务模式

CRM具备强大的自动化营运管理功能,能促进旅游接待业全面实现从传统企业模式向现代化商务模式的转变。CRM的自动化营运管理主要包括营销的自动化和销售的自动化。营销的自动化指CRM能够自动对潜在的顾客进行跟踪分析和管理,能够对营销程序化的事务进行自动生成,还能够对营销结果进行自动化分析和市场预测等,从而使企业能够对目标顾客及时做出反应,更好地抓住商业机会。销售的自动化指CRM具备实现移动销售、账户管理、销售预测、赢利分析以及向企业销售部门提供顾客和竞争对手的信息等功能。此外,CRM还能在对客服务、纠纷处理、订单追踪、维修安排和调度、问题解决方案等方方面面提供重要的信息与支持。因此,CRM使旅游接待业在企业营销、销售、创造顾客价值等多个层次上超越传统,能帮助旅游接待企业顺利实现由传统企业管理模式到现代商务模式的转化。

（五）增强旅游接待企业在新时期的竞争力

CRM是一种创新的管理理念、管理模式和技术系统,能为企业提供全新的顾客视角,应用于企业的市场营销、销售、服务和技术支持等与顾客相关的所有领域,为企业各领域提供智能化的解决方案,帮助企业实现与所有顾客的个性化交流,不断增加顾客的价值,提高顾客满意度和忠诚度,不断改善企业的管理效率和盈利能力,实现企业与顾客的双赢。因此,在新经济环境下,CRM对增强企业的竞争力具有重大的作用。

第二节　旅游接待业顾客关系管理的系统内容

以顾客为中心、建立顾客忠诚最大化,以提高旅游接待业的经济效益是实施旅游接待业顾客关系管理的主要目标,旅游接待业顾客关系管理系统的构建将围绕旅游接待企业顾客信息管理、加强与顾客之间的互动交流、全方位满足顾客的需求而展开。旅游接待业顾客关系管理系统内容主要由三个模块组成,分别是理论模块、战略模块和技术模块。

一、旅游接待业CRM系统的理论模块

旅游接待业CRM系统需有明确的商业价值定位和管理理念定位,其理论模块是旅游接待企业开发顾客关系管理系统软件、开展顾客关系管理活动的核心理论支撑和理念引导。CRM理念改变了旅游接待企业"以旅游接待产品和服务为中心"的传统企业运营模式,建立起了一个"以顾客为中心"的企业一体化运营管理系统,为企业带来了长久的竞争优势和牢固可靠的顾客群体。概括而言,旅游接待业CRM的理论模块主要包含以下三个方面。

（一）4Ps、4Cs营销理论

4Ps营销理论产生于20世纪60年代的美国,是随着营销组合理论的产生而出现的,1960年,菲利普·科特勒在其畅销书《营销管理:分析、规划与控制》中对营销组合的要素概括为四类,即产品(Product)、价格(Price)、渠道(Place)、促销(Promotion),也即我们俗称的

4Ps 营销理论。产品,就是指企业应把产品的开发和功能的诉求放在第一位;价格,指应根据不同的市场定位制定不同的价格策略;渠道,指企业应注重培育经销商和构建企业的销售网络渠道;促销通过各种短期销售行为的改变来刺激消费者,促进销售量的增长。4Ps 理论在其特定的历史时期为企业的生产经营和服务管理发挥了举足轻重的作用。然而,随着社会经济的发展和市场环境的不断变化,传统的 4Ps 理论已无法满足现代企业的竞争需要。

1990 年,美国学者罗伯特·劳特朋提出了与 4Ps 相对应的 4Cs 营销理论。4Cs 理论是对 4Ps 理论的创新和发展,所谓 4Cs,指的就是顾客(Customer)、成本(Cost)、便利(Convenience)、沟通(Communication)。顾客,就是企业必须先了解顾客的需求,根据顾客需求提供产品和服务;成本,就是企业应充分考虑顾客购买企业产品和服务时的购买成本,包括时间、金钱、精力和体力等所有的成本;便利,是企业应尽可能为顾客购买和享受企业的产品服务提供便利;沟通,是企业在向顾客销售和提供产品服务的过程中,应注重与顾客之间进行积极有效的双向沟通和交流,充分尊重顾客的需求,最终达到顾客满意和企业获利。4Cs 理论是完全以顾客为中心的营销理念和思想,相比 4Ps 理论,它更关注需求,更注重与顾客的交流以及顾客价值的获取,是对传统营销理论的创新和发展。

(二) 关系营销、4Rs 营销理论

1985 年,美国营销学者巴巴拉·本·杰克逊提出了关系营销的概念,该概念一经提出就受到社会各界的热烈反响,并逐渐成为 21 世纪企业营销的重要指导思想。关系营销认为企业应注重与顾客、供应商、分销商、竞争者、政府机构以及其他利益相关者等六大市场建立良好的合作关系,应将企业的营销活动看作与这些利益相关者互动的过程,高度重视与各方利益相关者的双向沟通与长期协作,增进与各方的互惠互利,合作共赢,令其获得经济利益和情感上的多重满足。

2001 年,艾略特·艾登伯格在其《4R 营销》中提出了 4Rs 营销理论,唐·舒尔茨在 4Cs 营销理论的基础上提出了 4Rs 营销理论。4Rs 理论是以关系营销为核心的营销新理论,其营销四要素分别为关联(Relevance)、反应(Reaction)、关系(Relationship)、回报(Return)。其中,关联,指企业应建立和发展与顾客之间的长期、稳定的关联关系,在此基础上为顾客提供个性化的产品,让企业与顾客形成命运共同体;反应,指企业对顾客需求的变化能够做出快速的反应,并迅速采取最合适的应对措施向顾客提供针对性的服务;关系,指企业将营销视为与顾客、供应商、分销商、企业员工、竞争者、政府机构以及其他利益相关者等各方发生互动作用的过程,能够通过现代通信和信息管理技术等的应用达到与各方进行关系管理、形成良好的相互关系;回报,指营销要注重为企业和顾客创造价值,通过顾客需求的满足,实现顾客满意以及顾客价值的最大化,实现企业的经济效益和社会效益,最终达到企业与顾客的双赢效果。三种营销理论的比较如表 6-1 所示。

表 6-1 三种营销理论的比较

营销理论	核心思想
4Ps 营销理论	以企业利益为核心,注重企业的短期生产和快速销售获利
4Cs 营销理论	以顾客需求为核心,满足现实和潜在的顾客需求,培育顾客忠诚
4Rs 营销理论	以关系营销为核心,重视顾客需求,强调竞争导向,追求企业与顾客的双赢

(三) 顾客生命周期、顾客价值理论

生命周期理论由卡曼于1966年首先提出,赫塞与布兰查德于1976年发展了该理论[①],后来该理论被广泛运用在了分析市场、行业、企业、产品等的生命周期当中。所谓顾客生命周期,是指从企业与顾客建立业务关系到完全终止关系的全过程,顾客生命周期一般可分为考察期、形成期、稳定期和退化期四个阶段。其中,考察期是顾客关系的孕育期,这一阶段企业和顾客双方都在对对方进行探索和实验阶段,企业必须对这些潜在顾客进行调研,以评估对方的潜在价值,降低不确定性因素,确定其是否为企业可开发的目标顾客;形成期是顾客关系的快速发展期,这一阶段双方都逐渐认识到对方有能力提供自己所满意的价值,企业应加强与顾客的交流与沟通,增进双方的了解和信任,促进双方交易与合作的不断扩大;稳定期是顾客关系的成熟期和立项阶段,这一阶段企业和顾客双方都对对方提供的价值高度满意,相互之间已建立起了稳定的互利互惠的关系,顾客忠诚度非常高,企业能够获得丰厚的经济效益;退化期是顾客关系发展逆转下降的阶段,这一阶段顾客与企业的关系发生了显著变化,顾客对企业的购买量大幅下降,相互间的信任度和从对方获得的价值和利益不断下降,这一阶段企业应做好两个方面的抉择,要么选择放弃这类顾客,总结顾客生命周期,要么选择追加对该类顾客的投入,将顾客关系从退化期转变为成长期,进入新一轮的生命周期过程。

早在1954年,Drucker就指出,顾客购买和消费的绝不是产品,而是价值。此后,顾客价值就一直受到学界和业界的广泛讨论,但是至今都未有一个统一合理的定义,不同学者都从不同的侧面提出了诸多不同的理论观点,形成了顾客感知价值、顾客让渡价值、顾客终身价值等多种概念。Zaithaml在1988年首先从顾客角度提出了顾客感知价值理论,她将顾客感知价值定义为:顾客所能感知到的利得与其在获取产品或服务中所付出的成本进行权衡后对产品或服务效用的整体评价[②]。菲利普·科特勒则是从顾客让渡价值和顾客满意的角度来阐述顾客价值,其研究的前提是,顾客将从那些他们认为提供最高认知价值的公司购买产品,而顾客让渡价值,是指总顾客价值与总顾客成本之差。上述两种顾客价值的定义都是从企业为顾客创造或提供的价值的角度进行论述的。与之相反,顾客终身价值则是从顾客为企业创造的价值的角度进行界定的,它是对顾客生命周期理论的延续和发展。所谓顾客终身价值,就是指企业的所有顾客在其生命周期范围内能够给企业创造收益的期望净现值总和[③]。除了上述三种概念以外,关于顾客价值的理论研究还有顾客期望价值、顾客体验价值等。总体看来,顾客价值已经受到学界的广泛研究,并还有继续深入研究的必要,同时,它的重要性也得到社会各界的高度认可,并被广泛地运用在了顾客关系管理实践当中。

(四) 整体营销观念

整体营销由营销学大师菲利普·科特勒于1992年提出,该观念突破了以最终顾客为中心的传统市场营销概念,要求企业在市场营销活动中树立战略观念,立足于未来的全局利益和长远目标,根据企业市场形势和内外部环境的变化来研究和制定企业的市场营销战略,使

---

①③ 林建宗.客户关系管理理论与实务(第二版)[M].北京:清华大学出版社,2018.
② https://baike.so.com/doc/7169423-7393451.html.

企业在激烈的市场竞争中具备应对危机、赢得市场和驾驭未来的能力。企业的整体营销活动应包括企业内外部环境的所有行为者，包括供应商、分销商、最终顾客、企业员工、金融财务机构、政府部门、利益相关者、竞争对手、新闻传媒和社会公众等十个方面。其中，前面四个方面属于微观层面，后面六个方面属于宏观层面（见图6-1）。

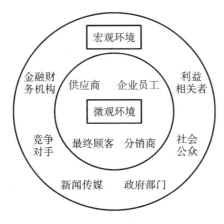

图6-1 整体营销观念

就微观层面而言，"供应商营销"的目的是寻找优秀的供应商，并与其建立良好的合作伙伴关系。一般来说，优秀的合作商必须具备良好的财务状况、先进的技术水平、较强的革新能力、严格的质量标准和强大的质量控制能力等。"分销商营销"是企业突破现有的销售空间、借助外力拓展市场和赢得更广泛时空领域的顾客群体的重要手段。企业必须通过各种途径积极与分销商进行沟通联络，掌握其偏好并努力维持与其之间的良好关系。"最终顾客营销"就是传统意义上的市场营销，即企业采取各种营销策略以满足企业特定目标顾客的活动和过程。"企业员工营销"也就是我们所说的内部营销，即企业应高度重视与基层员工之间的沟通和交流，加强员工专业知识和工作技能的培训，努力通过给予员工物质和精神上的双重满足，激发员工工作的最大热情，为企业多做贡献。

从宏观层面来说，"金融财务机构营销"是指企业应积极与财务金融公司部门搞好合作关系，掌握企业制作年度报表和业务计划的技巧，力争获得金融财务机构的良好资信评价，为企业的发展积累强大的财力资源。"政府部门营销"指企业应重视政府制定相关政策法规的原则依据及初衷，并尽可能在前期通过各种手段去影响政策制定者，使其能够制定出对企业有利的政策法律条款。"利益相关者营销"指企业应加强与其上下游产业链条上的相关企业的关系，努力与它们建立起长期稳定的、互惠互利的合作关系。"竞争对手营销"指企业不能一直与竞争对手之间形成争夺市场的竞争格局，而是应转变观念，加强对竞争者的管理，极力营造一种新的竞合关系，争取最大的竞争收益。"新闻传媒营销"指企业应与新闻媒体之间搞好合作关系，获得新闻媒体的信任和好感，使其对企业的服务和产品以及品牌形象做出有利的宣传推广，树立企业正面的大众形象。"社会公众营销"指企业要加强与社会大众的接触和交流，通过各种手段收集社会公众对企业产品和服务的意见和建议，洞察公众对企业产品和服务的潜在需求，就企业产品和服务的设计理念和方案多与公众进行互动沟通交流，尽可能满足公众的需求，获得公众的支持与好感，最终赢得公众。

整体市场营销促使我们对原有的竞争模式进行思考,要求企业从战略高度统筹企业各部门资源,立足企业的长远发展,全面地组织市场营销战略规划和开展市场营销活动,使企业的市场营销构成一个有机的整体,最终达到和实现企业的营销战略目标。

二、旅游接待业 CRM 系统的战略模块

旅游接待业 CRM 系统的战略模块是指旅游接待企业根据自身发展的愿景、宗旨和战略目标,明确企业 CRM 战略的发展方向和目标,制定企业 CRM 的长远战略规划,并进行有效的战略实施和管理的过程。具体来说,其内容包括以下四个部分。

(一)旅游接待企业 CRM 战略目标的确立

旅游接待企业的 CRM 战略目标必须与企业的使命、价值观和企业目标保持高度一致,同时结合企业内外部环境的分析,进而确定企业 CRM 的战略目标和愿景。彼得·德鲁克说过,一个组织能做的重要的事情之一,是决定它要做哪一个业务。愿景具有强大的团结力量,能够让企业全体员工明确组织的目标并建立对目标的认同感。价值观是影响人们行为的共同信仰,是企业全体或多数员工一致赞同的关于企业意义的终极判断,是企业在把愿景变为现实的过程中所推崇的基本信念和奉行的目标。旅游接待企业 CRM 战略环境的分析包括外部环境分析和内部环境分析,其中,外部环境分析主要包含营销环境分析、销售环境分析、服务环境分析等;内部环境分析则主要包含企业战略、企业文化、企业组织结构、企业人力资源、企业信息技术等多方面的分析。旅游接待企业正是在审视企业使命、价值观和企业目标,以及全面分析企业 CRM 战略环境的基础上,确立 CRM 的战略目标。由于旅游接待企业是一种服务型企业,因此,顾客的数量和顾客的忠诚度对企业的发展起着至关重要的作用,而企业的 CRM 战略目标也应围绕提高顾客满意度和忠诚度来制定。实践证明,旅游接待企业成功的关键在于能够针对不同的顾客关系和顾客个性化需求,提供具有差异化的、超值的旅游产品和服务,实现顾客满意度和顾客价值的最大化,并在此基础上实现企业利润的持续稳定增长。因此,发现、赢得、发展并保持有价值的顾客,对顾客当前及未来需求有清楚的了解,牢记顾客的经济价值并迅速有效地回应顾客需求,不断加强对旅游接待企业的产品和服务的理解是旅游接待企业 CRM 战略目标制定必须着重考虑的主要因素。企业 CRM 战略目标的确立如图 6-2 所示。

(二)旅游接待企业 CRM 战略定位及转化途径

2001 年,英国克伦菲尔德管理学院的佩恩教授基于"顾客信息的完整程度"和"顾客服务的个性化程度"两个维度确立了四种企业 CRM 战略的定位及其转化途径,分别是产品营销战略、顾客营销战略、服务支持战略和个性化关系战略,如图 6-3 所示。

佩恩教授根据企业获取顾客信息的能力和向顾客提供个性化服务的水平,较系统地描述了企业从初级的 CRM 战略迈向真正的 CRM 战略的各种可能的途径。其中,产品营销战略是企业 CRM 战略的初级阶段,这一阶段,企业无论是获取顾客信息的能力还是向顾客提供个性化服务的能力都比较欠缺,该战略也几乎等同于传统的以产品为中心的企业营销战略。随着企业获取顾客信息能力和提供个性化服务的能力不断提升,企业的 CRM 战略逐渐向服务支持战略(指企业个性化服务的能力大大高于获取顾客完整信息的能力,企业主要为

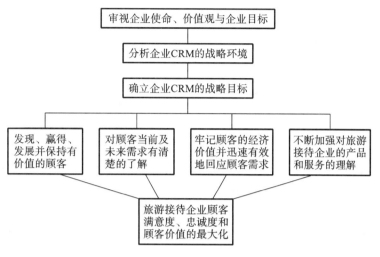

图 6-2　企业 CRM 战略目标的确立

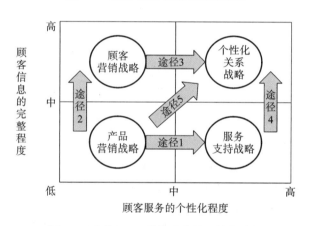

图 6-3　企业 CRM 的战略定位及转化途径

顾客提供一对一的，或个性化的服务与沟通，无需复杂多样的顾客信息支持）或者顾客营销战略（指企业获取顾客完整信息的能力大大高于个性化服务的能力，企业通过一系列的顾客信息数据的分析，加深对顾客需求的了解，由此提供有针对性的产品和服务）转变。个性化关系战略则是企业 CRM 战略的最高形态，实施该战略的企业必须具备强大的顾客信息收集和分析处理能力，以及为顾客提供个性化服务的能力，这也是真正意义上的企业 CRM 战略。

（三）旅游接待企业 CRM 战略的顾客增长矩阵

顾客增长矩阵是通过图解的方式将企业的 CRM 战略分为顾客忠诚战略、顾客扩充战略、顾客获得战略和顾客多样化战略四种类型，企业根据各自的实际经营状况选择最适宜自身发展的顾客增长战略，以建立起与顾客之间的特殊稳定的关系，实现企业的 CRM 战略目标，具体如图 6-4 所示。[①]

对旅游接待企业而言，针对现有的旅游产品和服务及现有的顾客，企业应采取顾客忠诚

---

① 林建宗.客户关系管理理论与实务（第二版）[M].北京：清华大学出版社，2018.

图 6-4 顾客增长矩阵

战略,因为维持一位忠诚顾客所花费的成本要比增加一位新顾客所花费的成本低得多。企业应着力维护与老顾客之间的关系,建立顾客忠诚。针对现有的顾客、新的旅游产品和服务,企业应采取顾客扩充战略,即向现有顾客推销和提供新的旅游产品和服务,增加顾客购买量和消费额,使企业获得更大的利润。针对现有的旅游产品和服务及新的顾客,企业应采取顾客获得战略,通过老顾客推荐奖励、新顾客加入计划等手段,低成本地获得更多新顾客。针对新的旅游产品和服务及新的顾客,企业应采取顾客多样化战略,通过精心的策划和周密的营销计划,让旅游新产品和服务能够获得更多新顾客的青睐,并与新顾客建立良好的顾客关系。通常,旅游接待企业往往采取多种顾客增长战略并举的多元化战略,即顾客增长组合战略,在发展新顾客时,同时也发动老顾客带动新顾客;在推出新的旅游产品和服务时,也发动忠诚顾客参与体验并宣传推广,让旅游新产品和服务能快速被市场接受。

(四) 企业 CRM 战略实施和评价

旅游接待企业 CRM 战略的实施就是根据企业的 CRM 战略目标,结合企业内外部市场环境变化的分析,在正确的 CRM 战略定位的基础上,选择合适的顾客战略,拟订科学合理的战略实施计划,分步骤、有原则、有条理地实施的过程。旅游接待企业 CRM 战略实施的效果如何还必须进行科学有效的评价。CRM 战略评价是旅游接待企业 CRM 战略目标顺利实现的重要保证。通常,旅游接待企业的 CRM 战略评价是从顾客知识维度、顾客互动维度、顾客价值维度和顾客满意维度四个方面进行评价。其中,顾客知识维度主要针对顾客特征及行为表现,顾客互动维度主要针对顾客互动的渠道及其优化,顾客价值维度主要关注企业从顾客身上所获取的价值利益,顾客满意维度主要针对顾客对企业所提供产品和服务的满意程度。成功的 CRM 战略的实施能让旅游接待企业快速发现、赢得、发展并维系有价值的顾客,实现企业的 CRM 战略目标,助力旅游接待企业产品和服务品牌的创造,为旅游接待企业赢得超额的利润。

三、旅游接待企业 CRM 系统的技术模块

我国旅游接待业 CRM 系统的技术模块目前还处于操作层次和分析层次,具体主要包括以下几个重要的功能模块,如图 6-5 所示。

(一) 旅游接待企业顾客接触平台:数据挖掘、集成以及互动管理

收集顾客的信息可以说是顾客关系管理的第一步。零乱或不完整的顾客信息是没有用的,数据需要转化为信息,只有健全、准确、持续的顾客信息才有使用价值。首先,必须建立

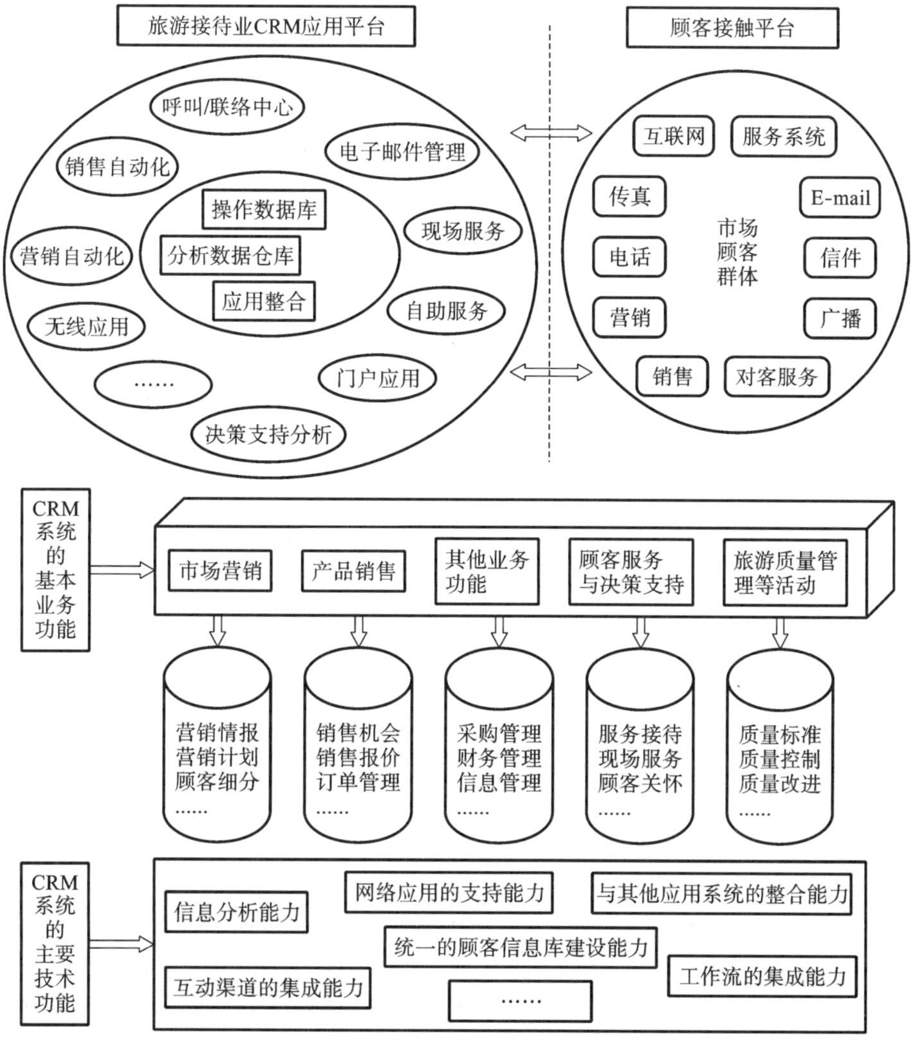

图 6-5 旅游接待业 CRM 的技术系统模型结构图

起完善和高效率的顾客采集系统,提供能够与顾客畅通无阻沟通的 CRM 平台,在与旅游接待企业顾客多种方式的接触中,大量关于顾客、企业团体、代理商、中间商的记录和商业机会的信息资料分散于各部门或岗位员工的私人邮件、文本文档、传真件、工作簿中,这就要求建立起完善的顾客信息入库登记制度。其次,通过科学手段对顾客信息进行去伪存真,精心提炼出顾客知识,使其具备利用价值。通过数据仓库的数据对旅游接待企业业务和行业进行分析预测,对原有和潜在顾客的消费行为进行分析,提供报告和预测未来发展的模型。

（二）旅游接待企业 CRM 平台：提供全套的应用解决方案

旅游接待企业 CRM 平台在充分获取顾客信息后,将能够为旅游接待企业实现 CRM 战略目标提供全套的应用解决方案。首先,该平台具有统一的顾客数据库,由企业全体人员共同所有,所有部门共享;其次,该平台具备多渠道的整合能力,能够整合顾客通过任何渠道所传递过来的信息,达到顾客信息的"零流失"和不重复;再次,该平台能够让运用 CRM 技术系

统的所有用户快速便捷地获取平台内的所有信息,这些用户既包括旅游接待企业的服务人员,也包括企业的市场营销人员、合作伙伴等;第四,该平台能够为面向顾客的企业员工提供销售、营销和服务的自动化工具,打破三者的业务限制,实现营销、销售和服务提供的无缝对接;第五,该平台具有一定商业智能的决策能力,能够预测顾客行为,为顾客关系的差别化管理奠定基础;第六,该平台还具备与其他应用系统的整合能力,能够实现旅游接待企业 CRM 技术系统前台与后台的完美整合。

(三) CRM 系统的业务功能:营销、销售管理以及个性化服务和决策支持等

旅游接待企业 CRM 系统能够帮助企业实现营销管理、销售管理、顾客个性化服务以及决策支持等主要的业务管理。营销管理即为市场营销人员提供营销情报、发现市场机会及对市场进行细分,确定目标市场顾客以及营销组合策略,制定营销计划方案和预算,对市场营销活动进行动态监测、分析和总结。销售管理即帮助销售人员运用多种销售工具快速、及时、准确地获取旅游接待企业产品和服务的定价、订单处理、销售状况等全方位的信息,方便销售部门随时协调沟通,提高工作效率。顾客服务和支持即能够实现全天 24 小时的顾客服务,随时满足顾客的需求,跟踪顾客的产品和服务消费体验,并将信息存入共享数据库,实现对顾客行为信息及其他所有相关顾客信息数据的分类和集成、分析和处理,为企业提供详尽的数据分析结果和顾客知识,力求最大化地满足顾客的个性化需求。除此之外,旅游接待企业的 CRM 系统在旅游产品和服务的质量管理、企业采购、财务分析和运作管理等多方面也发挥着举足轻重的作用。

(四) CRM 系统的技术功能:信息分析和信息库建设、渠道和工作流集成、网络应用、多系统整合等技术支持

旅游接待企业 CRM 系统主要涵盖六种技术功能,分别为:信息分析能力,即强有力的商业情报和分析能力;互动渠道的集成能力,即对顾客互动渠道的集成能力;网络应用的支持能力,即具备强大的网路浏览器,使顾客和企业全体员工都能方便的应用 CRM 系统;建设集中统一的顾客信息库的能力,即统一企业全体业务部门的顾客信息数据库,供全体员工共享;工作流的集成能力,即为跨部门工作提供技术支持,令其无缝对接;与其他应用系统(如企业资源计划、供应链管理系统等)整合的能力,即能够在财务、采购、库存、分销、物流和人力资源等方面进行连接,形成闭环的顾客互动循环,使工作流在系统间流动。

第三节 旅游接待业 CRM 的实施流程与策略

CRM 是一个通过积极使用信息和不断地从信息中学习,从而将顾客信息转化为顾客关系的循环过程。这一流程从建立顾客知识开始,直到形成高影响的顾客互动。期间需要旅游接待企业采用各种策略,建立并保持与顾客的关系,进而提高顾客忠诚度。

一、旅游接待业 CRM 的实施流程

CRM 的实施是一个往复循环的过程,是一个螺旋式上升的过程。旅游接待业 CRM 的

实施流程如图 6-6 所示,包括明确 CRM 目标、制订顾客方案、实现互动反馈和评估活动绩效四个环节。

图 6-6　旅游接待业 CRM 循环流程

(一) 明确 CRM 目标,获取顾客知识

旅游接待业顾客关系管理流程的第一步就是明确本次 CRM 活动的主要目标,获取顾客知识。首先,企业应通过 CRM 的接触管理平台,获得本次服务接待的顾客的详尽数据信息,包括顾客资料、消费偏好以及入住历史资料等,并将这些信息储存到顾客数据库中,然后将不同部门的顾客数据库整合成为单一的顾客数据库,同时把它们转化成为管理层和计划人员可以使用的知识和信息。其次,对顾客进行细分,识别不同顾客的个性化需求。旅游接待人员通过集中顾客信息和对所有不同需求信息之间的复杂关系进行分析,然后按照需求差异进行顾客细分,并描述每一类顾客的行为模式,再针对不同需求的顾客群体设计和推广不同内容、形式以及功能的旅游接待产品和服务,为下一步制订顾客方案、开展一对一营销等打下基础。最后,旅游接待企业还应做好顾客预测,即通过分析目标顾客的历史信息和顾客特征,预测顾客在本次旅游接待所采取的各种营销活动中,可能的服务期望和消费行为的细微变化,以此作为顾客管理决策的依据。

(二) 制订顾客方案,实施定制服务

制订顾客方案,为其实施定制服务,即针对顾客类别,设计适合顾客的服务与市场营销活动。现实当中,旅游接待企业对各类顾客通常是一视同仁的,并且定期进行顾客活动。但是用 CRM 的观念来看,这样做显然是不合算的。CRM 要求"看人下菜",它要求旅游接待企业在全面获取顾客信息的基础上,针对目标顾客,预先确定专门的服务项目,制订服务计划。这就要求旅游接待企业营销人员以及旅游接待企业服务员工在顾客购买产品前做好有效准备,在顾客购买产品后进行针对性服务,提高旅游接待企业在顾客互动中的投资机会。在这一流程中,旅游接待企业通常要使用营销宣传策略,向目标顾客输送产品的各项服务信息,以吸引顾客的注意力。

(三) 实现互动反馈,追踪需求变化

实现互动反馈,追踪需求变化,这是旅游接待企业借助及时的信息,执行和管理与顾客(及潜在顾客)的沟通的关键性活动阶段。它使用各种各样的互动渠道和旅游接待企业信息系统,包括顾客跟踪系统、销售应用系统、顾客接触应用和互动应用系统。通过与顾客的互动,旅游接待企业可以随时追踪有关顾客的需求变化以及旅游接待企业消费后的有关评价,

从而不断修改顾客方案。在以往,市场营销活动一经推出,通常无法及时监控活动带来的反应,效果如何最后以销售成绩来判定。CRM 却可以对过去市场营销活动的资料进行相关分析,并且通过顾客服务中心或信息中心及时地进行互动反馈,实时调整进一步的营销活动。

(四) 评估活动绩效,改善顾客关系

评估活动绩效,改善顾客关系,这是旅游接待企业顾客关系管理的一个循环过程即将结束时,对所实施的方案计划进行绩效分析和考核的阶段。CRM 通过对各种市场活动、销售与顾客资料的综合分析,建立一套标准化的考核模式,考核部门成效,并通过捕捉和分析来自互动反馈中的数据,理解顾客对旅游接待企业各项营销活动所产生的具体反应,为下一个CRM 循环提出新的建议,以此不断改善旅游接待企业的顾客关系。

二、旅游接待业 CRM 的基本策略

(一) 顾客识别策略

顾客识别策略就是通过分析顾客数据,评估不同顾客或顾客群的价值,并以顾客终身价值为标准对顾客进行细分,识别顾客类型,对不同类型的顾客采取不同的进攻策略。

顾客的终身价值由三部分组成:①历史价值,即到目前为止已经实现了的顾客价值;②当前价值,即如果顾客当前行为模式不发生改变的话,将来会给旅游接待企业带来的顾客价值;③潜在价值,即如果旅游接待企业通过有效的营销活动调动顾客购买积极性或顾客向别人推荐本企业的旅游产品和服务等,因而可能增加的顾客价值。具体的识别策略包括以下几个方面。

1. 顾客信息获取

旅游接待企业必须获取顾客的以下数据信息:个人资料(包括年龄、性别、职业等)、住址(包括区号、房屋类型等)、生活方式(包括爱好、性格、兴趣等)、态度(包括对旅游产品和服务的态度)、客源地概况(包括经济条件、气候、风俗、历史等)、顾客行为方式(包括渠道选择、入住方式等)、需求(对旅游产品以及服务的期望)、关系(包括家庭、朋友等)。

2. 顾客价值评估

对于企业顾客而言,影响其终身价值的因素包括:所有来自顾客初始购买的收益流、所有与顾客购买有关的直接可变成本、顾客购买旅游产品和服务的频率、顾客购买的时间长度、顾客购买其他产品的喜好及收益流、顾客推荐给朋友同事及其他人的可能、适当的贴现率。根据旅游接待业的行业特点和旅游接待企业产品和服务的特点,建立顾客终身价值的因素分析模型,客观评估不同顾客的终身价值。

3. 目标顾客细分

合理的顾客细分是顾客关系经济学的核心,对顾客关系管理的实施至关重要。根据旅游接待企业的特点制定一套顾客终身价值的评判标准,据此采用聚类分析的方法对目标顾客进行细分。一般以顾客的当前价值和潜在价值两个维度将旅游接待企业顾客分为四类,如图 6-7 所示。

4. 进攻策略确定

针对上图中位于不同象限的企业顾客,根据顾客投资与利润分析来采用不同的进攻策略。如图 6-8 所示。

图 6-7 旅游接待业顾客价值矩阵

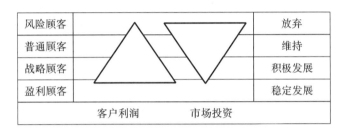

图 6-8 顾客投资与利润分析

对于盈利顾客,他们是企业利润的主要来源,应采取稳定发展策略,与其建立长期、稳定的学习型关系;对于战略顾客,由于他们将对企业的长期发展产生重大影响,应采取积极发展策略,与其建立长期、密切的顾客联盟型关系;对于普通顾客,由于其人数众多,价值较小,应采取维持策略,与其保持原有的交易关系;对于风险顾客,由于所需投资多,预期利润小,可采取放弃策略。

(二)顾客保留策略

顾客保留策略就是针对旅游接待企业的各级目标顾客,实施顾客关怀,拉近与顾客的关系,提高顾客满意度,从而留住和发展顾客。

1. 与顾客密切接触

旅游接待企业通过各种途径,保持与顾客的密切接触,建立一种亲善的关系。例如,给顾客发送生日电子贺卡,或在特殊的日子向顾客寄送小礼品等,这些细微的动作看似与企业经营行为无关,但是可以在顾客中间产生一种良好的"人情"感觉,降低了因单纯的旅游交易关系所导致的不信任,给顾客带来一种愉悦的心理体验,在顾客心中树立良好的企业形象。

2. 顾客提醒或建议

主动服务,提前预期顾客可能的需求和麻烦,并及时提醒和提供有价值的建议。如顾客购买旅游产品后的初期,提醒顾客可能会遇到什么问题,并提供解决方法;在顾客消费旅游产品和服务的过程中,提醒顾客还需要做哪些工作,了解顾客体验旅游产品和服务的情况;在旅游消费结束后,还可以根据产品关联分析,在适宜的时间向顾客推荐新的旅游产品和服务。此外,当顾客享有积点优惠等权利时,特别提醒他,以免丧失应有的权利。

3. 顾客变动趋势追踪

利用企业的 CRM 系统平台,随时掌握顾客消费的地点、消费时间、消费方式,采取顾客访问或浏览、追踪顾客价值的变动等措施,及早避免顾客流失。例如,在顾客旅游消费结束后,采取问卷、电话、邮件等方式进行顾客满意度调查,及早发现顾客投诉并采取必要的补救措施,及时推断顾客偏好的变化并随之改变旅游服务和产品的营销策略,以提高顾客满意度,保留和发展顾客。

4. 顾客需求定制化满足

顾客需求的定制化指对某些特定顾客或 VIP 客人可制订不同的优惠方案,满足其个性需求。销售人员应懂得运用语言艺术,恰当地传达企业对顾客的优惠政策,这样会取得更好的效果。比如,旅游接待企业如果想持续吸引一位顾客,有两种优惠方案的表达方式。第一种是说:"××先生,依照我们的记录,您是 VIP,所以您的住房我们提供六折优惠。"另一种是说:"××先生,我们知道您常常需要往来上海—广州洽公,我们更关心您差旅时是否持续保持良好的健身习惯,所以我们免费提供您使用健身设施。"后者更能贴近顾客的心理。

(三) 顾客忠诚策略

顾客忠诚是指顾客对旅游接待企业的产品和服务感到满意后,又进一步产生的对某种产品和服务品牌或整个旅游接待企业的信赖及维护,希望重复购买该企业或该品牌的产品和服务的一种心理倾向。顾客忠诚实际上是一种顾客行为的持续性,它既可以界定为一种行为,也可以界定为一种心态,一系列的态度、信念、愿望等,是一个综合体。旅游接待企业得益于顾客的忠诚行为,而这种行为源于他们的心态。与顾客建立长期的忠诚合作关系将为旅游接待企业带来更多的效益。CRM 的实施能为旅游接待企业提供一系列的顾客忠诚策略。

1. 赋予"一线员工"足够的操作技能

旅游接待企业的一线员工是直接面对顾客、接待顾客的服务人员,他们虽然是企业最基层的员工,但是却代表了整个旅游接待企业,并与顾客面对面地接触,企业的文化、战略和服务理念等都需要通过一线服务人员的对客服务来贯彻落实,企业产品和服务的形象也需要一线服务人员向顾客传达,顾客也是通过与一线服务人员的接触来了解企业的。因此,一线员工的重要性不言而喻,他们在顾客心中留下的印象将是非常深刻的。只有赋予旅游接待企业服务的一线员工足够的操作技能,才能确保顾客对以他们为代表的旅游服务和产品的满意。

2. 与旅游接待企业合作伙伴进行协作

旅游接待业是一个与顾客的食、住、行、游、购、娱相结合的综合性的服务行业。在旅游者外出旅游消费的过程中,任何一个旅游接待企业都不能脱离旅游相关行业单独完成对客的全程服务。因此,与旅游接待企业的上下游合作伙伴进行协作是企业顺利实施顾客关系管理的重要保障。而且,通过与旅游接待企业合作伙伴进行协作,才能够共同维护和提高企业供应链水平,培育顾客对供应链企业的整体忠诚,进而达到提升顾客对本企业忠诚度的目的。

3. 建立一个强烈关注顾客的组织气氛和企业文化

企业文化是企业的灵魂,旅游接待企业迫切需要建立一个强烈关注顾客的企业文化,营造一切以顾客为中心的组织气氛,唯有如此,企业才会真正制定出以顾客为导向的组织战略和目标,才会持续不断地推进顾客服务的改进和创新,企业全体人员才会不断地、积极地关注顾客满意度的变化,企业也才会重视员工的满意度,并通过员工的满意造就出顾客满意,最终达到顾客忠诚。强烈关注顾客的企业文化也为企业顺利开展CRM活动、实施CRM策略提供了重要的团队保障。

4. 实现"一对一"服务

"一对一"服务就是在合适的时间,以合适的价格,通过合适的渠道将合适的产品和服务提供给合适的顾客。"一对一"服务是满足顾客个性化需求、培育顾客忠诚的有效措施之一。CRM的实施为旅游接待企业顺利实施"一对一"服务提供了技术支持,旅游接待企业各部门可以通过CRM数据库中的顾客信息的获取,进行有效的部门协作,共同开发定制化的旅游产品和服务,满足不同顾客的需求。

5. 想顾客未来之所想

要培育顾客忠诚,仅仅做到"想顾客所想"还不够,还应当做到"想顾客未来之所想"。CRM的实施实现了这种可能。CRM中所建立的预测模型可以帮助旅游接待企业通过对顾客和市场变化的追踪,制定未来市场开发的准确策略,开展更成功的市场攻势,真正实现"想顾客未来之所想",从而帮助企业提前筹划顾客接待方案,实现对顾客个性化需求的满足。

三、旅游接待业 CRM 的实施保障体系

旅游接待企业成功实施CRM,需要技术、人员、资金等资源的注入,同时,要有适合其实施的业务流程和组织结构。它们构成了旅游接待企业CRM实施的保障体系。

(一)信息技术保障

CRM系统的技术核心是利用现代科学技术有效地分析和实现客户数据集成和信息互动沟通。一方面,利用高信息化的数据库将旅游接待企业内外部顾客资料数据集成到同一个系统里,让所有与顾客接触的营销、服务人员都能按照授权,实时地更新和共享这些信息。另一方面,利用高效的信息流,使每一个顾客的需求都触发一连串规范的内部作业链,使相关业务人员紧密协作,快速而妥善地处理顾客需求,从而提升旅游接待企业的业绩与顾客满意度。CRM系统建有高信息化的数据库,存有顾客详尽数据的中央数据库是旅游接待企业内统一的、也是唯一的高信息化的决策支持系统,它具备完备的数据信息功能、数据信息共享功能、不断扩量和完善的信息转换能力。它可以帮助旅游接待企业从所有适当的数据信息来源中获取顾客知识,进而引导顾客需求,培植顾客忠诚。此外,CRM系统内还有高效的信息流,信息流是旅游接待企业与顾客之间双向流动的全过程,它贯穿旅游接待企业生产、交换和消费的各个环节。任何一个环节的信息流动出现问题,都会导致顾客的不满,因而顺畅高效的信息流程是CRM的基础和保障。

(二)人员团队保障

旅游接待企业在实施CRM中还必须重视人的因素,他们对CRM的成功实施是极为重要的。首先,CRM的实施需获得旅游接待企业管理层的认可,这是CRM实施获取其他保障的基础。旅游接待企业高管应从总体上把握每一个CRM的项目实施,为CRM的实施计

划设定明确的目标,向团队提供为达到目标所需的时间、财力、人力和其他资源,并推动该目标从上到下的实施,扫除实施道路上的障碍,确保 CRM 项目顺利开展。其次,要成立 CRM 实施团队。该团队必须具备进行业务流程重组的能力、了解系统顾客需求状况的能力、掌握一定技术架构相关功能实现的能力和改变管理方式的能力。最后,要进行全员管理培训。员工对 CRM 的正确认识以及对相关技术知识的掌握也是成功实施 CRM 的重要保障。旅游接待企业应通过全员培训,形成从领导到员工对 CRM 重要性的正确认识,并积极配合实施,将 CRM 融入企业的每个运作环节之中。

(三)管理组织保障

CRM 系统的实施是一个管理项目,并非只是一个 IT 项目。要想成为一个"强烈关注顾客"的旅游接待组织,必须重新定义旅游接待的业务方法,这需要更多的员工授权、灵活的产品和服务价格模型,以及扩充的产品特征、利益等。因此,CRM 的实施不可避免地会引起旅游接待企业业务流程的重组和组织结构的调整。业务流程重组就是利用信息技术,对旅游接待企业的业务流程进行彻底的再思考和重新设计,从而提高顾客满意度,取得经营业绩的飞跃。组织结构再造就是旅游接待企业以顾客为重,改变过去以产品或品牌为导向的组织形态,打造 CRM 价值链,形成一个以了解顾客、服务顾客为目标的组织形态,使组织更接近顾客,由一个以产品为中心的内部导向型组织向以顾客为中心的市场驱动型组织的转变。如表 6-2 所示。

表 6-2 内部导向型组织与市场驱动型组织的比较

类 别	内部导向型组织	市场驱动型组织
发展战略	被动反应型 短视,目标不体现顾客需求	主动出击型 长远,目标体现对顾客价值的创造
顾客和市场关注程度	不关注或弱关注,以产品为中心	强关注,以顾客为中心
对待竞争对手和合作伙伴	缺乏竞争和合作意识 不关注竞争对手 竞争中处于劣势	具有市场竞争和合作意识 对竞争环境有清醒的认识 竞争目标明确,竞争力强
顾客关系	与顾客关系松散,不了解顾客需求	与顾客关系紧密,熟知顾客需求

四、合理规划保障

合理的 CRM 规划也是旅游接待企业成功实施顾客关系管理的必要保障。CRM 的主要目标是建立良好的顾客关系,培养忠诚的顾客群;在与顾客的每一个"接触点"上都更加接近顾客、了解顾客、关怀顾客;最大限度地增加利润,提高市场占有率。要实现这一目标,在战略开发中必须有明确的远景规划。此外,一项完备的 CRM 系统需要三到五年的时间,需要将这一中长期规划分阶段、分步骤地加以实施,从最迫切、最可行的部分开始,逐步完成,因此,还必须明确各阶段的规划目标。同时,管理者还要分析研究如何将 CRM 的实施与旅游接待企业的中长期发展战略结合起来,确定较为详细的实施计划。通过合理的规划,科学安排实施进程,严格进行过程控制,以保证 CRM 项目的成功实施。

五、企业文化保障

企业文化是旅游接待企业的指导思想、经营理念和工作作风。实施顾客关系管理的初始阶段,一些员工往往会由于其既得利益和工作习惯受到冲击而拒绝接受和采用这一管理方式。因此,搞好企业文化建设,改变旅游接待企业上上下下的管理理念、行为准则、传统习惯也是实施 CRM 的重要保障环节。具体来说,要做好以下三方面的工作:一是培训,侧重于讲解新经营理念、CRM 的运作方式、顾客沟通技巧等。二是将顾客置于旅游接待企业组织的中心,使旅游接待企业各部门围绕顾客进行协调与合作。全体员工不断提高团队合作意识,树立整体效益观念,共同满足顾客的个性化需求。三是采取由上而下的阶梯传导方式实施 CRM,由各级管理层带动本部门员工完成具体任务。

六、专业化管理保障

CRM 涉及旅游接待企业的评价、整体规划、技术集成等多项工作。要实施这一复杂的系统工程,需要旅游接待企业具备强大的技术、资金、人员、管理等方面的实力,而一些规模小、实力弱的旅游接待企业单靠自身的力量恐怕难以奏效。为此,就需要求助于社会专业化 CRM 组织。对这些企业来说,一是采用公开招标的形式寻求 CRM 解决方案,邀请有关专家、技术设备厂商以及电子商务咨询公司等,研究旅游接待企业现状,提出前景好、技术一流并适合旅游接待企业自身特点的 CRM 产品;同时,还需求助于他们对旅游接待企业的相关人员进行 CRM 原理培训和操作培训,协助旅游接待企业实施 CRM。二是采用 CRM"外包"形式,把 CRM 交给社会力量,由已有成功案例的专业服务公司对旅游接待企业顾客关系管理的实施进行专业化的运作。

思考与练习

1. 简述旅游接待业顾客关系管理的概念和内涵。
2. 旅游接待业顾客关系管理的理论模块和战略模块各包含哪些内容。
3. 简述旅游接待业顾客关系管理的实施流程。
4. 旅游接待业顾客关系管理的基本策略有哪些?
5. 简述旅游接待业顾客关系管理保障体系的主要内容。

第七章

旅游接待业服务质量管理

学习目标

1. 旅游接待业服务质量管理的内涵、特点
2. 旅游接待业服务质量管理的原则
3. 旅游接待业服务质量管理的客体和管理过程
4. 旅游接待业全面质量管理的内容
5. 旅游接待业全面质量管理的方法
6. 旅游接待业服务质量提高的主要途径

核心概念

旅游接待业服务质量　旅游接待业全面质量管理

旅游接待业服务质量管理是旅游接待业发展过程中非常重要的一环,随着游客对服务质量要求的日益提高,以及旅游市场竞争的激烈,提高旅游目的地接待业服务质量、完善服务质量管理过程、推行旅游接待业全面质量管理,成为提升旅游接待企业市场竞争力、有效监督旅游接待企业服务质量和服务过程的法宝,也是增强游客满意度与忠诚度的重要手段。因此,旅游接待企业全面了解旅游接待业服务质量管理的特点、原则、管理过程和全面质量管理的方法以及服务质量提高的途径是非常有必要的。

第一节　旅游接待业服务质量管理概述

当前市场经济"优胜劣汰"的竞争机制推动着各个行业不断提升产品质量,以提升市场竞争力。以质量为核心的竞争日趋激烈,质量也逐渐成为企业的生命线。旅游接待业作为现代服务业应当将关注点聚焦于行业服务质量的提升,重视产品质量的管理。旅游接待业服务具有综合性和无形性的特点,这也决定了其产品的复杂性和抽象性,也决定了旅游接待业的服务质量管理工作的综合性、复杂性和系统性,要求管理者以全系统的思维对旅游接待

业服务质量进行管控。旅游者对旅游接待业所提供的服务的满意程度,是衡量旅游接待业服务质量的标准,旅游者的需求是旅游接待业服务产品创新发展的方向。因此,旅游接待业要提供旅游者所需的产品和满意的产品,以提升其满意度,从而提升其市场竞争能力。旅游接待业服务质量管理的提升要求管理者遵循全面质量管理思想,不断更新现代质量管理理论与方法,促进旅游接待业产品质量的与时俱进、不断发展。

一、旅游接待业服务质量的含义

旅游接待业是旅游目的地经营和服务主体为旅游者提供有形产品与无形服务的服务性行业。从旅游者的立场来看,旅游目的地经营和服务主体所提供的产品不仅需要满足旅游者的基本物质和生理需求,更要满足其精神层面与心理层面的需求。从旅游接待服务的供给方来看,旅游目的地经营与服务主体所提供的旅游产品有"硬件"服务和"软件"服务之分。"硬件"服务是指以实物形态呈现的服务,即旅游目的地的旅游环境、基础设施设备、旅游活动等,如旅游服务中涉及"食、住、行、游、购、娱"旅游六要素配套产品的供给,包括酒店、餐厅、交通、商场、景区等;"软件"服务则是由旅游目的地的服务人员的服务劳动所提供的、不包括任何实物形态的无形劳务,如礼节礼貌、服务态度、服务技能、服务效率等。

通过对旅游接待业服务产品的内涵进行诠释,我们对旅游接待业服务质量进行狭义和广义的界定。狭义上的定义指旅游目的地经营与服务主体的服务人员服务劳动的使用价值,不包含任何实物形态的服务劳动。广义上的定义则是一个完整的服务质量的概念,指旅游目的地经营与服务主体综合自身所有资源与要素为旅游者提供服务,从而在使用价值上满足其物质与精神需求的程度,包括旅游目的地基础设施、旅游产品等实物形态服务的使用价值,也包括非实物形态服务的使用价值。

从上述对"服务质量"的定义中可知,旅游接待业服务质量的高低是旅游者亲身感受到的服务与其预先期望值比较的结果,当两者持平时,旅游者达成满意。当旅游目的地所提供的服务超出其预期期望值时,那么旅游目的地的旅游接待服务质量就高。然而,对服务质量的感知因人而异,不同的旅游者有着不同的判断。因此,旅游经营和服务主体要不断完善自身服务水平,不断提高服务质量供给,满足所有旅游者的需求。

二、旅游接待业服务质量的特点

旅游接待业作为服务行业,旅游经营和服务主体作为旅游服务供给方,其所提供产品的服务质量与一般企业的商品质量有所不同。要提高旅游接待业的整体服务质量,必须正确认识旅游接待业服务的特点。归纳起来,旅游接待业服务质量的特性可概括为六个方面:服务质量的有形性与无形性,服务质量的生产、消费同时性,服务质量的整体性和全面性,服务质量的共性与个性,服务提供的员工关联性,服务质量的情感交融性。

(一)服务质量的有形性与无形性

我们知道,旅游接待业服务质量由旅游目的地的"硬件"与"软件"共同构成。"硬件"是有形的实物存在,如酒店、餐厅、交通、景区等配套设施,能满足旅游者旅游过程中的基本物质需求,其质量的高低能够通过划分等级、制定一系列标准进行评判,如星级酒店的划分、A级景区的划分等,旅游者可事先通过各种渠道对其质量进行预判。"软件"是无形的服务,是旅游目的地的服务人员通过亲切的服务态度和礼貌得体的言谈举止等满足旅游者心理上的需求,其服务质量只有旅游者与服务人员互动接触后才能做出评判。因此,旅游接待业服务质量是有形性和无形性的结合。

(二)服务质量的生产、消费同时性

旅游产品不像其他产品,从生产到消费,中间要经历一系列的环节,两者之间是割裂的,不在同一时间与空间发生。旅游接待业较大的特点之一是其服务本身就是一系列的活动或过程,在服务实施的进程中,生产者和消费者必须直接发生联系且处于同一时空环境中,因此,生产的过程也就是消费的过程。生产与消费同时进行,具有不可分离性,如旅游者在酒店情境下,酒店服务员为其提供开门、送餐、客房住宿、运送行李等服务的同时,旅游者也在消费与使用。

(三)服务质量的整体性和全面性

旅游接待业作为服务行业,其属性决定了其服务质量无法一次性或在一段时间内就能完成。旅游接待业服务是一个整体,包含旅游者在旅游目的地消费的所有时间内所享受到的服务,由多个环节组成,无论中间哪一环节出现纰漏,都会给游客留下不好的体验,最终导致服务失败,使整个旅游接待业服务质量大打折扣。正所谓"100－1＝0",就是旅游接待业服务质量整体性的具体体现。此外,服务行业以满足消费者需求为出发点,旅游接待业也不例外,旅游者在旅游目的地消费涉及"食、住、行、游、购、娱"各个方面,旅游目的地经营和服务主体要充分把握市场发展趋势,满足游客需求。此外,旅游接待业服务质量除具有整体性特性外,还具有全面性,旅游目的地经营和服务主体必须树立全面、系统的服务质量观念,才能把握旅游接待业的整体质量。

(四)服务质量的共性与个性

旅游接待业产品服务质量的评价需综合考虑旅游接待业的有形服务与无形服务。有形服务是以实体形态表现出来的,在不同的旅游目的地可找出这部分产品的共性,它们均能满足旅游者的基本物质生活需求;无形服务则是旅游目的地为旅游者提供无实体形态的服务。通常,无形态服务是旅游目的地个性化展示的最佳载体,根据自身特性、旅游者需求,有针对性地为旅游者提供个性化服务,这是避免各旅游目的地旅游产品同质的重要组成部分,同时也是旅游目的地服务质量能否保持稳定的关键。服务行业竞争激烈,服务人员的无形服务已成为旅游接待业服务质量高低的重要评价依据。因此,旅游目的地经营和服务主体应加强对服务人员的培训,让服务人员任何时候都以最饱满的热情、高质量的服务态度服务于人。

(五)服务提供的员工关联性

旅游接待业服务主要通过服务人员对客服务表现出来,位于第一线的服务人员是旅游目的地服务的直接提供者,而服务质量的高低与服务人员的工作状态密切相关。从旅游者的立场而言,旅游接待业服务质量主要由旅游目的地提供服务的效率、旅游者精神和情感上的需求和对旅游目的地环境的舒适度需求三个部分决定,而服务人员的服务技巧、服务效率和服务的标准化程度直接影响旅游目的地的服务效率。服务人员的外表形象、服务态度、职业素养等直接或间接影响旅游者的心理和精神需求的满足度。旅游目的地的大环境在很大程度上也需要服务人员的精心营造。作为旅游服务的主要提供者,服务人员与旅游接待业服务质量有着很大的关联性。

（六）服务质量的情感交融性

旅游者是旅游接待业服务质量的直接感受者和评价者。旅游者享受的服务主要由旅游目的地的服务人员提供,在服务者与旅游者面对面的服务过程中,必然会产生一定的情感交流。一方面,服务者极力为旅游者提供最佳旅游氛围、最美旅游环境、最好旅游体验;另一方面,旅游者在享受旅游目的地为其提供的服务的同时,也会对旅游目的地产生一定的心理情感,如亲切感和归属感等,这在一定程度上能够弥补服务者在服务过程中给旅游者所带来的不满与缺憾,让旅游者给予宽容与谅解。除此之外,服务质量的情感交融性不仅能提升旅游者的满意度,更能使旅游者的满意度转化为忠诚度。因此,在着力打造和提升旅游接待业服务质量时,必须充分考虑并利用情感交融性,给予旅游者最佳服务感受,提升旅游目的地整体服务质量。

三、旅游接待业服务质量的内容

旅游接待业服务质量是旅游目的地经营和服务主体所提供的服务产品适合和满足旅游者需求的程度。要提高旅游接待业的服务质量和服务水平,就必须充分分析旅游接待业服务质量的内容,有针对性地对旅游接待业服务质量进行提档升级,这是推动该行业服务质量提升、增强市场竞争力的重要途径。旅游接待业服务质量主要包含有形产品质量与无形产品质量两部分。

（一）旅游接待业有形产品质量

旅游接待业中的有形产品的质量通常指"硬件",如旅游目的地的设施设备和服务环境的质量。旅游接待业不像一般的工厂将原材料加工成产品,纯流水线作业,无需任何情感因素注入,盈利主要依靠产品的销售量,它是一个主要为旅游者提供服务、让旅游者在旅游过程中得到满意,从中获得经济效益的行业,其有形产品只是无形服务的有效载体,多数情况下并不是出售产品本身。一般的商品交易,是商品与货币的交换,而旅游接待业涉及的产品主要是服务与货币交换,旅游者带走的是享受,而不是产品。因此,旅游接待业有形产品质量管理的关键在于创新、提升与维护。

1. 设施设备

设施设备是指旅游经营与服务主体给游客提供服务的主要物质依托,是旅游接待业赖以生存的基础。从一定程度上而言,游客对旅游目的地等级评判与配套设施的条件有很大的联系,它反映了旅游目的地的接待能力。旅游目的地应当保证其配套设施设备的总体水平与旅游目的地的等级相匹配。对设施设备的管理,应采用现代先进的科学技术和管理技术,按照计划、组织、指挥、协调、控制等一系列流程管控,对设施设备系统进行综合管理。同时,应随时保持设施设备的完好率与安全性,按照相关标准,定时定量地对旅游目的地的设施设备进行维修保护,保证设施设备的正常运转,充分发挥设施设备效能。

2. 服务环境

旅游环境质量能够直接影响游客对旅游目的地的印象,游客可从其环境直观感受服务环境的好与坏,主观色彩浓厚。为避免游客依据环境氛围而判断整体服务质量的好与坏,旅游目的地经营与服务主体应当努力为游客提供良好的旅游环境,满足整洁、美观、有序、安全的要求。安全问题是游客最关注的问题,因此,在旅游接待业服务质量管理中要充分考虑游客的人身与财产安全,将其置于所有环节的首位。旅游环境应有一种安全的气氛,给予游客安全感,但安全氛围的营造应避免过度的戒备森严而给游客带来紧张不适感,要让游客处于一种安全、轻松的环境中。清洁的卫生环境直接影响游客的身心健康,也是影响游客满意度的因素之一,尤其涉及食、住方面,更应从严要求。服务者是旅游接待业服务的主要提供者,服务者的工作态度和仪容仪表对环境的营造和改善游客的心情有非常大的影响力。

（二）旅游接待业无形产品质量

无形产品质量是旅游接待业提供服务的使用价值的质量,主要包括服务者的服务态度、服务技能、服务效率、礼节礼貌、职业道德、服务方式等。由于无形产品的"隐形性",导致其质量管理难以控制,管控难度也比有形产品质量管理要高。有形产品可以被竞争对手模仿,但无形产品一般以人为主体,人与人之间的差异性,导致了地区旅游接待业之间的差异性,这也是旅游接待业竞争力的关键。无形产品的使用价值被旅游者使用完后,其服务形态便消失了,只留给旅游者不同的感受和满足程度。旅游接待业的个性化服务的体现和差异化战略的实施离不开旅游接待业无形产品的质量的精心打造。

1. 服务态度

服务态度是服务者在接待游客服务过程中所展现出来的主观意向和心理状态,服务态度的好与坏,往往会直接影响旅游者旅游过程的心情,从而影响其对旅游目的地服务质量的评价。好的服务态度能让游客感觉如沐春风,宾至如归,整个旅行过程都能以好心情待人接物,而恶劣的服务态度会让游客心生怒气,影响其对旅游目的地的满意度与忠诚度,最终换来"差评",尤其在自媒体发达的今天,更会影响潜在游客对旅游目的地的印象。因此,无论何种情况,面对何种游客,服务者始终应当保持良好的服务态度,微笑示人。就算面对一些挑剔难缠的游客,服务者也应当表现出热心、虚心、耐心的服务态度,切忌将自我生活情绪带入工作之中,这样才能给游客带来愉快的心理感受,从而赢得游客的肯定。

2. 服务技能

服务者的服务技能是各行各业服务质量的重要保证。旅游接待业从业服务者所掌握的服务技能的整体水平是该行业服务质量高低的重要体现。服务者不仅要具备基本的服务操作技能和丰富的专业技术知识,能够应对行业内的日常工作事物,还应该具备能根据不同的环境、不同的人群灵活应对和处理各种无章可循的突发事件的技巧和能力。旅游接待业是一个非常宽泛的行业,涉及基本的"食、住、行、游、购、娱"等方面,更随着时代的发展延伸至"商、养、学"等。因此,服务者所接触到的游客群体也很广泛,不同的年龄层次,不一样的教育或职业背景,其需求也有所不同。面对游客多样化的需求,服务者必须灵活运用各种服务技能充分满足游客的需求,使其心理上满足,提高他们的满意度。

3. 服务效率

我们常说"效率是第一生产力",工作效率的高低一定程度上决定了企业产值的高低,而服务效率的高低则决定了游客满意度程度,也是旅游接待业服务质量的重要保证。服务效率要求服务者尽可能在最短的时间内为游客提供其所需要的服务,例如,游客入住酒店在登记入住、结账离店的过程中,若能享受到酒店高效率的服务将会大大提升游客的心理满足感和满意度,从而对酒店的服务质量有很高的评价。

4. 礼节礼貌

礼节礼貌体现了个人在待人接物方面的素质与能力,旅游接待业服务人员的礼节礼貌主要指服务者的面部表情、语言表达、行为举止三个方面。面部表情是无形的语言,能够拉近人与人之间的距离。微笑服务始终是最基本的原则。如果说眼睛是心灵的窗户,那微笑就是灵魂的独白,它是服务工作的润滑剂,向人传递亲切、友好、愉快的信息。希尔顿的创始人每天都对他的员工说的第一句话就是:"今天你微笑了吗?""三米微笑原则"是沃尔玛服务顾客的重要秘诀之一。但是仅仅拥有"微笑"还是不够的,微笑的面庞要与自身的语言表达、仪表仪态形成统一,由内而外散发热情、亲切感,辅以友好的目光。在恰当的场合运用恰当的礼貌用语,注意语言的适时性和思想性,做到言之有趣,言之有神,运用艺术手段灵活处理各种尴尬的场面。行为举止主要表现在主动与礼仪上,如主动让道、主动帮助、注重礼节等。

5. 职业道德

良好的职业修养是每一个优秀员工必备的素质,良好的职业道德是每一个员工都必须具备的品质,这是任何行业对员工的基本规范与要求。而在旅游接待业中,良好的职业道德与职业修养更能显现服务者的个人修养与素质。旅游接待业不同于其他常规行业,其工作时间不规律、工作地点不定点、接触人群较广泛,它要求服务者有足够的耐心、爱心与热心,遵守"爱岗敬业""全心全意为人服务""顾客至上"等行业道德。职业道德是旅游接待业服务质量的基本构成之一,服务者只有具备良好的职业道德,才能全身心投入于工作,真心诚意地为他人服务,以高要求、高标准要求自己,追求服务工作的尽善尽美,为行业服务质量带来保证。

6. 服务方式

旅游接待业服务方式也是体现该行业无形产品质量的基本构成要素。随着旅游业的不断发展,其内容在不断扩充,服务方式也在不断迭代更新。但始终应当遵循服务设计要合理、服务项目设置要到位、服务时间安排及服务程序设计要科学的原则,以最佳的服务方式为游客提供最理想的服务质量。独特的服务方式可为旅游目的地经营与服务主体创造无形产品的使用价值,形成强有力的竞争力,为旅游接待业的物质消费增加附加值。因此,创新服务方式,不断为游客创造惊喜,提高游客满意度,是旅游接待业服务质量提升的重要手段。

旅游接待业服务质量的内容涉及诸多方面,远远不止上文所列出的六个方面。随着旅游业的不断发展,旅游接待业服务质量也会紧跟时代步伐不断提升。同时,人们对旅游服务质量的要求越来越高,会"倒逼"旅游接待业服务质量的提升。新的理念的不断更新,旅游业与其他产业的不断融合,也将使旅游接待业服务质量所包含的内容不断扩充和延伸,体系更加完善。但是,其服务质量管理的本质不会改变,其最终结果导向也是不断提高游客的满意程度。游客满意度是指游客在旅游活动结束后所得到的感受、印象与评价,是旅游接待业服务质量管理穷极的目标。在竞争激烈的旅游市场,若想获得一席之地,只有不断提高服务质量才能获得持久的市场竞争力,提高游客的忠诚度。

第二节 旅游接待业服务质量管理体系

旅游接待业服务质量管理是现代服务业发展中的重要内容。服务质量是旅游接待业的生存之本,优质的服务能够提升行业竞争力,若想长久地吸引游客的注意力,必须依托优质的服务质量,提升游客的重游率。尤其在今天,旅游消费观念逐渐转变,传统的"贵不贵"的消费意识逐渐被"值不值"的消费意识替代,游客更加看重旅游消费过程中的体验。因此,旅游目的地经营与服务主体在为游客提供旅游服务时,应当在服务中尽可能地为客人提供超出他们期望值的服务,不管是有形产品服务还是无形产品服务都应给客人惊喜,让他们满意,提升其忠诚度。

一、旅游接待业服务质量管理的原则

(一)以游客为中心

游客是旅游接待业组织赖以生存的依托,正确认识游客的现实需求与潜在需求,并竭尽全力满足他们的需求,甚至提供超乎他们期望值的旅游服务,是旅游目的地服务与经营主体需要做的事。因此,以游客为中心应当成为旅游接待业发展的准则。为了体现以游客为中心的原则,旅游接待业组织需要通过市场调研、互联网技术、大数据等技术手段全面了解和分析影响游客满意度与忠诚度的质量因素,再通过采取相关有效措施,将旅游者的旅游需求和旅游期望通过旅游接待业服务质量方针和经营战略的形式传达至整个组织的每个部门。需要注意的是,要保证组织部门内的人员能够理解游客的需求与期望,采用直接或间接的方法测定旅游者的消费满意度,收集其意见和相关信息,对其进行分析,并采取相应的改进措施,不断地提高旅游接待业服务产品的服务质量。要处理好与游客之间的关系,确保他们的要求得到满足。

(二)领导作用

领导者在旅游接待业服务质量组织的管理活动中起着关键的作用。作为决策层的领导者,不仅需要为行业的未来描绘清晰的蓝图、制定具有挑战性的目标——确定服务质量优化提升的方针和服务质量发展的目标,还需要为实现这些目标创造一个良好的环境,营造一个能调动每个服务者积极参与其中的良好氛围。与此同时,还应起到表率作用,以爱岗敬业、恪尽职守、人人平等、互相信赖、价值共享的道德观念影响每一位员工,为其提供良好的工作与生活环境、职业道路上所需要的服务技能培训,赋予他们职责范围内应有的执行任务的权利,让他们能主动地、创造性地投入工作之中。同时,制定相关激励机制,鼓励创新,激发全体服务者的工作积极性与热情,让他们能全身心地投入到服务质量提升的工作中,为旅游目的地创造更优良的服务环境。

(三)全员参与

旅游接待业服务质量管理工作不仅仅是上层领导的事,也不仅仅是一线接待基层员工的事。上到决策层,下到管理层、操作层,每一位员工都要参与其中。在旅游接待业组织内,

每一位服务者首先要知道自己在组织中所扮演的角色和所在岗位的重要性,清楚自己的职责范围、个人能力极限,以及与他人之间的关系,知道自己工作的内容、工作程序和工作要求。其次,要正确行使手中所掌握的权利,并承担起相应的职责,按照行业规章流程做好职责范围内的工作,善于解决工作中所遇到的各类问题,以高标准要求自己,勇于承担责任。最后,要善于在工作中积累经验与见识,主动寻求提高自我综合能力的机会,以期在专业技术水平和实际工作能力上获得更大的进步。

（四）过程方法

过程管理是现代组织管理基本的概念之一。通过过程管理能够帮助我们将顾客的要求转变为顾客满意的结果。对于旅游接待业而言,服务的过程往往就是游客消费旅游产品的过程。旅游接待业服务产品的生产与消费同步的特性,要求以过程管理方法监控旅游接待业的生产与服务过程的质量管理。内部组织应采取下列主要活动:首先,为满足游客的预期期望值,应确定好服务过程与关键活动;其次,整合所有人力、物力与财力资源以保证服务过程和关键活动的顺利开展;最后,识别并管理行业内职能内部和职能之间关键活动的接口,从而进行协调与控制。

（五）系统原则

在系统原则中,组织内各要素彼此间既相互联系,又互为条件,是一个完整的系统。针对组织内部所确定的目标方针,有效地识别、理解并管理一个由相互关联的过程所组成的体系,从而提升组织的整体效率。因此,旅游接待业组织在服务质量管理过程中需要遵循系统原则。它要求旅游接待业组织在服务质量管理过程中了解旅游者的旅游需求和旅游期望,并能根据其需求与期望,结合旅游服务与经营主体的实际情况和旅游产品的特点,制定符合该旅游目的地服务质量提升的方针和发展目标。同时,要确定实现旅游优质接待服务的过程,确定过程有效性的测量方法,并用来测定现行过程的有效性。通过不断寻求改进机会,确定改进方向、制订改进计划、推行改进措施、监控改进效果、评价改进结果,确定是否达到初期规划目标。最后,对改进措施进行评审并不断调整,制定最优方案,推进旅游接待业服务质量管理系统的完善。

（六）持续改进

对于服务行业而言,持续改进是企业或运营主体不断提高消费者满意度的有效方法,也是其不断完善自我和追求永恒发展的目标。随着时代的不断变迁,各种消费理念的不断迭代更新,消费者的需求也在不断地改变。若企业仍然坚守传统,故步自封,必将被市场淘汰。对于旅游接待业而言,秉承"持续改进"理念,不断改革创新尤为重要。改革开放近四十年,旅游消费结构也发生了巨大的变化,传统旅游者在旅游过程中较注重物质需求,而体验经济时代,旅游者更倾向于体验情感,追求心理上与精神上的情感需求。因此,这一时期所推出的服务产品应当服务这一时期旅游者的需求。这告诫旅游服务与经营主体应当遵循"持续改进"原则进行服务质量管理工作,把握每一阶段旅游者的不同需求层次,将持续的服务改进作为每一位服务者的目标,向每一位服务者提供有关持续改进的方法与培训,形成"持续改进"的意识。

（七）依据事实

依据事实原则是旅游接待业服务质量管理的基本原则。旅游接待业服务质量工作必须根据相关审查报告、纠正措施、服务不合格、游客投诉或其他渠道所提供的实际数据和信息作为决策和行动的事实依据。也要求旅游接待业的组织对相关的目标值进行测定，通过收集有效数据与信息，保证所收集数据与信息具有足够精确度、可靠性和可获取性，然后采用有效的方法对数据进行分析，要确保分析过程的客观性与逻辑性。最后，根据分析后所得出的客观结果，结合现代管理手段与多年的管理经验采取行动，制定出符合行业发展实际和具有挑战性的目标方针。

（八）全面受益

旅游接待业并不是一个孤立的运营主体，对外其与旅游者具有密切的联系，对内其与上下游的运营主体形成完整的产业链。因此，旅游接待业应当与其上游和下游运营主体建立互惠共利关系，增强彼此的创造价值的能力，把彼此之间的关系建立在兼顾彼此短期和长远发展目标相结合的基础上。由于旅游接待业属于综合性行业，其全面受益的服务质量管理原则的重要性主要体现在以下几个方面：首先，客源共享。旅游接待业与不同的旅游服务与经营主体之间互为供方，分别为整个产业链上的单独一环，为游客提供旅游产品。因此，彼此间可以建立战略联盟与合作伙伴关系，互送客源，实现客源共享。其次，信息共享。既然建立战略联盟与合作伙伴关系，那么彼此间应当实现信息共享，依托大数据，分析市场信息、游客信息，挖掘游客的价值需求，共同理解游客的需求。最后，成果共享。通过上、中、下游各旅游服务主体的通力合作，实现全面受益，成果共享。

二、旅游接待业服务质量管理的客体

实施旅游接待业服务质量管理，实际上就是在一定原则与理念的指导下对相关客体的管理，服务质量管理的优化需要一定的组织保障。在旅游接待业中，产品生产的过程即旅游者消费产品的过程。过程也是旅游接待业服务质量管理的客体，应当按照一定的程序进行。总而言之，所谓的管理活动，实际上就是资源的优化配置，以生产出最大价值的产品。旅游接待业服务质量管理的客体主要分为三个部分，即组织结构、服务传递和系统资源。

（一）组织结构

行业组织结构是推动行业有效发展的基础，组织结构是否合理将直接影响行业工作的高效运转与任务的有效执行，进而影响组织目标的实现与实现程度。对于旅游接待业服务质量管理工作而言，合理的组织结构是实现旅游接待业服务质量目标的保证。若要使组织职能发挥最大效用，必须围绕"责、权、利"三个关键点对组织内部进行明确分工，分配服务质量管理工作任务。在分配任务的过程中，部门与部门之间可能会因为职能的不同而产生不一样的活动方式，垂直结构层和水平结构层的纵横交错分布最终搭建了旅游接待业服务质量管理工作的基本组织框架。

旅游接待业组织架构与旅游接待业服务质量管理的关系密切，是服务质量管理工作的客体之一。第一，组织结构中各部门的分工合作一起创造了服务质量的整体性和高效率。不同的职能部门在游客旅游过程中充当不同的价值诉求实现角色，只有通过合理的分工，在合适的岗位安置合适的人才,通过专业的分工,才能大幅度提高工作效率。在分工的基础上发挥通力协作的团队精神,才能保证在为游客提供服务的过程中不会出现中断现象,保证服务过程的连续性与完整性,实现游客的整体价值诉求。第二,组织结构的集权、分权的平衡性将影响旅游接待业服务质量管理工作中全体员工参与的积极性。全员参与需要每一位服务员工有一颗具有责任感的心,而激起他们内心的使命感则需要通过组织保障,让每位员工大胆行使手中的权利,在其位谋其政负其责,充分调动他们工作的积极性与参与程度。

(二) 服务传递

旅游者对于旅游目的地为其所提供的服务要求平滑性和顺畅性,因此,旅游目的地服务与经营主体需要一定程序的设定来保证旅游接待业服务质量管理活动。旅游接待业服务传递工作需要依靠合理的且富有创造性的服务传递流程设计,从而保证生产过程和消费过程的高质量结果。在全面质量管理中,影响产品质量的主要因素为设计质量、制造质量和使用质量等一系列程序,而旅游接待业服务主体不是物质资源的生产主体,其产品生产的过程没有制造、检验、安装、运输等工序,产品的质量主要取决于服务质量设计的合理与服务传递的顺畅。服务线路犹如导航线引导服务人员与设施相匹配,就算有再好的服务人员而缺乏合理的服务线路的设计,也无法引领服务人员为游客提供满意的服务。可见,服务传递是以服务设计为基础,其合理性决定了服务质量的好坏。

从游客的立场而言,他们接受旅游接待业领域的消费涉及一系列复杂的流程,以酒店消费为例,涉及预订(现场预订或网上预订)、前台登记、入住客服、酒店消费、退房离开几个过程,整个服务流程的操作需要酒店前台与后台(客房、餐饮、娱乐等)的传递与配合,需要酒店组织部门提供核心服务与完善附加服务。前台服务为游客感知服务质量的第一线,是酒店的门户形象展示的窗口,其服务质量会受后台服务的影响。因此,作为服务质量保障的后台服务需要以规章制度、服务程序、岗位职责等严格要求员工的言行举止,从而保证服务以高质量传递到前台工作层。同时,以企业文化潜移默化影响员工的精神价值,使其树立以企业文化为核心的价值观,并通过服务传递表现,给游客留下好印象,从而提升其满意度。

(三) 系统资源

对旅游接待业组织结构的管理,实质就是对其综合资源的管理,涵盖人力、物力和财力等,所以,这些资源是服务质量管理工作不可或缺的保障,离不开对这些资源的调配使用。

旅游接待业为现代服务业,属于劳动密集型产业,需要依靠人力推动行业的发展。但有别于传统的劳动密集型产业,结合当前的时代背景,旅游接待业对人力资源有了更高的要求,其综合性决定了旅游接待服务人员的多功能性,行业发展的迅猛性要求旅游人才的专业性。因此,复合型人力资源对旅游接待业的发展起到关键作用。旅游接待业服务质量的管理离不开人才,而且是高素质人才。一支高素质人才梯队,能够帮助行业准确获悉市场动态,把握行业发展趋势,取得适用信息,并依托自身专业素养随时更新知识和技术,精准定位,推动行业紧跟时代潮流,不被市场的浪沙淘汰。因此,高素质的人力资源是提升旅游接待业服务质量管理竞争力的核心资源,旅游目的地服务与经营主体必须根据岗位需求,选拔适合的工作人员,同时为其提供专业培训机会,促使员工专业能力的提升,从而推动旅游目的地服务质量管理工作的有效落实。依靠高素质人才在旅游接待业服务质量管理上获取市

场优势,推进服务质量管理目标的最终实现。

三、旅游接待业服务质量管理过程

著名质量管理专家 J. M. 博士在其著作《质量控制手册》中提出"质量管理三部曲"的理论,即质量计划、质量控制、质量改进。① 这是一种通用的提高质量的方法,为质量目标的实现提供有效的途径,这也同样适用于旅游接待业服务质量管理。

(一)服务质量计划

制订计划是目标实现的前提工作,能使相关工作循序渐进地推进。服务质量管理计划是指落实服务质量目标的具体部署与行动安排,包括确定旅游接待业各部门的工作任务、权利与职责以及时间节点安排等。通常是通过一系列计划指标及实现终极目标的举措表现出来的。旅游接待业的服务质量计划通常又可以称为服务质量设计,包括服务质量的标准化设计和个性化设计两个方面。标准化的服务质量设计是通过基本的服务设施满足游客服务价值的基本需求,要求统一化、一致化。例如,就国家5A级旅游景区而言,所有5A级景区设计必须满足国家5A级景区评定标准所包含的内容。而服务质量设计的个性化则是指旅游目的地的服务产品质量设计为区别同行业服务产品的比较水平,而使服务质量设计个性突出,避免同质化竞争,形成强有力的竞争优势。近年来,为满足游客的个性化需求,许多旅游企业推出私人订制旅游产品,根据游客的需求而打造服务产品,这也是一种个性化服务质量设计活动。

(二)服务质量控制

采用服务质量控制方法的主要目的是保证和提高服务产品的质量,围绕这一目标实施一系列如质量调查、研究、组织、协调、控制等工作。若要使旅游接待业的服务质量得到保证,必须按照程序依次实行服务质量控制措施。服务前的预防控制、服务过程中的标准化与统计控制以及售后服务过程中的服务复原控制,这些均属于服务质量控制的范畴。随着大数据时代的到来,为了实现精准服务,不管是标准化还是个性化服务质量设计,都需要用"数据"说话。在为游客提供服务的过程中不断地挖掘和控制游客的各类数据,研究游客消费行为习惯,从而推动服务的精准化,进而提升游客对旅游目的地所提供的服务质量的满意度。

(三)服务质量改进

服务质量改进是指在原有服务质量的基础上寻求突破性的提高,使质量达到一个新水平、新高度。旅游接待业服务质量改进内涵与其他行业质量改进内涵相一致,即"为本组织及其游客提供增值效益,在整个组织范围内所采取的提高活动和过程的效果与效率的措施。"②旅游接待业服务质量改进工作应贯穿于其服务质量管理的全过程,可分为四个步骤,即计划(Plan)、实施(Do)、检查(Check)、调整(Adjust),为一个 PDCA 循环。首先,确定目标,制订实施计划书;其次,实施过程按照计划循序渐进,落实具体对策;再次,实施具体对策后,验证质量改进的效果;最后,总结成功的经验,实施标准化,为后期改进提供经验。在此

---

① 约瑟夫·M·朱兰.朱兰质量控制手册(第一版)[M].上海:上海科学技术文献出版社,1951.
② 万融.商品学概述[M].北京:中国人民大学出版社,2013.

轮中没有解决的问题,将在下一轮的 PDCA 循环中继续进行讨论,逐渐得到解决。总之,旅游接待业服务质量改进工作需要在服务的全过程不断地寻求改进机会,发现问题,剖析问题,寻找问题发生的根本原因,从而减少和消除类似问题的再发生。

第三节 旅游接待业全面质量管理

全面质量管理(Total Quality Management,TQM)指一个组织以质量为中心,以全员参与为基础,目的在于通过让顾客满意和本组织所有成员及社会受益而达到长期成功的管理途径。[1]

一、旅游接待业全面质量管理的内容

旅游接待业全面质量管理通过整合行业所有资源,以系统的管理手法、科学的管理思想、高效的管理方法,改变传统的以质量结果为导向,忽略过程控制、质量预防,从源头上防止问题的发生,防患于未然,减少游客对旅游目的地所提供的服务的不满,促进旅游接待业服务质量的全面改善和提升。旅游接待业全面质量管理包含多方面的内容,涉及管理主体、管理对象、管理方法、管理过程以及管理目标等。

(一) 全面质量管理主体——全体成员

旅游接待业全面质量管理的有效推进主要依托全体员工的积极参与和共同努力。旅游接待业全体成员在全面质量管理过程中应当从思想上到实践上都有所行动,思想上应当对旅游接待业全面质量管理有统一的认识,实践中应积极主动地投身于维护旅游接待业全面质量管理的实施过程中。从高层决策人员到基层服务人员都应各司其职,促进整个管理过程的顺畅,决策层决策、管理层拟定管理计划方案、基层落实贯彻执行。可见,旅游接待业全面质量管理贯穿于各层次人员对行业管理活动的始末,从宏观上把握行业发展的风向标,督促最终目标方针的实现,从微观上推进各项措施的落地实施与贯彻执行,贯穿于各部门员工的具体工作之中,从而保证旅游接待业服务质量的提升。

(二) 全面质量管理对象——全方位

旅游接待业全面质量管理是全方位的管理策略,凡是与旅游接待业经营管理活动,以及与旅游接待业服务产品提供相关的内容,都属于旅游接待业全面质量管理的范畴。旅游接待业服务产品的整体性和全面性特点,决定了其质量管理必须实行全方位的管理。旅游接待业服务产品的有形性和无形性特征决定了其服务活动的复杂性。因此,旅游接待业全面质量管理必须注重管理的系统性和整体性,从起始服务至服务结束,每一个环节必须认真细致、一丝不苟。为旅游者提供优质服务,不能只关注局部的质量管理,而应监督整个流程。

(三) 全面质量管理方法——全方法

旅游接待业服务质量的构成要素众多,影响其服务质量的因素也很多,服务过程中还存

---

[1] 韩之俊,许前,钟晓芳.质量管理(第二版)[M].北京:科学出版社,2007.

在各种随机性和突发性事件,虽然一些硬性的质量管理标准能够满足游客的基本服务需求,但是服务的无形性和诸多不确定因素导致了一些服务的提供和问题的解决无章可循,需要服务者灵活处理。可见旅游接待业全面质量管理的操作性具有一定难度。因此,要保证服务从根本上能使所有问题得到解决,执行者全面控制所有影响服务质量的不可定因素,这就要求旅游目的地服务与经营主体运用全面系统的现代管理方法对其接待业工作进行质量管控。

(四)全面质量管理过程——全过程

旅游接待业服务质量的高低是游客对旅游目的地服务水平的综合评价,评价依据是他们根据在旅游目的地旅游过程中感受的切身服务体验与其来之前的期望值之间的比较。可见,旅游接待业的服务质量是以服务效果为最终评价的,是游客对旅游目的地所提供的服务的全过程进行综合评价。因此,要保证游客给予旅游目的地旅游接待服务质量"好评",就必须对旅游接待业实施全过程质量管理。旅游接待业全过程包括服务前期的组织准备、服务阶段的对客服务和服务后期的售后服务,三个阶段是一个完整的体系,不可分割。服务前期的组织准备要求做好预防和准备工作,尽可能避免服务中问题的出现;对客服务阶段则要求灵活处理各类问题,将损失降至最低;售后服务阶段也应以最佳的服务态度为游客解决问题。总而言之,旅游接待业全面质量管理的全过程管理就是做好每一个环节的服务工作,让每一个环节的服务都符合旅游接待业全面质量管理的要求。

(五)全面质量管理目标——全效益

旅游接待业全面质量管理的目标就是实现旅游接待业的全效益。不仅要实现经济效益,更应实现社会效益与生态环境效益。加强生态文明建设,构建绿色产业体系是当前时代背景对各行业所提出的要求。旅游接待业作为现代服务产业应当与时俱进,推动旅游接待业的绿色发展模式。首先,旅游接待业组织需要制定绿色战略使旅游目的地接待业能够长期稳定、持续实施绿色管理,以长远的发展目标让绿色管理成为旅游目的地可持续发展、有力成长的推动力量,避免朝令夕改的短期行为。其次,提高全体人员的环保意识,上至决策层,下至基层都应该树立环境保护意识,以绿色服务理念为游客提供绿色服务产品,以绿色服务行为潜移默化地影响游客的行为。"绿色经营战略"的实施能够大大增强旅游目的地的知名度与美誉度,从而为旅游接待业带来长远的经济效益,最终实现旅游接待业全面质量管理的全效益。

二、旅游接待业全面质量管理方法

(一)PDCA方法

PDCA法是全面质量管理的思想基础和方法依据,是由美国管理专家休哈特博士率先提出,由戴明采纳、宣传,获得普及,所以又称"戴明环"。PDCA法分为四个阶段,即计划(Plan)、实施(Do)、检查(Check)、调整(Adjust)。在全面质量管理中,要求各项工作按照做出计划、计划实施、检查实施效果去进行,然后将成功的纳入标准,不成功的则留至下一循环中去解决。通过周而复始的动态运作,不断推进旅游接待业质量管理的提升。

1. 计划阶段(Plan)

计划阶段主要是对旅游接待业服务质量提升目标和方针的确定,并制定实施方案。这一阶段要求旅游接待业的组织对每个岗位和每个员工的工作进行认真分析和评价,找出会对旅游接待业服务质量产生影响的问题隐患,进行认真研究,并对当前旅游目的地旅游接待业的整体服务质量水平进行评价。基于此,制定本循环旅游接待业服务质量管理提升的目标与要求,并确定服务质量达标的时间节点,明确提升和改善服务质量工作的重点与任务,设计出详细的实施方针与方案。

2. 实施阶段(Do)

实施阶段是根据上一阶段制定的详细方针进行具体的运作,以期实现计划中的全部内容。要求全体人员严格执行计划阶段的各项任务,并做好记录,以备核查和反馈执行情况。

3. 检查阶段(Check)

检查阶段是对执行计划结果的总结,综合运用各种服务质量检查和考核办法,对旅游接待业所提供的服务产品和服务过程进行全方位的检查,看是否达到计划中所设定的目标和服务质量标准。要求在检查阶段发现哪些计划是正确的,哪些是错误的,找出问题,将问题留至下一阶段解决。

4. 调整阶段(Adjust)

本阶段主要是对上一阶段检查的结果进行处理,通过对已出现的服务质量问题进行剖析,找出问题产生的原因,并制定解决问题的方案。在总结经验的过程中,对成功的经验加以肯定,并予以标准化,运用于旅游接待业服务规范中,防止类似事情的再发生。对于失败的教训也要总结,引起重视。为了下一循环过程中能更好地规避各种服务质量问题的出现,调整阶段还需要对可能出现的新问题进行预测,未雨绸缪,防患于未然。

(二) QC小组法

QC(Quality Control)小组,即质量管理小组,是指旅游接待业的全体员工围绕旅游目的地的方针目标和现存问题,以改进质量,降低消耗,提高经济效益、社会效益、生态环境效益和员工综合素质为目标而组织起来,运用旅游接待业服务质量管理的理论和现代管理方法开展活动的组织。

QC小组组建后,针对旅游接待业的发展目标,按照一定的程序开展活动,具体程序如下。

(1) 确定目标。根据旅游接待业发展过程中的薄弱环节以及游客的服务需要,明确发展目标,使QC小组在开展工作过程中有方向,有重心。

(2) 确定目标值。根据所确定的目标,确定合理的目标值。目标值的确定要注意两个事项:第一,将目标值定量化。首先,能够帮助小组成员有一个明确的努力方向,不至于漫无目的地工作;其次,有利于小组成员检查工作,对活动成果进行评价。第二,注重目标值实现的可能性。既要防止目标值定得过低,轻松实现目标,导致小组开展的活动缺乏意义,又要防止好高骛远,脱离实际,使目标值久攻不克,让小组成员丧失信心。

(3) 调查现状。若要切实了解旅游接待业的发展现状,必须深入实际做好现状调查。收集数据、资料,对旅游接待业的服务质量水平进行评估。在进行现状调查时,应根据实际情况,运用不同的数据分析工具对所收集的数据进行整理。

(4) 分析原因。充分调动QC小组的参与积极性,让其共同参与到旅游接待业的服务质量管理中来,依靠掌握的数据,集思广益,找出服务质量不佳的原因,运用多种质量分析工具,找出制约旅游接待业服务质量的瓶颈。

(5) 制定措施。确定制约旅游接待业服务质量提升的主要因素后,制定相应的措施计划和执行清单。需要明确解决各项问题的具体措施,具体措施的可行性并进行进度管理,确定完成时间及检查人。

(6) 实施措施。按照已制订的措施计划认真贯彻实行。负责实施过程监控的小组长要时常组织小组成员研究措施实施情况,随时随地了解实施的进展,发现新问题要第一时间研究、调查、给出新的措施计划,以便实施措施的持续推进,从而实现最初所设定的活动目标。

(7) 检查效果。措施实施后,应进行效果检查,通过将实施的措施进行前后对比,看是否达到预期所指定的目标,若达到了预期的目标,可转入下一步工作;若没有达到,就应对计划的执行情况及其可行性进行分析,找出原因,在第二次循环中加以改进。

(8) 制定巩固措施。所实施的措施若能经得住时间的考验,至少三个月的时间内无任何问题的产生,说明制订的措施计划有效,QC 小组基本完成任务,即可将成功的经验上升为标准,纳入旅游接待业相关质量管理标准或文件中加以巩固。

(9) 分析遗留问题。通过检查实施效果,能总结许多成功的经验,但也存在一些不成功的经验,成为遗留问题,对于遗留问题不可弃之不管,而应对其进行再分析,作为下一轮质量管理小组的重点工作任务和努力方向。

(10) 总结成果资料。QC 小组将每一次的质量管理活动成果进行总结,是自我提高的重要环节。总结成功的经验,吸取失败的教训,为下一个循环的开始打下基础。

旅游接待业在其发展过程中都会存在服务质量问题,这是不可避免的。存不存在服务质量问题并不是评定旅游接待业服务质量水平的标准,能否及时发现问题并能及时采取有效措施使问题得到圆满解决,促使旅游接待业服务质量水平不断改善与提升,才是衡量旅游接待业服务质量水平的标准。作为有效优化旅游接待业服务质量管理水平的 QC 小组法,能够充分发挥小组成员的能动性与创造性,及时发现并解决旅游接待业发展过程中所产生的服务质量问题,是提高其整体服务管理水平的有效方法。

(三) ZD 管理法

ZD(Zero Defects)管理法,即零缺陷管理法。这并不意味着管理中无任何缺陷,旨在通过有效的 ZD 管理法将旅游接待业服务质量的缺陷和差错降至最低限度。

1. ZD 管理法的特点

ZD 管理法是酒店质量管理中普遍采用的方法,但我们也可将其核心理念运用于旅游接待业服务质量管理之中,提升旅游接待业服务产品的质量。ZD 管理法有以下几大特点。

(1) 目标性。

ZD 管理的目标,即尽可能减少旅游接待业服务质量管理中的缺点和差错,努力做到无差错地将最优服务传递给游客,让旅游目的地的服务产品的提供朝着"零缺陷"的方向发展。ZD 管理的目标性要求旅游接待业组织必须根据所指定的目标做好服务前的预防工作和服务中的控制工作,尽量避免对服务出现差错后进行善后处理,因为服务问题一旦产生,即使采取补救措施能够为行业弥补一定的经济损失,或给游客一定的经济补偿,但却难以弥补游客的精神损失,从而使旅游目的地的声誉和品牌受损。

(2) 全员参与性。

任何管理活动都需要全体员工积极参与,为组织的发展出谋划策,贡献力量。ZD管理也一样,离不开旅游接待业每一位员工的共同努力。每一个成员,不管是决策层、管理层还是基层员工,都是旅游接待业实现"零缺陷"管理的缔造者。因此,旅游接待业组织应当采取激励政策,充分调动全体员工的积极性与参与性,让每一个员工都全身心地投身于本职工作之中,营造"零缺陷"的服务环境,推动旅游接待业服务质量不断提升与改善,为游客提供高质量旅游接待服务。

(3) 前瞻性。

若要将管理工作的失误降至最低,甚至"零缺陷",要求管理者具有前瞻性管理思维模式,任何事情做到未雨绸缪,防患于未然。在旅游接待业服务质量管理中,要求为游客提供服务产品前就应该做好应有的准备工作,做到一丝不苟,保证服务过程中的顺畅性。优质的前瞻性服务甚至要求服务者能够为游客提供超乎其期望值的服务。

(4) 整体性。

旅游接待业服务质量管理要求将服务工作做到尽善尽美,就必须以整体性管理方式加强对旅游接待业服务质量工作的管理。管理者应当树立全局观念,整体把控服务产品的所有环节,加强对每一环节服务质量的监督,避免因某一个环节出错而导致影响全局局面的形成,给游客留下不好的印象,降低其对旅游目的地的满意度。

(5) 一次性。

一次性指通过一个完美服务而使游客获得终生难忘的体验。这既是旅游接待业服务质量管理的长远目标,也是旅游接待业组织要求每位服务者所需具备的职业素养。每位员工要一次性做好每项工作,做到百分百让游客满意,拒绝服务过程中犯错误,给游客和组织带来损失,否则就不能称之为"零缺陷"服务管理。这要求服务者具有非常高的职业素养,能够高效、优质地完成旅游接待工作。因此,组织应当给员工提供专业培训机会,使旅游接待业服务产品质量得到保证。

2. ZD管理法的工作程序

如同PDCA法,ZD管理法的工作程序亦包括目标的确定、计划的制订、小组活动的开展和最终效果的考核。

(1) 确定管理目标。这是旅游接待业ZD管理的指导思想,通过明确ZD管理的目标和意义,强化旅游接待业全体员工的质量管理思想和认识,转变服务质量管理观念,确定管理目标,动员全员参与。

(2) 制订管理计划。制订ZD管理计划旨在实现ZD管理目标。管理计划的制订有以下几个原则:首先,立足旅游接待业服务质量管理当中存在的问题而展开,使计划具有针对性;其次,保证计划的可行性与可操作性,确保计划实施过程中的无障碍性;最后,明确ZD管理的具体任务和要解决的问题,制定出详尽的工作步骤。

(3) 开展小组活动。ZD管理需要旅游接待业全体员工的共同参与和维护。在整个管理过程中,可将旅游接待业全体员工按照一定的工作需要分成若干个活动小组,明确每个小组的具体工作任务与工作目标,将任务下达至小组内的每个成员,采取一定的奖励政策,激

发每一个员工的工作热情。充分发挥小组成员的能动性,让其成为工作中的主角。小组组长要起到监督的作用,随时关心并做好检查、考核工作。

（4）考核最终效果。ZD管理效果考核就是将旅游接待业通过ZD管理后的服务质量改善效果与之前的服务质量效果相比较,同时比较结果与目标的接近程度。ZD管理效果考核的内容包括以下几个方面:第一,ZD管理活动的开展是否顺利;第二,每一个员工在工作过程中是否做到了零失误,游客是否零投诉;第三,管理活动实施后,员工的工作热情、工作动机是否提高,全体部门的组织凝聚力是否增强;第四,全行业的各方效益是否得到提高等。

三、提高旅游接待业服务质量的有效途径

旅游接待业服务质量是助推旅游目的地旅游业的发展的关键组成部分,也是现代服务业服务质量全面提升的保障之一。旅游接待业发展过程中,无法完全杜绝服务质量问题的产生,但是可以通过有效的途径将服务质量问题发生的概率降至最低,实现旅游接待业服务质量的提升和既定目标的实现。可以通过以下途径切实提高旅游接待业服务质量,提升游客对旅游目的地的满意度和忠诚度,从而增强市场竞争力。

（一）树立旅游接待业全面质量管理意识,纳入行业整体发展战略

当前的时代背景既为旅游接待业的发展创造了机遇,同时也带来了挑战。机遇是大众旅游时代,外出旅游已成为一种常态,能为旅游接待业实现可观的经济效益,而挑战是体验经济时代,旅游者消费观念的转变,对于服务质量有了更高的要求,需为其提供更为优质的服务产品。同时,市场竞争的日趋激烈,也逼迫旅游接待业不得不以新的管理方式推动服务质量的提升。因此,树立全面质量管理意识,将其纳入行业的整体发展战略之中,是当前旅游接待业需要重视的问题。可谓"意识决定行为",对于一个行业而言,树立正确的管理意识,能够为其发展找准前行的方向,而将其纳入行业发展战略之中,意味着将成为其终生奋斗的目标。全面质量管理意识从客观上要求旅游接待业全面提高其质量意识,以质量求生存、以质量求效益、以质量求发展、以全面质量提升为自己的行动准则。用战略的观点来看待旅游接待业的服务质量问题,用战略性思维开展质量管理工作,制定一系列的制度、规章、方法、程序等,使旅游接待业质量管理活动系统化、标准化、制度化,才能真正促进旅游接待业服务质量的提高。旅游接待业的全体员工是落实全面质量管理工作的主体,因此,组织应当帮助所有员工树立全面质量管理意识,只有在全员的努力下,才能获得质量的持续提高。

（二）创新旅游接待业服务管理理念,提高行业质量管理水平

随着旅游业的不断发展,旅游消费理念的逐渐改变,游客需求层次的不断提档升级,游客对于旅游接待业的服务质量要求也越来越高,不仅要满足其物质需求,更需要满足其心理需求和精神层次的需求。这要求旅游接待业服务质量不断提档升级才能满足游客的需求,在激烈的竞争环境中赢得一席之地。创新旅游接待业服务质量管理理念是提高旅游接待业服务质量管理水平的前提,观念创新决定实践更新,只有观念得到改变才能进一步落实于行动中。首先,树立"以游客为中心"的服务管理,以游客的需求为导向,提供令其满意的优质个人消费服务;其次,树立"绿色管理"理念,以国家政策为导向,紧跟"加强社会生态文明建设"步伐,推进旅游接待业的绿色化管理,提升生态效益。最后,强化服务管理过程,过程监

督决定服务质量结果,以过程管理推进行业服务质量的提升、细节的完善,最终达到行业整体质量管理水平的提升。

（三）提高旅游接待业全体员工素质,强化员工梯队管理

游客在购买旅游产品和享受服务的过程中与服务人员有非常密切的互动。一定程度上,服务人员的素质体现了该旅游目的地的服务水平,甚至会影响游客的消费力。高素质的服务者能够很好地拿捏与游客之间的关系,凭借自身的职业素养增强游客的实际消费欲望,同时使游客获得好感,增强其对旅游目的地所提供的服务质量的满意度。高素质的员工梯队是行业的隐形竞争资源。目前,我国旅游接待业从业人员的综合素养普遍偏低,尤其是一线服务人员,他们代表着整个旅游目的地的形象,是旅游目的地的品牌,若因其个人素质,使游客对旅游目的地的整体服务质量不满,会严重影响旅游目的地的美誉度。因此,旅游目的地若想增强其核心竞争力,就必须提高旅游接待业全体员工的整体素质,强化对员工梯队的管理。首先,在员工配置方面,应重视被聘人员的实际才能,是否具备灵活处理事件的能力,按不同岗位要求选拔适合的人员;其次,重视对员工的实践业务培训,提高专业知识和服务技能;最后,加强对员工人际交往能力的培训,让其有良好的人际交往能力面对来自五湖四海的游客。同时,建立有效考核监督机制,规范员工的行为,保证服务质量,还要建立科学合理的激励机制,挖掘员工的潜力,充分调动员工工作的积极性。总而言之,一支优秀的员工梯队才是旅游接待业优质服务的创造者,才能从整体上提高旅游接待业的服务质量水平和游客的满意度。

思考与练习

1. 简要概述旅游接待业服务质量管理的内涵、特点与原则。
2. 旅游接待业服务全面质量管理的内容包括哪些？
3. 如何进行旅游接待业服务质量管理？
4. 旅游接待业全面质量管理的方法有哪些？
5. 针对当前旅游接待业发展的现状,阐述提高旅游接待业服务质量的途径有哪些？

第八章

旅游接待业管理信息系统

学习目标

1. 了解管理信息系统的概念、结构与特征
2. 了解旅游接待业管理信息系统概念及其功能
3. 了解旅游接待业管理信息系统开发过程
4. 熟悉旅游接待业管理信息系统的实施、运行与维护
5. 熟悉旅游接待业管理信息系统的安全与保密策略

核心概念

旅游接待业管理信息系统　系统开发　系统维护　系统安全管理

旅游接待业管理信息系统是实现旅游接待业组织信息管控的工具,是辅助企业制定战略、提供决策依据的重要参考,是提高企业运行效率和效益的手段,是旅游接待业现代化和信息化的重要标志。随着科学技术和信息技术的发展,管理信息系统在现代企业中发挥着越来越重要的作用,如何在复杂多变的外部环境下,保持系统的长期稳定和高效运行是所有企业都关注的事情。

第一节　旅游接待业管理信息系统概述

一、管理信息系统的内涵与结构

(一)管理信息系统的内涵

管理信息系统兴起于 20 世纪 80 年代,尽管已有 30 多年的发展,但对其概念仍未形成统一的认知,目前最常见的一种定义为:管理信息系统指一个由人和计算机组成的,能够对管理信息进行收集、整理、储存、加工、传递、维护、使用等的系统。该系统能够实时监测企业

运行的状况,并且能够通过对历史数据的分析,预测未来发展趋势,从而起到辅助企业战略规划、重要决策制定、规划目标实现的作用。① 成熟的管理信息系统具备三个基本要素:系统的观点、数学的方法和计算机的应用。但并非所有的信息管理系统都具备以上三个要素,例如,某些小型的、不成熟的个体组织即使没有计算机的支持也能够进行基本的信息管理。本章主要讨论成熟的管理信息系统。

(二)管理信息系统的结构

管理信息系统的结构指管理信息系统的各个组成部分及其之间的相互关系。从不同的视角出发,可将其结构进行不同划分,本节笔者将从概念结构、层次结构和功能结构着手进行分析。

1.管理信息系统的概念结构

上文指出管理信息系统是一个由人机组成的对信息进行收集、整理、储存、加工、传递、维护、使用等以达到某种特定目标的系统。从概念上来说其结构必然涉及信息源、信息处理、信息管理、信息使用等内容。其概念结构如图 8-1 所示。

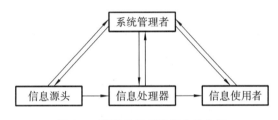

图 8-1　管理信息系统概念结构图

2.管理信息系统的层次结构

管理信息系统纵向上依次为基层管理、中层管理和高层管理,基层管理的主要任务是基础作业处理,中层主要负责战术制定,高层负责战略规划。信息系统横向上可以依据职能不同划分为财务管理子系统、制造管理子系统、办公管理子系统、营销管理子系统和人力资源管理子系统等。每个子系统都是一个单独的金字塔造型,支持不同层级的管理者的需求(见图 8-2)。通常基层作业工作最为单一、简单、任务量重,越往高层任务量越小,但是处理方式更灵活多变,对创造性要求越高。

3.管理信息系统的功能结构

管理信息系统具有信息输入、信息处理和信息输出的功能,其中信息处理阶段是整个过程的核心。从技术层面来看,管理信息系统的功能结构如图 8-3 所示。

二、旅游接待业管理信息系统的内涵、特征与功能

(一)旅游接待业管理信息系统的内涵

旅游接待业管理信息系统是信息系统在旅游接待业的具体运用。借鉴上文对管理信息系统的界定,本书将旅游接待业管理信息系统定义为:一个由人机组成的,能够对各种旅游

---

① James A. O'Brien.管理信息系统概论[M].北京:高等教育出版社,2002.

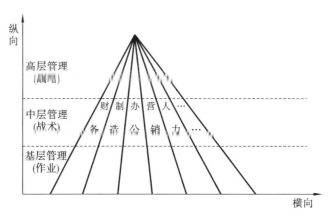

图 8-2 管理信息系统的层次结构示意图

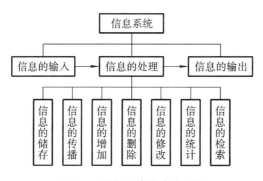

图 8-3 信息系统的功能结构

接待业管理信息进行收集、整理、储存、加工、传递、维护、使用等的系统。该管理系统以计算机技术为支撑,以现代通信技术为信息传输工具,以现代化的旅游接待业管理思想为核心,以系统化思维为根基,不但能够实现旅游接待业企业信息的实时监控,而且能够为旅游接待业企业的战略规划、决策制定提供参考依据。

一般管理信息系统的结构可以从概念、功能和层次等视角出发进行总结,旅游接待业管理信息系统作为管理信息系统在旅游接待业的具体应用,其结构同样可以依据概念、功能和层次三个视角进行讨论。这里笔者综合考虑三种视角将旅游接待业管理信息系统的结构分为三个部分:数据处理部分(处理功能)、数据分析部分(分析功能)和决策部分(辅助决策功能),各部分任务及功能见图 8-4。

(二)旅游接待业管理信息系统的特征

系统指在一定的环境中,为了达到某一特殊目的和功能而相互联系、相互作用的若干要素有机组成的一个整体。旅游接待业管理信息系统虽然较复杂,但是其本质仍是一个系统,具备一般系统的特征,下面以具体例子说明旅游接待业管理信息系统的特征。

1. 整体性

系统是所有要素或部件有机组成的一个整体,该有机整体不但具备子要素的功能,而且还具备各子要素所不具备的功能。旅游接待业管理信息系统同样是由构成旅游接待业管理

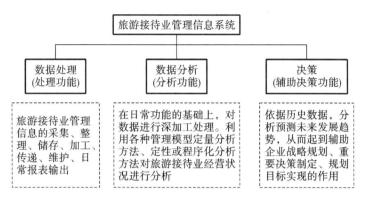

图 8-4 旅游接待业管理信息系统结构分析

的不同要素组成,各要素之间既相互独立,又相互联系,既有属于各子要素本身的功能与特征,又共同组成整体系统功能的一部分。例如,旅游接待业过程涉及的食、宿、行、游、购、娱等要素,彼此之间相互独立,各自具备不同的功能与属性,但是旅游接待业管理信息系统是一个完整的有机整体,任何一个要素的缺失都不能够构成完整的系统。

2. 目的性

任何一个系统的设计都是为了实现某一特定目标和功能,该特定目标或功能在单一要素下不能够实现,只有当所有要素有机组合在一起时才能够实现。旅游接待业管理信息系统就是为了实现完整的信息服务而设计。例如,旅游接待酒店提供可口的饭菜、舒适的住宿环境,旅游接待景区提供良好的服务和游览体验,旅行社提供满意的全程旅游服务等。

3. 层次性

任何一个系统都可能被包含在一个更大的系统之中。例如,旅游接待业管理信息系统属于现代服务业管理信息系统下的一个子系统,而旅游接待业管理信息系统又包含旅游景区管理信息系统、旅游酒店管理信息系统、旅游交通管理信息系统、旅游购物商店管理信息系统、旅行社管理信息系统等。而旅游酒店管理信息系统又可以分为前台系统和后台系统,前台系统又分为前厅、客厅、餐饮等若干为游客提供服务的小系统,前厅又由预订、接待等元素组成。按照这种逻辑,每个系统都只是在一定层次上才有意义,一旦脱离这个层次,该系统就有可能属于另一个系统的子系统或元素。

4. 受环境影响

任何一个系统都不可能脱离一定的环境而存在,环境是系统生存的土壤,系统依存于环境同时又改变环境。例如,我国旅游接待业的发展与我国国际地位的提升、人民生活条件的富足、国家经济的进步具有很大关系,这些外在条件都促进了旅游接待业的迅猛发展,而旅游接待业的发展又反馈于社会和国家,形成一个物质与能量交换的良性循环体。

(三) 旅游接待业管理信息系统的功能

一般来说,旅游接待业管理信息系统通常具备以下几项功能。

1. 数据处理

数据处理主要是完成旅游接待业管理数据的收集整理、输入数据库、传输、储存、加工处理及日常报表输出。

2. 事务处理

事务处理是将原先人工处理的事务转移到信息系统中处理,把人从纷繁复杂的劳动中解放出来,提高劳动效率。

3. 预测功能

预测功能充分利用历史数据,通过构建模型或运用数理统计知识对未来的状况进行合理预测。

4. 计划功能

计划功能是对各职能部门的工作任务进行规划,并提供适用于不同管理层次需求的计划报告。

5. 控制功能

控制功能是对计划实施的情况进行把控,确保实际情况按照计划方向前进。若出现偏差,分析偏差原因,并及时进行修正,控制偏离趋势。

6. 辅助决策功能

辅助决策功能根据系统提供的数据运用模型推导最优解法,帮助管理人员做出科学的决策。

三、旅游接待业管理信息系统的管理内容及意义

(一)旅游接待业管理信息系统的内容

1. 开发过程管理

旅游接待业管理信息系统的开发是一项漫长而又复杂的任务,需要消耗大量的时间和精力进行谋划开发,从最初的对客户诉求调查到最后的系统维护管理都需要强有力的经费、人力资源和技术支撑。

2. 使用过程管理

管理信息系统开发出来之后交由企业进行实测,但是企业大多数员工并未参与到系统的开发过程中,对系统的运用并不熟悉,即使软件开发商会对企业员工进行使用培训,但是并不能保证每个人都能够熟练掌握。此外,信息系统在使用的过程中会经常涉及数据、信息的处理,一些不当的行为都会损害系统的安全,所以系统开发出来之后并不代表真正有效,还需要在运用过程中进行管理。

3. 运行维护管理

任何一个系统在一成不变的情况下都不可能长期生存,随着外在环境的变化以及企业内部环境的变化,不同时期我们对系统的要求和侧重点往往不一致,这就需要在原有系统的基础上进行修改使之适应当前的使用环境和需求。此外,由于信息技术的发展和科技的发展,作为系统载体的硬件和软件设备都在不断地发展与前进,在这个过程中很多之前的版本都已经过时或是不能够适应新系统的要求,这就需要及时更换设备、更新数据。因此,信息系统的运行维护管理也是整个系统重要的组成部分。

（二）旅游接待业管理信息系统的意义

1. 提高经济效益

毫无疑问，旅游接待业管理信息系统的使用对降低企业经营成本、提升企业运转效率具有极大的促进作用。信息技术的使用能够让管理者随时掌握企业的经营情况，增强不同部门间的协作，从而降低旅游接待过程中一些不合理、不科学的环节，节省大量的人力和财力。同时，信息系统还有利于分析企业短板，帮助企业制定未来发展战略和规划，为其提供科学支撑。虽然，信息系统开发本身需要一定的资金，但其回报率却远远高于开发费用。

2. 增强核心竞争力

互联网的发展和信息技术的普及改变了传统旅游接待业的营销方式和营销思路。管理信息系统作为信息技术发展应用的典范对于提高旅游业核心竞争力意义重大。旅游接待业信息化建设过程也是贯彻实施管理观念的重要途径，未来旅游接待业的竞争很大程度上是科学技术的竞争，谁掌握先进的技术谁就能够抢占市场先机，掌握核心竞争能力。

3. 顺应发展潮流

世界旅游组织预测2020年中国将成为世界上最大的旅游目的地国家，预期游客人次将超过13710万，随着我国经济的快速发展和人民生活水平的提高，人民对美好生活的向往需求必将越来越显著，旅游业作为五大幸福产业之首，未来一定蕴藏巨大的发展潜力，如此庞大的旅游接待服务若采用传统的手段进行管理必将力不从心，因此，发展管理信息技术、建设管理信息系统是顺势而为，也是未来历史发展的必然方向。

第二节　旅游接待业管理信息系统开发概述

旅游接待业管理信息系统是辅助旅游接待业组织管理人员的人机系统。相比于一般的系统开发而言，该系统具有耗时长、难度大、风险高等特点。经过多年的应用与发展，人们逐渐认识到管理信息系统不只是一个技术系统，更是一个社会系统。因此，旅游接待业管理信息系统开发对旅游接待组织极其重要，应当给予高度重视。

一、旅游接待业管理信息系统开发的特点

（一）旅游接待业管理信息系统的开发需要建立在一定的物质基础之上

物质基础是一切信息管理系统开发、运作的基础，缺乏相应的硬件设施或是软件设施都不能构成完整的、科学的信息系统。旅游接待业作为极富新时代特征的产业概念，其信息系统的开发更需要广泛的人力、财力和物力的支撑。如设备费，包括计算机的硬件、软件、网络通信设备、空调、电源、机房等的购置费用；开发费，包括开发人员的工资、编程和调试费，操作人员的培训费，以及其他一些费用等。

（二）旅游接待业管理信息系统的开发需要建立在良好的管理环境之上

完善的规章制度是组织良好运作的前提，合理的管理体制是组织保持生命力的保障，科学的管理方法是组织生产效率提升的途径，精准的数据提供是组织战略制定、科学分析的基

础。旅游接待业信息系统的开发一定要建立在良好的外部环境和合理的内部结构及规章制度之上,否则开发的信息系统一定是不完整、不科学、不合理的,在实际运作和应用的过程中出现各种问题。总之,良好的组织内部环境和外部环境有利于创建科学、完善的旅游接待业信息系统,而旅游接待业信息系统的建立又促进组织发展的良性循环,二者协同发展。

(三)旅游接待业管理信息系统的开发需要建立在相应的组织结构之上

旅游接待业信息系统的开发需要与相应的旅游接待企业的组织机构、形式、功能相匹配。不同的旅游接待业企业往往具有不同的特点,如酒店企业、旅游景区、餐饮企业等,按照不同的分类标准它们甚至不属于同一行业,这样就导致在建设旅游接待业信息系统时并没有一套通用的模式,最符合实际的开发原则就是根据不同的组织类别及其特点进行定制化的构建、开发。例如,酒店企业信息系统一般要包含登记、餐饮、收银、库存、查询、报表、人员管理、系统维护等操作模块,而旅游景区的接待信息系统关注的重点更多在于游客信息及体验信息。所以,旅游接待业信息系统开发一定要"量体裁衣、因地制宜",开发出真正满足组织需要及客户需求的信息系统。

二、旅游接待业管理信息系统开发原则

旅游接待业管理信息系统的开发是一项极为复杂的大型工程项目,其过程往往需要耗费大量时间、人力和金钱。为了保障系统开发的顺利完成,除遵循系统开发的一般原则外,还遵循以下三项原则。

(一)应用性原则

系统在功能上不但能够满足用户的使用要求,在操作上也应当契合用户的个性与习惯,设计友好的互动界面,保证系统操作的便捷性和实用性,同时,还要保障后期维护、升级的便利性与成长性。

(二)规范性原则

旅游接待业管理信息系统的开发必须严格遵循系统开发的一般原则和要求。由于旅游接待业管理信息系统开发比一般系统开发更具复杂性和动态性,所以在开发的过程中要严格依据软件开发操作规范和实施步骤。

(三)成长性原则

旅游接待业管理信息系统的建立不是一蹴而就的,最初的版本设计与最终的版本应用存在一定差异。根据原型法的思维,系统在应用的过程中始终处于一种不断升级、不断改进的动态过程中,不同的时间、不同的环境对系统功能要求不同,尤其是旅游接待业面临更加易变的外部环境,更需要旅游接待业管理信息系统具备强大的适应性。

三、旅游接待业管理信息系统开发方式

(一)自行研发

自行研发就是企业依靠自身力量独立完成系统开发的各项工作。它比较适用于实力强大,有较强设计、规划、分析能力的大型旅游接待组织。这种方式能够深入了解企业的需求和思想,由此开发出适宜企业应用的管理系统。尽管有以上好处,但是当企业开发水平较低、业务工作受限时会导致开发失败。

这种开发方式需要极强的领导能力,同时还需要一些专业开发人士或公司提供技术支撑或开发咨询。

(二)委托开发

委托开发就是委托给专门的系统开发公司或软件开发商,按照企业的需求进行开发。这种方式适用于缺乏技术人才和开发经验的旅游接待企业,这也是目前较常用的一种开发方式。这种方式的优点是省时、省力,而且开发公司通常都有很多技术开发经验,开发出来的系统成熟性很高,并且能够在企业原有的诉求之上优化、改进。缺点在于费用通常较高,维护和升级需要开发单位的长期帮助,不利于本单位技术人才培养。

这种开发方式的成功建立在旅游接待企业与软件开发商的深度沟通之上,只有系统开发人员真真切切地了解企业的诉求后才能够设计出让企业满意的系统。

(三)利用现成软件包开发

现成的软件包是预先编制好的、具备一定功能的成套软件系统,如财务管理系统、旅游酒店通用系统、小型旅游企业业务管理系统等。这种开发方式费用较少、开发周期短、技术水平较高,而且还能够得到很好的维护。但是,这种系统功能过于单一和局限,难以满足企业多样化的需求。因此,这种开发方式比较适用于功能单一的小系统开发,对于规模较大、功能复杂、需求量不确定性程度较高的系统开发不适用。

对于一些成熟的功能模块,如财务管理软件,可考虑购买现成的软件包。目前,我国很多旅游接待业管理信息系统的后台财务管理大多采用金蝶、用友等现成的财务管理软件。

四、旅游接待业管理信息系统的开发方法

在信息系统的开发方法研究方面,欧美等一些工业强国都曾进行过大量探索,并形成了较为成熟的几种开发方法,如结构化系统开发方法、原型法、面向对象法等。本节希望能够通过对以上这几种系统开发方法的深入分析,指导旅游接待业信息系统的开发。

(一)结构化系统开发方法

1. 结构化系统开发方法思想

结构化系统开发方法从系统工程视角出发,将系统开发视作一个工程项目,按照用户至上的原则结构化、模块化,自上而下对系统进行分析与设计,也就是将系统分解为不同子系统或子模块,这些模块之间关联性较小、相对保持独立。该方法是系统开发中使用较普遍、较成熟的一种方法。[1]

2. 结构化系统开发方法过程

结构化系统开发方法将整个开发过程划分为五个阶段,这五个阶段依次相连构成一个完整的生命周期,不同阶段具有不同的任务,如图8-5所示。

第一阶段:系统规划。对组织的战略目标、内外部环境及现行系统状况进行调查分析,

---

[1] 王德军,郝永芳.结构化程序设计方法与面向对象的程序设计方法的比较[J].铁路计算机应用,2003(11).

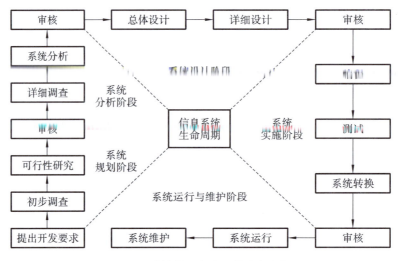

图 8-5 结构化开发方法的生命周期

结合组织未来发展目标及战略方向确定相适应的信息系统发展战略,对信息系统开发过程中可能面临的问题进行分析和预测,对系统功能和需求细致思考,明确开发新的信息系统的意义所在和建设的可能性。

第二阶段:系统分析。根据系统设计任务书所明确的范围,对现行系统的运行机制、运行情况和存在的问题进行评估,从而构思和确定新系统的基本目标和逻辑功能,完成系统分析报告。这个阶段的工作深入与否,直接影响将来系统的设计质量和经济效益。

第三阶段:系统设计。根据系统分析说明书结合实际情况对系统的各个组成部分进行具体的设计,该设计方案严格符合逻辑性和可操作性,简单来说就是设计出切实可行且具有落地性的新系统物理模型。

第四阶段:系统实施。根据系统规划方案将设计的新系统付诸实施。该过程主要包括设备的购置与安装、人员的培训、程序的调试与编写、数据的录入与整理等。

第五阶段:系统的运行与维护。系统投入运行之后,定期进行检查和维护,记录系统运行状况,不断改进和创新系统运行效率,升级系统服务质量,更好地满足用户需求。

3. 结构化系统开发方法在旅游接待业管理信息系统开发过程中的应用

由于旅游接待业不同于一般行业的特殊性质,在运用结构化方法进行旅游接待业信息系统开发的过程中可能遇到以下问题。

(1) 开发过程复杂,涉及多个环节,各阶段任务各不相同,各项审批工作困难。

(2) 结构化系统开发方法开发周期长且效率相对较低,对于快速发展的旅游接待业来说面临挑战。此外,其生命周期涉及大量的文档资料,一般用户很难真正理解、掌握这些系统使用说明书。

(3) 结构化系统开发中的各项工作依照先后顺序依次展开,一旦某项环节出现问题而又未及时发现,会导致后面的所有环节都建立在错误的基础之上,最终产生严重的后果。特别是更正错误的代价非常大,往往花费大量的时间和精力,在面对日新月异的旅游接待业发展形势下,结构化系统开发方法并不能够快速适应新情况。

(二)原型法

1. 原型法的思想

原型法是指在获取一组基本的需求之后,利用可视化的开发环境迅速建立一个初步的系统原型,而后将其交于用户试用,获得评价和反馈后在原先的基础上进行修改、升级,反复重复这个过程,直到达到用户的最大满意为止。这其实是一个不断反馈、不断修改、不断进步的过程,在这个过程中最初的系统原型不断得到完善和加强,最终演变为"终极版本"。一般来说采用原型法的最大好处就是能够把控风险,节约后期变更成本和时间。此外,原型法在不断修改的过程中和客户进行充分的交流,对于提高客户满意度非常有效。

2. 原型法的开发过程

原型法作为一种极具成长特征的系统开发方法,在由最初原型向最终版本演化的过程中大致包含以下几个环节。

第一,对用户需求初步调查。在这一过程中,主要了解客户对信息系统的功能要求、交互界面风格、报告和数据格式等的基本信息,无需像结构化系统开发方法一样极尽细致与详尽。

第二,进行系统原型设计。在了解用户的基本需求和最初设想之后,系统开发人员就可以利用开发工具进行初步设计。

第三,获取用户反馈信息。当初步设计的信息系统交于用户使用后,开发人员及时获取用户的使用反馈信息,修复系统存在的问题,明确下一步系统开发的方向和要求。

第四,完善系统原型。获取反馈信息后对上一版本系统进行升级、修改,而后交于用户使用,如此循环往复、不断完善、不断升级,直至达到客户满意。

3. 原型法在旅游接待业信息系统开发中的应用

旅游接待业作为现代服务业的一个分支,在组织运行的过程中重要的目标之一就是取得用户的满意,采用原型法进行信息系统开发就是通过与用户的反复交流、相互反馈,使用户深入参与整个系统的开发过程中,循序渐进式地确保客户得到满足。此外,原型法开发周期短、费用相对少、易学易用,有很强的应变能力。尽管存在以上优势,但是需要注意的是,原型法并不适合大规模的、复杂的、难以模拟的系统开发,由于原型法在开发中需要经过反复的"修改—评价—再修改"的过程,导致用户经过几次修改之后失去信心,将并不完美的版本当作最终模型。此外,对于大批量处理系统、逻辑性强的处理系统、管理基础工作不完善的系统、处理过程不规范的系统同样不适用。

(三)面向对象法

1. 面向对象法的基本思想

面向对象法是一种模拟人类惯性思维的方法,该方法试图使开发软件的方法和过程尽可能与人类世界解决问题的方法和过程相同。它认为面向对象的软件系统是由对象组成的,软件中的任何元素都是对象,复杂对象是由简单对象组合而成,对象彼此之间能够通过消息传递互相联系,而不是被动地等待外部指令。

2. 面向对象法的开发过程

面向对象的开发方法也称为对象建模技术,运用该方法进行信息系统开发主要有以下

三个环节。

第一,面向对象的分析。从问题的陈述入手,分析并构造与对象有关的各种现实模型,简洁明确地抽象出系统目标,进一步与需求分析对应,导出功能模型、对象模型和动态模型。

第二,面向对象的设计。只要软件结构是以数据为中心进行设计,遵循面向对象模块分解的基本原则,且以数据操作作为模块界面,都认为是面向对象的设计。在系统设计阶段,首先要进行系统的总体设计,即将系统分解成子系统,子系统又分解为模块,然后进行详细设计,即设计对象的数据结构及操作算法等。

第三,面向对象的实现。将上一步整理的范式直接映射为应用软件。主要包括两项工作:把面向对象设计结果翻译成用某种程序语言书写的面向对象程序;测试并调试面向对象的程序。

3. 面向对象法在旅游接待业信息系统中的应用

传统的程序设计技术大多是面向过程的设计方法,这种方法以算法为核心,将数据和过程看作相互独立的主体,其结构紧密依赖于系统所要完成的功能,当功能需求发生变化时会引起软件结构的整体调整,但是在现实中用户需求的变化往往是针对功能的,这就导致软件系统稳定性偏弱。而面向对象法在进行系统开发时强调与人类惯性思维的一致性,因此,在保持稳定性方面具有不可替代的优势。此外,面向对象法还有可重用性好、易于维护、开发周期短等优点。

第三节　旅游接待业管理信息系统的运行管理

一、旅游接待业管理信息系统的实施

系统实施是将设计好的系统方案付诸实施的全过程,该过程十分繁琐与复杂,需要耗费大量的人力和物力。主要内容包括软硬件的获取与开发、数据的安装与测试、人员的招聘与培训,甚至包括对组织结构、工作方式和工作流程的重大变革。

(一)系统实施的内容

系统实施包括硬件、软件的获取与开发,用户准备,聘用和培训员工,安装,测试,运行以及用户验收等。根据时间先后顺序可将系统实施的内容按照以下顺序排列。建立硬件和软件环境,选择开发工具→装载数据,系统试运行,功能调试→用户技术培训和操作培训→系统交接→制定系统管理和操作制度,运行系统→维护系统,实现设计目标。

(二)影响系统正常实施的因素

1. 管理因素

系统实施的过程非常复杂,涉及开发人员、测试人员以及各级管理人员的协调,此外,还涉及物质、设备、资金和场地的配置。因此,要想保证系统得到有效实施,就必须拥有强有力的管理措施,否则,系统必然无法达到预期的实施效果。科学的管理制度和组织结构能够有效地提高各职能部门工作人员在思想和行动上的一致性。此外,定期开展员工培训也能够

培养员工相同的价值观念、行为目标和操作标准。

2. 技术因素

数据是信息系统的运行基础,硬件、软件和网络环境是系统运行的平台,开发技术的选择和使用是系统运行的关键。如果将信息系统比作一个数据加工厂,那么数据就是等待被制成产品的原材料,原材料的好坏很大程度能够决定产品的质量。因此,若想建立高效的信息系统就必须保障数据的准确、全面与规范。硬件、软件和网络环境是信息系统运行的基础设施和平台,如果缺乏相应的硬件、软件和网络环境,系统同样不能够成功运行。合适的系统开发工具是保障信息系统快速、高效运转的重要技术因素。

二、旅游接待业管理信息系统的运行

系统运行管理的目的就是要确保系统在一定的时期内能够正常发挥作用,产生应有的效益。要想达到这一目的就必须建立正式的信息系统管理机构,指明各部门的工作职能。

(一)信息系统运行的管理结构

1. 旅游接待业信息系统管理机构设置

目前,国内旅游接待业信息系统管理机构的设置方式有两种。

第一种是在财务部设置单独的机房,计算机管理信息系统的主要任务是协助企业经营部门处理营业款项的收付和计算。这种方式下设置的信息系统管理机构相对简单,运行成本较低,协调部门关系时具有较高的灵活性。但是这种方式往往忽略了信息系统的巨大潜力和功效,很多功能被限制发挥,从长远看不利于协调信息系统管理机构与其他业务部门之间的关系,不利于企业未来的发展,旅游酒店和餐饮企业多采用这种方式。

第二种是设置与其他部门平行的信息管理中心,主管企业的信息系统规划、运行维护。计算机管理信息系统通常涉及企业经营管理的方方面面或全过程。因此,当信息系统管理机构处于同其他部门平行的地位时,信息系统的管理职能更加明确,不仅便于协调各部门的工作,而且从长远来看便于信息系统的管理和未来发展。尤其是在互联网高速发展的今天,采用统一规划、统一管理的方式更有利于信息资源的保护和维护。这种方式虽然比第一种方式更加科学合理,但是往往需要耗费大量的人力,运行成本较高,国内大型旅行社多采用这种方式。

随着科技和信息技术的发展,未来信息一定会变得越来越重要。在一些大型企业中,信息被视为最重要的资产和竞争要素,信息系统的开发与管理自然也被视为企业工作的重中之重。有些企业为了营造良好的信息系统开发环境,甚至将信息技术主管的地位提升至副总级别,信息系统管理机构也被赋予极高的权限和重要的职能,这些行为有效地促进了计算机信息系统的发展,对提高企业竞争力也发挥了巨大作用。

2. 旅游接待业信息系统管理机构的职能

信息系统管理机构的基本职能就是负责系统的运行、维护与开发管理,承担系统的长远发展和建设任务,推进企业各方面工作的变革与创新,具体有以下几项职能。

第一,从长远角度和战略角度合理规划信息系统发展方向。计算机技术和信息技术的发展和运用一方面推动了企业自动化、信息化办公的程度,另一方面又对传统的工作内容和

组织结构提出了新的挑战。企业的各级人员必须及时适应这种变化,尤其是管理信息系统作为企业计算机技术的典型代表,更要对这种趋势有很好的把握,将企业的长期发展观念同计算机的信息处理技术结合起来,正确规划组织未来的发展方向。

第二,制定与企业技术水平和业务范围相匹配的信息系统管理制度。计算机信息处理技术能够提高信息处理的效率,帮助人们制定科学的决策,但是归根结底依赖于人的判断力和对系统的数据输入情况。因此,必须制定约束性条款限制员工的操作权限,指导员工正确使用信息系统。例如,酒店和食品制造厂都是向客户提供食物,但是二者的生产过程完全不同,不可能将制造厂的生产管理软件拿到酒店来用。虽然目前计算机越来越智能化和人性化,但是作为一种人造产品,其智能程度仍然不能和人脑相比,仍需要有一定专业技术水平的人员进行安全操作才能够保证系统的正确运行。

第三,信息系统管理机构还要负责员工的培训工作,维护系统正常运转所需要的设备、软件和数据的安全。培训是培养系统安全意识、普及系统安全知识及操作规范的重要途径,系统管理机构有必要定期开展培训工作。

(二)信息系统运行管理的内容

1. 系统运行情况的记录

软硬件及数据的运行情况对分析和解决系统运行过程中出现的问题具有重要的参考价值,因此要对系统运行过程中出现的不正常现象进行记录,包括问题出现的时间、问题描述、可能的原因等信息。该项工作较为繁琐,很少有组织或个人能够严格按照要求进行记录。随着科技的进步,一些企业采用自动记录功能进行记录,该方式适用于多数情况,但是对于一些极其重要的问题,如涉及敏感信息或多人共用仍有必要做出相应的书面记录。

2. 系统运行的日常维护

在系统运行中,维护工作主要包括两部分内容:数据和信息的维护,硬件的维护。

数据和信息的维护方式主要有备份、存档、整理和初始化。备份就是对重要文档或数据进行复制,而后存储在与原始数据不同的磁盘或其他存储介质上,当原始数据因某种原因丢失时,备份数据就能够及时补救。存档就是将数据或文档存入数据库,当数据累积到一定程度或经过一段时间的间隔后为保证记录就需要存档。整理就是对数据的索引或记录顺序进行调整,以便日后查阅或引用。初始化是指以年度或月度为时间单位的数据文件或数据表的切换与结转数的预置。

硬件维护主要包括硬件设施的保养与安全管理、简单故障的诊断与处理、损耗品的更换与安装等。任何一种硬件都有一定的使用年限,在使用的过程中不可避免会出现故障,为保障设备的正常运转和较长的使用年限就需要对硬件设施进行日常维护。

3. 对系统运行中的一些突发事件的处理

系统运行的突发事件指因为不当的操作引起的误调、误删行为,因计算机病毒感染引起的安全问题,因意外停电引起的计算机数据丢失问题等。突发事件对计算机的影响轻则发生一些小故障,经过简单修复或调试就能够解决,重则致使计算机系统瘫痪,这时就需要专业人士来解决,甚至有的时候还需要系统开发人员或软硬件供应商的协助。

(三)运行管理规章制度

制度是约束行为的有力保障,制度也是保障组织行为方向和思想一致的有效办法。对于旅游接待业来说,管理信息系统的正常、高效、稳定的运行同样离不开规章制度的约束。常见的管理信息系统规章制度主要有系统安全制度、系统维护制度、系统信息安全保密制度、系统运行操作规程、用户使用规程、系统修改规程、系统运行日志及填写规程。

三、旅游接待业管理信息系统的维护

系统开发之初多是根据当时的环境和企业诉求而设计的,随着外部环境的改变、信息技术的发展以及企业内在环境的变化,初始版本的管理信息系统就会显得不合时宜,若想继续保持较高的信息处理效率就需要对原系统进行维护或升级改造。尤其对于旅游接待业而言,旅游产品更新换代的速度以及外部环境的变化速度较之一般性产品更快,因此,旅游接待业管理信息系统更加重视对系统的维护。系统维护的过程就是不断发现缺陷、不断修正的过程,保持信息系统时刻与外部环境、内部环境高度的契合,这也是系统维护的目的所在。管理信息系统的维护通常包括数据维护、硬件设备维护和程序维护。

(一)数据维护

管理信息系统的数据维护主要包括数据备份和数据存储空间整理。通常可以通过三个方面的工作来实现:一是将信息系统交由专业技术人员使用,确保操作的正确性和熟练性;二是经常或定期备份重要数据,确保当计算机出现故障时能够在最短的时间内将系统恢复至近期备份状态;三是对系统运行过程中产生的各种临时文件进行清理,减少存储空间的无谓占用,提高系统运行效率。

(二)硬件设备维护

计算机和通信网络等硬件设施是信息系统正常运行的基本保障,对它们的维护主要包括突发性故障维护和定期预防性维护,前者侧重点在于对突发故障的维修和更换,后者侧重对设备的定期检查和保养。对硬件设备的维护工作应当注意以下事项。

(1)正确操作设备。设备的故障通常由不当的操作造成,如频繁的开关设备、长时间保持待机状态、一些物品随意放置等。解决的办法就是经常对员工进行培训,制定严格的工作流程。

(2)定期检查和故障维修。发生故障是不可避免的,为保障设备的正常运转,技术人员应定期检查,及时发现问题并予以解决,避免因寻找故障而花费大量时间,从而造成企业正常运转停滞。

(3)设备更新。任何设备都有一定的使用年限,尤其在旅游接待业经营规模不断扩大和不断发展的时代背景下,设备的更新更加频繁,新技术的运用需要新设备的配套。因此,信息系统管理人员应随时跟踪计算机和通信技术的咨讯前沿,在企业需要更换设备时能够及时规划新设备更新计划。

(三)程序维护

程序维护的目的是保证程序和相关数据始终保持正确的运行状态,并能及时做出调整以适应新环境的变化,从而使其不断得到完善。程序的维护主要分为四种类型:第一,正确性维护,修改在系统测算阶段未发现的错误;第二,适应性维护,对现行系统进行升级、完善,使其适应新的外部环境和内部条件;第三,完善性维护,加强并完善系统功能;第四,预防性

维护,为了减少前三种类型的维护而进行的维护。

第四节 旅游接待业管理信息系统的安全管理

旅游接待业管理信息系统多是开放式的网络信息系统,因此,更易遭受非法人员、黑客或病毒的入侵。旅游接待业管理信息系统中的信息多涉及企业和用户的隐私信息,这部分信息一旦落入非法分子手里后果不堪设想。因此,加强信息系统安全管理,保障数据安全极其重要。

一、旅游接待业管理信息系统风险因素分析

旅游接待业管理信息系统风险因素指任何能够对旅游接待业信息系统安全造成影响的因素,主要包括人为风险因素、自然风险因素和技术风险因素。

(一) 人为风险因素

人为风险因素指在系统运转过程中因人的原因而造成的危害。主要有两种类型:一类是因系统使用人员操作不当、粗心大意而造成的偶然失误;另一类是心怀不轨的人员故意窃取和篡改信息、制造或传播计算机病毒。

(二) 自然风险因素

自然风险因素指因极端自然天气或特殊环境对信息系统的使用或运转造成的不利影响。这类因素一般通过破坏系统设备、存储介质或通信线路来影响信息系统的正常工作。这类因素主要是自然界的各种极端天气或特殊环境,如水灾、火灾、海啸、地震、雷电、强磁场等。

(三) 技术风险因素

技术风险因素包括三个方面的内容:第一是软件方面,任何软件都不可能是完美无缺的,系统软件、应用软件和支撑软件都有可能存在一定的漏洞。此外,不同的软件在发生故障时或遭到破坏后往往具有不同的恢复能力。第二是物理方面,计算机系统的稳定性和可靠性、存储介质的信息保管、中断故障处理、电磁泄露处理措施、电源电压的变化等都是潜在风险源。第三是数据方面,发现并阻止数据的恶意或无意篡改的能力,预防数据被窃取或非法使用的能力,数据安全性、有效性、相容性的检查与控制能力。

二、旅游接待业管理信息系统风险防范措施

(一) 建立完善的管理制度和管理机构

制度是规范行为的有力保障,通过制度建设约束行为是保障组织行为方向一致的最有效的办法。保障旅游接待业管理信息系统的安全可考虑以下措施。

(1) 建立计算机管理和监察机构,制定系统安全目标和具体的管理制度。

(2) 定期备份重要数据,无论防范措施有多么严密,都不可能完全避免病毒的威胁,一旦计算机遭到致命攻击,日常备份是减轻损失的最有效方式。

(3)警惕钓鱼网站、色情网站和不明链接,不轻易在此类网站填写账户、密码等个人信息。

(4)选择官方的、正版的软件,尽量避免来路不明的程序、软件、附件等。

(5)对主机房、数据介质库、终端室等计算机场所进行分级保护,重要区域安装监控设备和报警系统。

(6)建立安全审计制度,掌控合法用户的非法操作或非法用户的非法访问,及时制止任何非法活动。

(二)加强信息系统建设过程的风险管理

信息系统的建设从立项到最后投入使用,期间要经过漫长的过程和复杂的步骤。加之信息系统的可度量性较差,导致系统在建设的过程中有很多问题并不能够及时发现和解决。因此,企业应当主动承担主持、规划、监控等关键职能,强化风险管理措施。否则,哪怕项目失败后企业获得一定的赔偿,那也只是两败俱伤的结果。信息系统建设过程中的风险通常出现在以下几个环节:需求整理、项目采购、系统规划、应用测试和客户培训等,在以上环节中建立工作文档,进行质量管理是控制风险的有效措施。

(三)加强信息系统存续阶段的风险管理

对于信息系统而言,最难的不是在系统出现问题时进行修正,而是如何在复杂多变的环境中保持系统长期的稳定性和可靠性。为达到这一目的,我们经常会在系统使用的过程中进行纠正性维护和改进式维护。前者是对系统的日常维护行为,后者是为了适应新的业务发展要求而进行的升级改造,但要想从根本上解决这个问题需要进行科学合理的规划,确保完善的配置,尤其是软件的配置管理。软件配置管理的目的就是保障软件项目产品的一致性和完善性。

(四)规划风险控制支持功能

企业在进行业务流程规划时,应当把一切可能存在的风险因素都考虑在内,尤其是系统风险。即使再完美的系统也可能存在漏洞,成为风险的来源,这就启示我们在进行信息系统的建立时也要考虑潜在的风险以及可能的应对措施。例如,自动运行的程序并非不会出错,对于一些重要内容要制订定期抽查计划,在各部门岗位中辅助以恰当的岗位职责认定,工作职责中加入风险控制要求,并对业务执行结果进行负责。

(五)加强计算机信息系统安全宣传教育

计算机系统安全知识的匮乏是导致计算机安全隐患的重要原因之一。只有当人们意识到计算机安全的重要性时,才能够对破坏或干扰计算机系统安全的行为有所警觉,只有当人们具备充足的计算机系统安全知识时,才能够解决一些突发事件或简单的计算机故障。宣传教育是培养计算机安全意识、普及计算机安全知识的重要手段。因此,定期开展计算机信息系统安全知识讲座或培训对于企业来说非常必要。

三、旅游接待业管理信息系统安全管理技术对策

(一)安全监控技术

安全监控技术是一种采用监控手段对用户登记及存取状况进行自动记录以保护系统安

全的方法。监控系统会自动记录下用户操作运行的程序、使用的数据文档、越权行为及增删情况,并以日志的形式记录在案,尤其是对违反规范或保密规定的操作会做重点记录。此外,监控系统还会对口令输入进行严格控制,试错次数达到一定上限将不允许访问。

（二）身份认证技术

身份认证是证实用户真实身份与其声称的身份是否符合的过程,也是通过计算机保密技术对用户身份进行确认的过程。常用的身份认证技术大概有三种,第一种是采用传统的账户、密码形式。该方式简单易行,也是目前较常使用的一种手段,但是该方式安全系数偏低,账户、密码相对容易失窃,且失窃后不易察觉。第二种是采用用户专有物品,如IC卡、U盾、密匙等计算机能够唯一识别的物品,该方式配合账户、密码使用将大大增加系统的安全性。第三种是利用用户的生理特征等进行验证,如视网虹膜、指纹、声音、人脸识别等现代高科技手段,该方式操作简单,安全系数高,但对技术的要求也高。

（三）计算机安全加权

计算机安全加权指对不同重要程度的设备或数据文件设置访问权限。当使用者达到权限要求时才能够使用设备或访问数据,借此阻止非法用户入侵或权限不足的用户访问,进而起到保护计算机安全的作用。用户权限就是将系统内部的信息或数据进行重要性划分,而后根据使用者的级别设置访问资格,级别越高,访问权限越高;级别越低,访问受限内容越多。数据存储控制权限指对数据的修改、删除等不同层级的操作权限的要求。设备权限一般指某终端设备和输出设备能否进入系统的某一层次或能否输出和拷贝系统程序的规定。

（四）"防火墙"技术

防火墙是一种保护计算机网络安全的技术性措施。它通过在网络边界上建立相应的网络通信监控系统来隔离内部和外部网络,以阻挡来自外部的网络入侵。防火墙分为网络防火墙和计算机防火墙。网络防火墙是指在外部网络和内部网络之间设置网络防火墙,计算机防火墙是指在外部网络和用户计算机之间设置防火墙。使用防火墙能够保护脆弱的服务,控制对系统的访问,集中安全管理,增强保密性,记录和统计网络利用数据以及非法使用数据的情况。

（五）计算机加密技术

计算机加密技术是一种用来防止数据在传输过程中或是在计算机存储系统中被非法获取或篡改而采用的技术。该技术通过一些特殊的算法对原始数据加密处理,使其成为一些难以辨别或是杂乱无章的信息,即使失窃也无关紧要,只有掌握正确加密算法的合法用户才能将其译成明文。

四、一般旅游接待业组织采用的系统安全方案

一般而言,旅游接待业管理信息系统的安全性与其便利性、经济性之间存在矛盾。因为安全系数越高的信息系统往往拥有越复杂的操作程序,而复杂的操作程序的设计必然需要更高的开发成本。所以,各个旅游接待业组织要立足于现有技术条件和系统安全需求,选择适合本企业的管理信息系统。目前,最流行的一种方式是以数据加密为基础,采用防火墙、用户认证、数字签名、存取控制等手段对信息系统中较为重要的数据进行保护。对于一般的

旅游接待业组织而言,通常采取以下措施提高信息系统的安全性。

(1) 加强信息系统制度安全建设,强化系统使用人员的安全意识。

(2) 安装杀毒软件,加强病毒防范。

(3) 在 Internet 和 Intranet 的连接处设置防火墙和隔离设备。

(4) 对重要信息采用数字签名技术或加密技术进行处理。

(5) 利用安全控制机制对用户权限进行控制和管理。

以上措施仅针对安全系数要求不高的旅游接待业组织的信息系统安全防护,对于处理特别重要的机密甚至是绝密信息的管理信息系统来说,以上措施显然远不足以应对潜在威胁,在面临较强的外部入侵和黑客攻击时,安全系数仍旧偏低。因此,对于安全系数较高的旅游接待管理信息系统而言,有必要建立专门的企业内部网,必要时在物理上与外部进行隔离。

思考与练习

1. 如何理解旅游接待业管理信息系统的概念?
2. 简述旅游接待业管理信息系统开发的一般性原则。
3. 简述旅游接待业管理信息系统开发的方式。
4. 试论述结构化方法、原型法、面向对象法的优缺点。
5. 分析旅游接待业管理信息系统的实施、运行与维护的相关关系。
6. 如何更有效地防范旅游接待业管理信息系统面临的安全问题?

第九章

旅游接待业品牌战略管理

学习目标

1. 旅游接待业品牌的发展及释义
2. 旅游接待业品牌的构成、内涵及功能
3. 旅游接待业品牌的定位、设计及推广
4. 旅游接待业品牌的战略管理

核心概念

旅游接待业品牌　品牌战略体系　品牌塑造　品牌战略

我国的经济发展方式正在从要素驱动向创新驱动、数量扩张向质量提升转变,创新不仅仅体现在技术的创新、产品的创新等方面,还可能是品牌的创新;而质量的提升也是铸造精品、名品,打造品牌的重要手段。因此,在新的时代,品牌的塑造、维护和价值提升对企业的发展更加重要,尤其是在产品越来越丰富、市场竞争越来越激烈的环境下,一个强势的品牌能够为顾客提供明确的价值取向和文化内涵,是造就顾客满意和企业发展双赢的重要法宝。21世纪是品牌竞争的世纪,品牌战略在旅游接待业整体战略中的地位将日益突出。

第一节　旅游接待业品牌发展概述

随着全球国际化程度的日益加深,旅游接待业的竞争也越来越激烈,而品牌战略则是企业在市场竞争中制胜的法宝。事实上,全球大型的旅游企业集团大都有自己的知名品牌,并构建了非常庞大成熟的品牌体系。品牌不仅仅是旅游接待企业产品和服务的标志,更多的是其质量、性能、企业形象以及满足顾客效用的可靠程度等的综合体现,它凝结着旅游接待企业的科学管理、市场信誉和企业精神文化的内涵,决定和影响着企业的产品市场结构与服务定位,在帮助企业提升知名度、开拓市场、吸引顾客和获取竞争优势等方面都发挥着重大作用。

一、旅游接待业品牌的起源与发展回顾

（一）世界品牌的起源与发展

"品牌"（brand）一词来源于古挪威文字 brandr，意思是"烧灼"。早期的人们利用这种方法来标记家畜，后来发展到手工品的标记。可以说符号是品牌最原始的形式。真正意义上的品牌化（即给商品命名）起源于欧洲，在欧洲中世纪，出现了很多的手工业行会，如陶瓷业、金银手工业等，为了维持其声誉和产量，这些工艺人在自己制作的商品上打上一些标志，有时它们是用来吸引顾客，但多数情况是为了保护行会的垄断地位以及维护商品质量。当欧洲人来到美洲后，他们也带来了传统的命名方法，美国历史上最早对商品进行品牌化的是一些烟草商和专利药品制造商，但几乎没有一个品牌幸存至今成为国际品牌。

19世纪下半叶是全球品牌化思想成熟与发展的时期，在美国和欧洲都相继出现了许多全国性的品牌，时至今日，一些著名的国际旅游品牌也是由当时的品牌发展而来的。例如1841年7月，英国人托马斯·库克包租了一列火车，运送了570人从莱斯特前往拉夫巴勒参加禁酒大会，这成为历史上首例有组织的旅游活动，也被公认为是近代旅游的开端。1845年，他创办的世界上第一家旅行社——托马斯·库克旅行社开业，至今已有170多年的历史，该旅行社现今已经发展为英国第三大的旅游集团，"托马斯·库克"也因此成为世界上第一个，也是历史最为悠久的国际旅游品牌。

19世纪末20世纪初，世界范围内先进资本主义国家过渡到垄断资本主义阶段，竞争日益激烈，市场经济逐步趋向发达和成熟，以开拓世界市场为目标的大企业大批涌现，为品牌的普遍形成和发展提供了经济条件。20世纪科技的发展和工业的进步促进了新产品的不断涌现，品牌化的思想和实践进一步得到发展和巩固，大部分品牌逐渐树立起地区或全国地位，品牌的推广变得越来越专业化，这种专业化使广告营销手段和技巧有了极大的提高。跨国公司的兴起也为品牌的国际化提供了条件，很多国内品牌随着公司在国外设立机构而顺利地走向了世界，这些国际性品牌不但为企业带来了丰厚的利润，更是将优良的企业产品和服务、优秀的品牌文化、独特的消费观念和方式等带到了全世界，为全球企业树立了品牌塑造和战略运营的榜样，并影响着全球消费者的消费观念和生活方式。

（二）我国品牌的产生和发展

中国品牌的产生可追溯到远古时代。洪荒时期，人们畏惧自然，敬畏某种动物，遂将其神话，产生"图腾崇拜"，如伏羲氏为蛇（或龙）图腾，这是我国最早的社会组织标志和象征，也是最早的品牌标识形态。在以炎帝、皇帝和神农氏为代表的"三皇"时期，华夏先民已开始在陶器上作画，使用各种标记符号，例如，西周墓葬出土的文物中就发现有封建领主产品的标志和各种官工的印记，春秋战国出土的文物中也发现不少民间手工业者制造的陶器、漆器上刻有"某记"造的字样，这是中国品牌的历史源头。汉代后，随着手工业发达和商业的兴起，市场上竞争随之产生，商人们开始为商品命名，将商品使用标记变得十分普遍，如东汉市场上著名的文具品牌"张芝笔""左伯纸""韦诞墨"等。隋朝印刷术的发明更是使品牌的经营思想和方法得到更广泛的发展，北宋时期济南刘家针铺所用的广告铜版雕刻成为我国乃至整

个世界商标史上极为珍贵的文物。① 明清以来,我国的商业活动由于深受中国优秀传统文化的影响,非常讲究商业道德和商业信誉,因此,也更注重商号的名声和信誉的维护,如北京的"同仁堂""全聚德"等都以卓越的品质和坚守的商业信条获得世人的信任和尊重,让其品牌传承数百年,坚守举世闻名。

(三)我国现代旅游接待业的品牌发展

国际上品牌战略的发展大致经历了品牌形象理论(Ogilvy,1955)、品牌定位理论(Ries等,1981)、品牌资产理论(Aaker,1991)、品牌关系理论(Blackston,1992)等四个阶段。相比而言,我国旅游接待业的发展则是随着改革开放的发展而飞速发展,从1982年开始,我国陆续推出近200个国家重点风景名胜区,打造优势品牌景区。旅行社也培养了诸如国旅、中旅、中青旅等一批有影响的品牌企业。中国第一家中外合资饭店——北京建国饭店于1982年开业,开启了引进国外先进管理经验推动中国饭店业发展的先河。上海锦江酒店也迅速发展成长,并逐步成为全国性著名品牌。此后,我国旅游企业品牌如雨后春笋般层出不穷。

进入21世纪,随着中国加入WTO,中国旅游接待业进一步迅猛发展。深圳的世界之窗、上海的欢乐谷也成为主题公园品牌化道路上的先锋。如家快捷、7天连锁等一批经济型酒店迅速崛起,除此之外,外来的品牌越来越多,一大批国际品牌酒店集团如温德姆、雅高、希尔顿、洲际等纷纷进驻中国,逐渐抢占了我国的市场,我国的旅游接待业面临外来投资的威胁以及大量外来游客涌入的机遇。我国本土旅游接待企业逐渐意识到要应对国际强势品牌的竞争,就必须不断提升自己的竞争力,一方面,要努力学习国外先进的企业管理经验,另一方面,则要高度注重本土品牌的建设,通过实施品牌战略,以建立自己独特的竞争优势。

二、旅游接待业品牌及其构成

(一)品牌和旅游接待业品牌的概念

关于品牌的定义,不同学者对其有不同的界定。

Burleigh B. Gardner 和 Sidney J. levy(1995)认为,品牌是一组能满足顾客理性和情感需要的价值,它的创建应该注重开发一种个性价值。

美国著名营销学者菲利普·科特勒对品牌的表述是:"品牌是一种名称、名词、标记、符号或设计,或是它们的组合运用,其目的是辨认某个销售者或某群销售者的产品或劳务,并使之同竞争对手的产品和劳务区别开来。"

在《牛津大辞典》里,"品牌"被解释为"用来证明所有权,作为质量的标志或其他用途"。②

可见,品牌首先具有一种识别功能,是用来识别某个群体或某个个体的产品或劳务;其次,品牌具有价值,代表着其产品或劳务的质量、个性,这种个性包含着生产产品和劳务的企业的价值观念、经营思想以及文化理念,除此之外,品牌的价值还表现为与消费者之间建立的一种情感价值。一般来说,品牌有产品品牌和企业品牌之分,其中,产品品牌又包含以实务产品为主要特征的有形的产品品牌和以服务为主要特征的无形的服务品牌。随着现代服务业的迅猛发展,服务品牌越来越多,也越来越受到企业和消费者的重视,在企业竞争中担

---

①② 郭伟.品牌管理战略、方法、工具与执行[M].北京:清华大学出版社,2016.

负着越来越重大的责任。需要注意的是,无形的服务总是以有形的产品为基础,并且往往与有形产品共同形成品牌要件。

旅游接待业品牌是以旅游接待企业作为品牌整体形象而为消费者认可的。旅游产品及服务品牌是旅游接待企业品牌的基础,但旅游接待企业品牌高于其产品和服务品牌,它是靠企业的总体信誉而形成的。旅游接待企业品牌与其产品或服务品牌可以是相同的,如香格里拉酒店集团;也可以是不相同的,如马里奥特国际酒店集团与其旗下的万丽、万怡等产品品牌。

(二)旅游接待业品牌的外延要素构成

一般来说,旅游接待业品牌的外延由三大基本要素构成,即旅游接待企业品牌名称、品牌标志和商标。

1. 旅游接待企业品牌名称

企业的品牌都必须有名称,这是合法经营所必须具备的。品牌名称一般用中文、英文或数字规定,品牌名称可以国际国内通用,发音会略有不同。品牌名称是企业产品和企业其他特质的识别工具,也是方便记忆的工具。它从字符、语音、字形等方面对品牌信息内容进行表征,这种表征的准确与否将直接影响品牌的宣传推广和产品服务的销售。对旅游接待企业而言,品牌的名称涵盖了企业的产品属性、文化属性、功能属性及独特的个性。成功的企业品牌能使人快速地建立起与该品牌相关的旅游产品、服务、价格、文化理念等的联想,能在众多同类产品中很快地将其识别出来。良好的企业品牌名称有助于企业后期进行品牌传播推广,树立良好的企业品牌形象。

2. 旅游接待企业品牌标志

品牌标志即品牌的形象符号,主要起速记、识别和传播的作用。形象符号达到一定程度能演变成内容丰富又高度抽象的概念,极容易唤起人们产生与该品牌相关的联想,这种联想越强、越丰富,就说明该品牌的宣传越成功。因此,形象符号具有强烈的品牌认知和识别功能,是形成品牌个性和建立品牌联想的主要元素。

3. 旅游接待企业商标

商标作为品牌的法定标记,是从法律的角度来论及品牌的地位和关系的。它作为知识产权中的一个类别,要在社会上取得公认的法律权利,一要凭借独创性活动的事实行为,二则要依赖国家主管机关依法确认的特别途径。因此,旅游接待企业品牌的商标图形必须符合《商标法》,注册后方可受《商标法》保护,成为市场上区别和验证旅游商品和服务的重要标识。此外,商标也与品牌战略密切相关,旅游接待企业品牌战略也只有在商标是合法的、独创的、有权利的情况下才能实施和运作,作为整个品牌战略运作的依据。

(三)旅游接待业品牌的内涵

1. 品牌是企业产品质量性能的综合体现

旅游接待企业品牌是以一定的旅游产品和服务功能质量为基础的。尽管在现代经营中,品牌的内涵已经发生了很大的变化,但是质量依然是品牌所蕴含的重要、核心的信息之一。对旅游消费者而言,旅游品牌是旅游产品和服务品质的象征,优质的旅游品牌即意味着优质的旅游产品和服务。希尔顿酒店集团之所以在全球有那么多的忠诚顾客,就是因为他们充分信赖希尔顿品牌所代表的优质的酒店产品和服务。

2. 品牌是企业综合声誉的表现

企业的竞争一般要经过产品的竞争阶段、质量的竞争阶段,再到品牌的竞争阶段。对企业而言,品牌代表了企业竞争的最高形态,维护企业的品牌形象和声誉是企业上下全体员工工作的重要目标,它既体现顾客对其产品和质量的信任,也体现企业对社会公众的一种承诺。企业也正是通过严格的服务管理、先进的服务技术、高素质的员工、优质的服务水平以及对旅游消费者负责的精神来充实品牌的内涵,增强品牌的可信度。

3. 品牌是企业文化的体现

企业文化反映了旅游接待企业的经营哲学、价值观念、服务理念和行为准则。而品牌从某种意义上来说,是企业按照其自身文化方式运作的结果,也是企业经营理念、管理制度标准、服务方式等的重要表现载体。一些著名的酒店企业品牌一经提起,就立即让消费者对其经营特色和服务理念产生联想,如丽思·卡尔顿的"淑女和绅士的服务"、香格里拉的"亲情式服务"、喜来登的"物有所值的服务"等,这都是因为其品牌中融入了企业的文化,因而具备较高的文化价值内涵。

4. 品牌是企业的重要无形资产

优秀的品牌具有极强的溢价能力,能带给企业超额的经济效益。当一项品牌被社会公认,它不仅可以获得比同类产品更高的售价和利润,同时还可以转化为有价资本,使企业获得巨大的资本利益,这时,品牌的价值表现也从产品价值拓展到了无形资产价值。一个品牌也只有具备超额的盈利能力,才真正具有强大的竞争力。旅游接待业品牌的内涵和外延要素如图 9-1 所示。

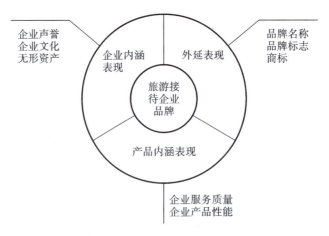

图 9-1 旅游接待业品牌的内涵和外延要素构成

三、旅游接待业品牌的功能

旅游接待业品牌的功能表现为两个方面,即对于旅游接待企业和对于旅游消费者具有各自不同的功能。

(一) 品牌对于旅游接待企业的功能

1. 展示个性的功能

优秀的品牌具有极强的个性,不仅能够让消费者快速识别本企业的产品和服务,同时还能令其将本企业的产品和服务与竞争对手的区别开来。正如史蒂芬·金所说:"产品是在工厂所生产的东西,而品牌则是消费者所购买的东西。一件产品可以被竞争对手模仿,但品牌则是独一无二的。产品很快会过时,而成功的品牌则是持久不变的。"对旅游接待企业而言,企业产品和服务本身的物质性差异很小,但企业却可以通过自己独具特色的品牌,强化品牌个性来体现企业产品和服务的差异,实现旅游消费者对本品牌产品的认知度。

2. 传递信息的功能

无形性是旅游接待企业产品具有的典型特点,企业无法在旅游消费者购买前向其当场展示,而品牌作为其所代表的企业产品和服务的综合体现,则能够有效地向顾客传递产品性能和服务质量信息,这种信息将具有极强的辨识度和可信度,因而将大大促进消费者购买行为的发生。

3. 体现产品附加值功能

品牌对于旅游接待企业而言代表着企业所追求的价值观和服务理念,有时候这种价值象征功能甚至会超过产品和服务本身的真正功能和效用,成为产品的一种"附加值"。旅游消费者购买某一成功的旅游品牌的产品,不仅能取得实质利益(产品带来的实际满足),更重要的是能获得一种心理利益,即购买著名品牌带来的心理满足,即使价格稍高于同类产品,消费者也乐于倾囊。此外,在人们越来越崇尚先进的价值观念、更注重精神和思想交流的新时代,品牌也能够通过价值观念和文化理念的传播,契合人们在情感上的这种需求,从而也体现出其产品的附加价值功能。

4. 法律保护功能

旅游接待企业品牌具有知识产权的特征,它蕴含着企业的精神文化、经营理念、价值观念与管理技术等创造性的劳动。因此,品牌不仅拥有合法商标作为其法定标记,而且当企业的合法权益受到侵害时,品牌还将作为企业诉求法律保护的一种凭借,可有效避免竞争对手的恶意模仿等不正当竞争行为,保障企业的正常经营秩序。

5. 宣传营销功能

品牌营销作为一种重要的新型营销手段已受到越来越多旅游接待企业的青睐。品牌营销通过对广告、公关、促销等各种营销方式进行有效整合,以达到推广品牌形象、提升品牌价值、扩大市场受众的目的。品牌营销不仅能实现对旅游接待企业产品和服务的营销,还能使企业的形象深入人心,并将其效应扩散到企业的其他产品和服务中,取得优于传统营销手段的效果。

6. 对外竞争功能

品牌作为企业重要的无形资产,是企业对外参与竞争的有利武器。国际旅游市场的一体化使旅游接待企业跨国经营成为可能,而品牌输出则是较有效的途径之一。21世纪初期,希尔顿、万豪、温德姆等国外著名的酒店集团无一不是通过强势的品牌输出而在我国快速占领市场,成为国内高星级酒店品牌的佼佼者。因此,重视品牌并将其作为战略性资产进行运作是企业抢占市场高地、获取竞争主导权的重要途径。

(二) 品牌对于旅游消费者的功能

1. 降低购买风险,减少购买成本

对旅游消费者而言,品牌是质量可靠、性能优越的代名词,它能够帮助消费者在旅游产品和服务选择过程中迅速做出购买决策,降低搜寻成本和购买风险。不仅如此,它还具有为不同需求层次的旅游消费者提供识别产品和服务层次的重要功能,因为不同的品牌含有不同的需求层次定位,例如,"如家"品牌针对的是经济型的酒店客人,而"喜来登"品牌则针对的是高端型的酒店客人。因此,品牌所独具的这种主动将顾客群体进行区分的强大的识别属性非常有利于消费者迅速识别需求并做出选择。

2. 兑现承诺,履行责任

旅游接待企业的品牌对全体消费者来说都带有一种契约精神,是企业产品和服务的功能属性、质量、价值、利益和情感等方面的保证和承诺。对消费者来说,品牌的知名度和美誉度越强,那么品牌的承诺就会越多。而对于旅游接待企业而言,则具有在旅游产品和服务的质量、功能和利益等方面的保障性和连带责任。企业必须自觉且强烈地保证为旅游者提供物有所值的产品和服务,在保障旅游消费者合法权益的同时,也让自身企业品牌的形象和声誉得到维护和提升。

3. 获取品牌价值,获得身心满足

根据马斯洛的需求层次理论,当人们低层次的生理和安全的需求得到满足后,人们会追求更高层次的情感、归属和爱的需求。由此可知,在当前我国已进入全面小康的新时代,消费者在消费过程中并不仅仅是单纯追求生理上的需求(功能性需求),更多的是追求心理上的需求(情感需求、象征需求),追求的是一种感觉、自我价值的体现,以及这种自身价值和重要性得到认同后的心理满足。对旅游接待企业而言,由于产品仅侧重于功能需求与质量的定位,而品牌则侧重于社会和文化定位,是对消费者心理需求的引导、规划和激发。因此,旅游接待企业品牌除了为消费者提供产品的功能性需求的满足外,更多的是为旅游消费者创造一份情感上的体验,使消费者在消费中获取更大的心理上的满足。

第二节 旅游接待业品牌塑造与推广

品牌的塑造是一个复杂的过程,是形成品牌个性、树立品牌形象、凝练品牌价值的过程。一般地,旅游接待业的品牌塑造需经过品牌定位、品牌设计和品牌推广三个主要环节。

一、旅游接待业品牌定位

1969年,杰克·特劳特在其《定位:同质化市场营销突围之道》的文章中提出通过定位来突破同质化的瓶颈;1986年,阿尔里斯和杰克·特劳特联合推出《定位:攻占心智》一书,系统阐述了定位理论,认为品牌定位就是让品牌在消费者的心智中占据最有利的位置,这样当消费者产生相关需求时,便会将定位品牌作为首选,也就是说这个品牌占据了这个定位,成为了某个类别或某种特性的代表品牌,特劳特认为,只有把握住顾客的"心智资源",企业才能在竞争中居于主动地位;世界著名市场营销专家菲力普·科特勒(Philip Kotler)则认为,定位就是树立企业形象,设计有价值的产品的行为,以便使细分市场的顾客了解企业间的差异。可见,定位是目标市场选择后的结果,品牌定位是品牌个性形成的前提和条件,它将直接影响品牌的目标消费群体,已成为现代营销活动的基石。

(一)旅游接待业品牌定位的内容体系

旅游接待业品牌定位主要包括品牌理念定位、品牌个性定位、品牌功能定位以及品牌情感诉求定位四个方面的内容。

1. 品牌理念定位

品牌定位与产品和服务定位的最大区别就是品牌定位有理念指导,尤其是当旅游接待企业发展到一定规模后,理念的重要性就显得尤为突出。理念定位是品牌定位中最重要的内容,因为企业家都是以理念制胜的,不同的理念会反映在品牌的个性、价值和内涵当中,是识别不同旅游接待企业管理风格、服务特色的重要无形要素,也是品牌不容易被竞争对手模仿的根本原因所在。

2. 品牌个性定位

品牌个性是品牌联想出来的一组人格特质,是指品牌所具备的人类特性以及这些特性在向外界传播的过程中消费者对它们的感知。① 品牌个性的设计者是旅游接待企业,而对其感知和产生品牌联想的主体则是旅游消费者。品牌价值就体现在品牌个性与品牌形象的统一程度上,若两者越吻合、越统一,则品牌的价值就越高。

3. 品牌功能定位

品牌的功能定位实质上是旅游产品和服务的功能特性与旅游消费者需求相互切合的过程。它需要将品牌与一定环境、场合下产品和服务的使用情况联系起来,以唤起消费者在特定情景下对该品牌的联想。品牌的功能定位需要充分考虑不同类型的消费群体在特定情景下对品牌功能的特殊要求,应该说,旅游情景性消费是与旅游品牌功能性定位的有效对接,成功的品牌功能定位能使品牌在旅游消费者心目中占据一个独特而又有价值的地位,成为消费者心目中某品类或特性产品的代表品牌。

4. 品牌情感诉求定位

随着感性消费日趋主流化,旅游消费者不仅追求旅游产品的实用性,还要求产品和服务能够体现自身的情感追求。因此,消费者对品牌的认可还取决于情感需要的因素。受各种主客观原因的影响,消费者往往根据直觉来评价品牌的好与坏,在这种情况下,品牌成了感性符号,成了情感需要的筹码。品牌的情感诉求定位是旅游品牌灵魂性的东西,是旅游品牌构成各要素中的焦点。产品和服务只是满足人类需求的物质外壳,而旅游品牌的情感诉求定位则满足的是人类需求精神性的东西,它使人的需求具有了价值感、社会归属感和满足感,是人类需求从物质层面向精神层面跃升的主要表现方式。

---

① 余伟萍.品牌管理[M].北京:北京交通大学出版社,2007.

（二）旅游接待业品牌定位的策略选择

旅游接待业品牌定位的策略选择是将定位理论付诸实践的灵活运用，主要有以下三种基本策略。

1. 品牌序列定位

旅游接待企业通常在品牌推广中会使用"同行业名列第一""国内首创"等广告宣传语言，这实际上就是一种品牌序列定位策略。品牌序列定位也称为第一定位术，它表明在商品分类中，按品牌实力明确其先后位置，如追求旅游接待活动某一方面的最佳、最豪华、最低价、最大、最小等。定位专家曾指出，第一最容易使人牢记，其销量常常比第二位的多一倍。但是这种策略一般适合在某一方面有巨大优势的旅游产品和企业，是在同类产品中的品牌竞争，通过名次先后反映品牌形象的优劣。

2. 品牌强化定位

品牌定位是一项持久的活动，当旅游接待企业的品牌在旅游消费者心目中已有了一定的公众形象时，为进一步加强其在消费者心目中的清晰印象，认同品牌的文化理念和内涵，达到"占据消费者脑海中的一部分空间"的目的，就需要使用品牌强化定位策略。通过强化品牌定位，凸显品牌个性特征，增强品牌在消费者心中的形象，提升品牌的价值。这种定位方法适合那些竞争力较强、特性明显的旅游接待企业。

3. 品牌空档定位

品牌空挡定位就是在品牌市场调查和分析的基础上，找出那些被旅游消费者重视却并未被开发的市场空间，进而开发有针对性的品牌产品和服务。这种定位方法适合各种类型的旅游接待企业，是小型企业寻找生存空间的有效方法。

二、旅游接待业品牌设计

品牌定位是品牌设计的前提和基础，旅游接待业品牌设计就是根据旅游品牌的市场定位赋予品牌特殊的外显特征，使品牌定位更加具体化和明晰化。品牌的外显特征就是旅游接待业产品和服务的文字名称、图案、符号标记或它们的结合，用以象征旅游接待业品牌的特性，是旅游形象、价值观、信誉、文化的综合与浓缩。品牌设计者必须深刻地理解品牌标志所代表的象征和意义，即旅游接待业的地位、规模、宗旨、理念、战略、风格等，并尽可能使所设计的品牌标志符合旅游消费者的心理预期，唤起他们的共鸣。

（一）旅游接待业品牌设计的主要内容

旅游接待业品牌设计一般分为品牌创意、品牌命名和商标设计三个部分。

1. 品牌创意

所谓品牌创意，即为旅游接待业品牌赋予一个个性鲜明的主题。创意"主题"并无一定范围，但通常可以表现为：①经营者的主张。表现为品牌经营者的一种理念、一种内心感受、一种生活体验，或者表现为一种自然现象、一种时尚等。②经营者的兴趣。体现为与经营者自身的经历、学识、所从事过的职业等相关的经营者的个人特色，这种兴趣要能唤起相同群体甚至是更大范围内旅游消费群体的认可。③情怀。体现为在时代发展潮流中的某一历史时期、某一时代所特有的氛围，能够唤起人们的怀旧情绪和岁月情怀。

旅游接待业品牌创意使旅游接待业品牌具有特定的文化内涵和精神气质,使之能够较快地激发旅游目标市场消费者的关注和共鸣。例如,著名的酒店品牌香格里拉,以世外桃源般的人间仙境作为品牌创意,一听就容易使人产生心驰神往的感觉,这也是该品牌塑造的成功所在。

2. 品牌命名

在品牌经营的大市场中,品牌的名称成千上万,取一个好的品牌名称,是创立旅游接待业品牌形象的重要内容。正如艾·里斯所说:"名称是把品牌吊在潜在顾客心智中的挂钩。"综观国内外著名的酒店业品牌,如香格里拉、雅高、如家等,它们在塑造上取得成功的主要原因都可归纳为:新颖独特、发音响亮、意蕴深刻、语言健康、不随时间推移而落伍。我国本土旅游接待业品牌名称的设定,主要在中文汉语意义上保证其语言、语形、语义的完美,同时保证不具负面意义。一个国际旅游接待企业品牌的名称,不仅应在英文方面要保证其积极正面的意义,还要防止在其他各国语言中出现负面意义。所以国际旅游集团品牌名称的设计,必须经过对各国语义的分析和筛选后才向全球推出。

3. 商标设计

商标是企业品牌形象视觉系统的中心要素,商标形象从主体上直接影响企业品牌形象的特征与风格,品牌的所有商业身份都与商标有关。品牌的无形资产价值以商标为代表,品牌形象的法律标志也是商标,商标是品牌形象中比较稳定的因素。因此,在旅游接待业品牌塑造过程中必须重视商标的开发设计。商标形象运用点、线、面、色四元素来塑造,其风格通过这四个元素的不同设计组合来实现。展开商标市场的调查、研究、讨论和定位是商标设计前的重要内容。商标调查的可靠方法是在商标大典中查询中国工商总局商标司的商标电脑图库,研究国内外旅游接待企业品牌的商标状况,作为商标设计的依据,然后再讨论商标的设计内容和方向。此外,在商标设计中还应特别注意商标的合法性。

(二)旅游接待业品牌设计的原则

一般而言,旅游接待业品牌的设计应遵循以下几条原则。

1. 名称醒目、独具一格

品牌的名称必须简洁醒目,便于消费者记忆、识别和传诵。来自心理学家的一项分析结果表明,人们接受的外界信息中,有83%的印象是通过眼睛形成的,11%借助听觉,3.5%依赖触摸,其余的源于味觉和嗅觉。因此,旅游接待业品牌设计的首要原则就是名称要简洁醒目,易读易记,不冗长、复杂。此外,品牌的名称还必须具有鲜明的个性特色,独具一格,能够与市场上同类旅游产品和服务进行明显区别,杜绝雷同。

2. 内涵丰富、暗示属性

品牌设计构思要精致巧妙,内涵丰富,要能将企业的品牌理念、核心价值以及具体的品牌产品或服务的形式抽象到品牌的构思设计中,通过生动形象的有形要素表达出来,让人一看就能感受到设计者的独具匠心。不仅如此,品牌的设计还应具有一定的美感,一方面要结合旅游接待行业共同的特征属性,另一方面也要凸显自身独特的个性特色。

3. 意蕴独特、启发联想

品牌的设计还应结合消费者的感官与心理情感需求,它不仅要有独特深远的内涵,其表现形式也需要有独特的创意,能够契合消费者内心的情感需求。它可能就是一个地方的名称,或产品服务的某种独特的功能,再或者就是一个典故等。总之,它能够让旅游消费者一经看到就被带入某种特定的情境中,产生美好的联想,形成情感上的共鸣。

三、旅游接待业品牌推广

旅游接待业品牌推广是以旅游接待企业品牌的创立和形成为基础的,旅游接待企业只有经过成功的品牌推广,使企业品牌被广大的社会公众接受和认可,其品牌的价值方能得到应有的体现。因此,旅游接待业品牌的推广是旅游接待业品牌塑造的重要内容。

(一)旅游接待业品牌推广的过程

旅游接待业品牌从推出市场到为消费者所普遍接受,一般要经过三个主要阶段,即品牌识别、品牌认同、品牌忠诚,如图9-2所示。在旅游接待业品牌推广的过程中针对各个不同的阶段也应采取相应的宣传策略。

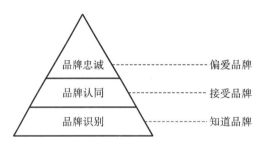

图9-2 旅游接待业品牌推广过程

1. 品牌识别阶段

这一阶段的主要目的是提升旅游接待业品牌的知名度,建立独具特色的品牌外在的物化形象。品牌的识别从视觉和听觉开始,因而通常的做法是在较短的时间内使品牌的名称和形象对目标市场消费群体产生广覆盖面、高频率的感官刺激。这一阶段需要精准定位目标消费群体,以差异化的品牌个性为传播主体,以顾客价值为核心传播内容,通过平面、网络、终端、活动、移动端等载体对品牌进行全方位、立体化的传播,并注意传播主题和传播内容的统一性,让旅游消费者多层面、多角度地对品牌个性及功能价值产生全面的了解。

2. 品牌认同阶段

这一阶段品牌推广的主要目的是使消费者从知道品牌发展到接受品牌,即认同品牌的价值和理念,对品牌从感官上的识别上升到精神上的认同,这种认同不仅包含以企业员工和利益相关者为主体的企业文化要素,还包括品牌消费者的价值观与思维模式的构建,这是后期构建品牌偏好和形成品牌忠诚的基础。这一阶段需要利用品牌的公关推广和接触点的服务营销管理等活动,不断沟通品牌经营者与社会大众之间的关系,并通过接触点的个性化的服务与人性化的管理,让顾客有美好的品牌接触体验,形成对品牌从表面的认知逐步发展到深度的理念与内涵的认同,从而真正接受品牌。

3. 品牌忠诚阶段

品牌忠诚是消费者对品牌感情的度量,即消费者从对品牌的精神认同发展到情感上的认同和依赖,它反映的是一个品牌的消费者转向另一品牌的可能程度。随着企业对品牌忠诚度的培养,消费者受到竞争行为的影响程度大大降低,尤其是当竞争对手的品牌在价格降低或者产品特性上有所创新时,消费者依然会不为所动,甚至当消费者所忠诚的品牌发生价格上涨时,他们仍然能够保持平和的接纳心态,甚至认为自己所忠诚的品牌具有长期的投资价值。当然,若消费者所忠诚的品牌在质量和性能上未发生变化而价格有所优惠,那么他们将会对该品牌有更高的满意度和更多的购买力。品牌忠诚通常分为情感忠诚和行为忠诚两种类型,二者之间有不同的转化轨迹。同时,品牌忠诚的培养也是一个长期的动态的过程,企业必须针对消费者不同的个体差异、品牌的属性与顾客价值利益、消费者所处的外部环境等不同的角度采取相应的品牌忠诚培育方式,以保证品牌忠诚者的群体不断增加。

(二)旅游接待业品牌推广途径

旅游接待业品牌推广有广告推广、公关推广、营销推广和服务推广等多种途径。不同的品牌推广途径的选择会带来不同的效果。因此,灵活选择和合理组合品牌的不同推广途径是旅游接待业品牌推广成功的关键。

1. 广告推广

广告是旅游接待业品牌推广的较有效的方式之一,它受众面广,传递信息的方式直接快速,它所产生的效果有时是任何其他促销手段都达不到的。广告可以向顾客全面介绍旅游接待企业的服务和产品,吸引顾客并激发其购买欲望;可以维持与市场新老顾客之间的关系,改善与旅游中间商之间的联系;可以帮助旅游接待企业树立良好的形象,创立知名品牌。随着科技的发展,广告媒体已经从报纸、杂志、电视、广播等为主的印刷媒体和电波媒体转向互联网、移动终端等新兴的网络媒体。各种媒体的功能各有所长,也各有利弊,因此,选择合适的广告媒体和有效的广告方式影响旅游接待企业品牌广告推广的效果。一般来说,广告媒体的选择要考虑媒体的生命与接受性、媒体与市场的结合程度、媒体的广告费用、旅游接待企业产品的特征与媒体的契合度、旅游接待行业品牌的市场竞争性等方面。

2. 公关推广

有效的公关宣传和促销活动能为旅游接待企业品牌的认知和推广起到积极的作用,帮助企业树立良好的品牌形象。品牌形象是社会公众和旅游消费者在对旅游接待企业品牌认知后形成的对品牌的评价,包括内在形象和外在形象,内在形象主要指品牌个性形象和文化形象,而外在形象则包括品牌标识系统形象以及品牌在市场和社会公众中的口碑和信誉。通常公关推广要经过周密的策划,利用新闻传播、报道、演说以及组织参观、有奖征答等活动来进行公关造势并开展活动,其主要目的就是在社会公众心中树立起健康、环保、关心顾客、造福社会的正面企业形象,使旅游接待业品牌能永葆活力和生机,并扬名海内外。

3. 营销推广

旅游接待企业品牌营销是品牌经营管理的重要环节,品牌认知、品牌形象、品牌忠诚等主要都是通过品牌营销来实现的。品牌营销推广应注意:首先,要进行周密的市场调查,了解自身的产品与竞争对手的产品和服务之间的优劣差别,了解目标市场顾客的需求;其次,要制订周密的营销计划,营销计划中必须明确对本旅游产品的"定位",以及要能够根据顾客的个性化和多样化的需求适时调整营销计划;第三,品牌营销推广过程中要注意对旅游接待

企业品牌价值的提升,即品牌延伸,这是对付竞争对手的非常有效的方法;第四,品牌营销还要注重公共关系以及营销方式的灵活运用,要合理选择和运用各种促销方式;最后,品牌营销推广还要注重旅游接待企业产品的定价以及营销费用的控制等,力求用最低的成本创造出最好的营销效果。

4. 服务推广

在旅游接待业市场竞争中,服务是竞争的关键,是为旅游接待企业赢得市场、赢得顾客、赢得利润、赢得信誉的重要保障,同时,也是为旅游接待企业产品、品牌创造知名度和美誉度的关键所在。为顾客提供和创造优质、完美的服务是旅游接待企业经营的主要目标,成功的企业经营者在创立企业品牌的同时也都在竭尽全力为顾客提供尽善尽美的服务。因此,旅游接待业的服务体验推广是旅游接待企业品牌创立和推广的有效途径。旅游接待企业必须努力为顾客创造完美的服务体验,通过高层次、全方位的服务造就旅游接待企业的服务品牌,通过高附加值的旅游服务打造出旅游接待行业的知名企业品牌。全方位服务即从顾客旅游前的信息提供服务到顾客旅游结束后的售后服务,整个过程中为顾客提供的全面优质的服务。它必须着眼于顾客的期望,并力求做到使顾客满意。超值服务则指为顾客提供高品质、高水平的服务,包括超越顾客的心理期望、超越产品本身价值、超越经济界限和行业界限,努力用尽可能低的服务成本创造出高品质的旅游品牌。

第三节 旅游接待业品牌战略

经济全球化背景下,国际旅游企业集团之间的竞争越来越表现为品牌的竞争,旅游品牌已是现代旅游企业集团实现全球战略目标的锐利武器,是实现资本扩张的重要手段。正如著名美国广告研究专家 Larry Light 所言,未来的营销是品牌的战争。商界与投资者都将认清品牌是公司最珍贵的资产,拥有品牌比拥有工厂重要得多。旅游接待业品牌战略按不同的角度可以有不同的分类,从品牌的延伸角度来看,主要有品牌延伸扩张战略;从品牌的数量上来看,主要有品牌数量战略;从品牌的实施运营的角度来看,有品牌发展支撑战略。

一、品牌延伸扩张战略

旅游接待业品牌延伸扩张战略是指旅游接待企业利用其成功的品牌,扩展品牌所涵盖的产品组织或延伸产品线,推出新产品或改良产品的谋划。它强调的是旅游接待企业对已实现的某个品牌资源的充分开发和利用,使品牌生命得以不断延长,品牌价值得以不断增值,品牌的市场份额得以不断扩大。大型国际酒店集团在其最初发展阶段,通常仅针对某个档次的酒店,对其核心品牌发展单一的线性延伸,形成产品线,如洲际酒店集团最早拥有中档酒店品牌 Holiday Inn(假日酒店),该品牌是集团的核心品牌,价格适中,服务全面,在它向中档细分市场扩展其产品线时,延伸出了 Holiday Inn Garden Court(假日花园庭院)、Holiday Inn Express(智选假日)、Holiday Inn Sunspree Resorts(假日阳光度假村)等不同类型的中档度假酒店品牌。锦江集团也利用其品牌资产延伸出了锦江假日、锦江之星等不同品牌。通常,品牌延伸扩张战略主要有市场扩张和规模扩张等两种形式。

（一）旅游接待业品牌市场扩张战略

旅游接待业品牌市场扩张战略是指旅游接待企业品牌占领市场、开拓市场、扩大市场份额的总体谋划方略。不同的旅游接待企业可按照品牌发展的实力不同，在以下两种战略中进行选择。

1. 市场重点突破战略

当旅游接待企业实力相对较弱或者处于品牌发展初期阶段时，往往先要力求在市场上立足，然后逐步扩张。此时则较为适用该战略，即瞄准市场的缝隙、空当，进行重点突破，避实就虚，开辟品牌市场空间。

2. 市场全面推进战略

市场全面推进战略就是旅游接待企业从多个方面、多个角度对市场进行全方位开拓的战略。这种战略一般是在旅游接待企业取得较大发展、实力比较雄厚的情况下实施的。市场全面推进战略既包括国内市场推进，又包括国际市场开拓。市场全面推进战略是相对于重点突破的市场战略而言的，实施该战略时，也仍然要注意针对不同的消费者群体进行市场细分，把目标市场具体化，有针对性地拓展不同类型的市场。

（二）旅游接待业品牌规模扩张战略

品牌的基本特征是知名度高、信誉度高、市场份额高、获利能力高等。旅游接待企业要实现较高的市场份额，就必须努力扩大生产和服务规模，实施品牌规模扩张战略是其必然的选择，这也是提高品牌资产价值、提升企业综合实力的客观要求。旅游接待业品牌规模扩张战略有多种实现方式，一般包括兼并、收购、特许经营以及战略联盟等。

1. 企业兼并

企业兼并是指兼并企业对被兼并企业的资产进行吞并和吸收，被兼并企业将企业的产权有偿让渡给兼并企业，兼并企业实现资产一体化，同时取消被兼并企业法人资格的一种经济行为。企业兼并是资本营运以实现资本集中，优化资本配置的常见方式。从实现企业资本扩张、规模扩张的作用来看，企业兼并比企业通过内部资本积聚实现扩张要迅速得多，规模也大得多。

2. 企业收购

企业收购是指一家企业通过购买另一家企业的部分股份或全部股份，从而取得对另一家企业控制权的产权交易行为。企业收购与企业兼并一样，都是企业资本扩张、规模扩张的有效途径。企业收购有利于企业迅速实现规模经济效益、增强资本扩张的能力，也有利于更好地优化资源配置，降低成本与费用，增加企业利润，增强企业经济实力，提高企业开发新产品、新技术的能力和抵抗市场风险的能力。

3. 企业特许经营

特许经营是连锁经营的一种模式，是以契约为基础的技术贸易形式。特许者把自己拥有的商标包括服务商标、商号、产品、专利和专有技术、经营模式等以合同的形式转让给被特许者使用，被特许者按合同规定，在特许者统一的业务模式下从事经营活动，并向特许者支付相应的特许加盟费和特许权使用年费，承担规定的义务。特许经营模式下，企业可以通过输出品牌的形式以较少的资本投入控制较多的企业而实现规模扩张。

4. 企业战略联盟

战略联盟指通过组建战略联盟实现品牌的强强联合,这种品牌的合作既是资源优势上的互补,又是竞争实力的强强联合。例如,首都旅游集团与携程旅行网合资"联姻"共同开发的"如家(Home Inn)"品牌就是酒店与互联网企业开展战略联盟形成双赢的经典佳话。目前各行各业与互联网之间进行合作的现象已日益普遍,不同行业、不同企业之间这种战略联盟的合作方式,不仅能打开合作方各自的市场覆盖面,同时还能造就更强大的品牌,提高企业各自的竞争实力,达到共赢的结果。

(三) 品牌延伸扩张的风险控制

品牌延伸可以借助已有品牌的影响力迅速将新产品推广上市,这是品牌延伸的优势所在。但该战略的实施同时也伴随着一定的风险,若延伸不当则可能损害品牌形象,降低品牌价值。此外,延伸速度过快、产品线过宽也容易导致市场无反应或被消费者所抛弃。因此,旅游接待企业在实施品牌延伸战略时,应从长远发展的战略高度进行考虑,注意做好品牌延伸的风险控制。

(1) 正确认识现有品牌,即在实施品牌延伸之前,对品牌的实力进行评估。一般来说,拟扩展的品牌应在拟扩展产品的目标细分市场中占有较高的地位,在潜在消费群体中有相当数量的支持者才足以支撑该战略的实施。

(2) 分析延伸的可行性,即在决策前要考察拟扩展品牌与拟扩展产品的关联性与关联程度,包括二者的定位是否一致,销售与推广渠道是否相适应等,以保证品牌形象的统一。

(3) 实行主副品牌策略,即将品牌扩用至新产品上新时,在主品牌不变的前提下,赋予新产品一个副品牌。为延伸的新产品增加副品牌,是规避延伸风险的有效手段之一。这样可以使各种产品在消费者心目中有一个整体的概念,又在各种产品之间形成一定的比较距离,使产品在统一中保持差异性。既使原有品牌的优势得以发挥,又有效避免了因延伸失败而导致的连锁反应。

二、品牌数量战略

旅游接待业品牌数量战略是指旅游接待企业根据自身的生产经营需要,培养不同数量的企业品牌的战略。一般可分为单一品牌战略和多品牌战略。

(一) 单一品牌战略

单一品牌战略又称同一品牌战略,即旅游接待企业生产或经营的所有产品及服务均采用同一品牌。采用这种战略能向社会公众展示旅游接待企业产品的统一形象,可以更快地提高企业知名度,且在推出新产品时省去了命名的麻烦,新产品也能迅速被消费者认同。企业必须不断地强化单一的品牌形象,始终向市场传递一致的品牌理念,同时,还需要在原有的基础上不断充实品牌的内涵和丰富品牌的形式,让产品具有更强的识别性,加深品牌在消费者心中的印象。这样才能使新产品更快进入市场,并在顾客心目中形成企业不断发展、不断创新的好印象,降低消费者在接受新产品时所遇到的阻力和风险。对于那些享有很高声誉的著名旅游接待企业,选择这种战略可以充分地利用其名牌效应,使企业所有产品前后相应,增进单一品牌的发展。

但采取单一战略也要承担很大的风险,由于品牌所代表的企业的所有旅游产品和服务明显地表现出共生的特性,一旦某种产品或服务出现问题,就会波及企业其他的所有产品和服务的口碑和形象,对企业的销售将产生致命的影响。因此,旅游接待企业采用单一品牌战略必须对每一种产品进行严格的质量控制,保证所有产品和服务对顾客的承诺,共同维护企业的整体品牌形象。

(二)多品牌战略

多品牌战略指旅游接待企业对自己生产或经营的不同功能、不同档次、不同类别的产品及服务分别给予不同的品牌命名、不同的商标,以及进行不同的品牌谋划的战略。旅游接待企业采用这种战略,一般是为了区分那些容易混淆的不同大类的产品,或是旅游接待企业生产的同一大类产品,为了区别其不同档次和等级而使用的战略。

采用这种战略的旅游接待企业可以将生产的不同大类产品严格区分成高、中、低三个档次,以同时满足不同旅游消费者的需求,提高企业的整体市场占有率。这种战略能促进旅游接待企业不断发现市场空档,拓宽现有的产品品类,在不同大类产品领域中分别树立不同的产品品牌形象,构建丰富的产品品牌体系。另外,实行多品牌战略的旅游接待企业在同一产品上设立两个或两个以上的品牌,品牌之间既相互独立又相互竞争。不会因某一品牌的产品在市场上信誉低落而波及本企业的其他产品,从而起到分散风险的作用。

多品牌战略也有较明显的不足。由于一个品牌的创立需要花费一定的人力、物力、财力,多种品牌的创立必然会增加企业的成本,这对于初创企业或实力较弱的旅游接待企业来说显然是不合适的。此外,品牌的繁杂有时也会使消费者难以记忆和识别,从而不利于形成企业的整体产品形象。

三、品牌发展支撑战略

品牌发展支撑战略是指为了保障旅游接待业品牌总体发展战略目标的实现,而采取的有关品牌发展支撑要素的战略谋划。主要包括质量支撑战略、技术支撑战略、市场支撑战略、营销支撑战略以及人才支撑战略等。

(一)质量支撑战略

旅游接待企业产品和服务的质量是旅游接待企业品牌的生命之基。因此,旅游接待企业实施品牌战略必须树立质量先行的思想,将质量战略作为品牌战略的核心和基础。首先,要确定质量目标,无论旅游接待企业品牌在价格和功能上是否存在差异,高质量是共同的目标。虽然不同档次的产品对高质量的要求是不尽相同的,但都不能出现质量上的低劣。其次,要明确质量标准,最好采用国家级或者国际级的质量标准,如ISO9000系列标准,有可能还应制定更高的标准。最后,要加强对质量的管理,如建立完善的质量管理制度和质量监督体系,实行全面质量管理等,确保旅游接待企业的品牌质量经得起考验。

(二)技术支撑战略

技术支撑战略是旅游接待企业品牌战略的重要动力,技术创新和技术进步也是当今社会经济发展的主要推动力量,成功运用先进的技术,如信息技术、网络技术等往往能使旅游接待企业及其品牌在市场中获取主动。技术战略的实施也要视旅游接待企业的具体情况而

定,其内容又包括技术创新战略、技术引进战略和技术改造战略等。

（三）市场支撑战略

市场支撑战略是旅游接待企业实施品牌战略的主线,也是旅游接待企业生存与发展的出发点和归宿。扩大市场份额,提高市场占有率是企业实施品牌战略的主要目标之一。因此,首先要做好市场定位,确定目标市场。其次,要根据企业自身的实力和条件,采取切合实际的市场开拓和推进战略。例如,在实力较弱时,可实行市场缝隙战略,瞄准市场空当进行开拓;在实力强大时可实行市场主导战略,全面开拓国内国际市场空间。

（四）营销支撑战略

营销支撑战略即通过产品、价格、渠道、促销等营销组合策略的灵活运用,扩大旅游接待企业品牌的影响力。需要强调的是,广告作为品牌宣传的重要手段,应得到旅游接待企业充分的重视。进行合理有效的品牌广告宣传除了应注意广告策划要突出重点、明确主题外,还应特别注意应实事求是地进行宣传。同时,根据旅游接待企业经济实力选择合适的广告形式,以尽可能少的投入取得较大的广告效果也是该战略实施中的重要内容。

（五）人才支撑战略

人才是旅游接待企业实施品牌战略的关键性因素之一,无论是培育产品品牌还是企业品牌,都需要人的努力来实现。因此,旅游接待企业应制定合理的用人制度,完善用人机制,确保拥有合理的人才结构,努力实现人尽其才,使旅游接待企业组织的每一个成员都在其品牌发展目标的实现中发挥应有的作用。

 思考与练习

1. 简述旅游接待业品牌的概念与内涵。
2. 简述旅游接待业品牌的主要功能。
3. 简述旅游接待业品牌定位所包含的主要内容。
4. 简述旅游接待业品牌设计的主要内容。
5. 简述旅游接待业品牌推广的主要途径。
6. 试论旅游接待业品牌延伸扩张战略的主要方式。

第十章

旅游接待业服务管理创新

学习目标

1. 旅游接待业服务理念创新
2. 旅游接待业服务技术创新
3. 旅游接待业服务产品创新
4. 旅游接待业服务管理模式创新
5. 旅游接待业服务市场创新

核心概念

理念创新　技术创新　产品创新　模式创新　市场创新

旅游接待业服务管理创新就是对传统的旅游接待服务方式进行异质化和多样化的改进和提升。在满足顾客基本需求的前提下,探索深层次的服务需求,使顾客获得更大的超额价值和服务满意度,这同时也是旅游接待业提高核心竞争力的重要途径。

旅游接待业服务管理创新通常由五个方面的内容组成:理念创新、技术创新、产品创新、模式创新和市场创新,这五个方面既相互独立又相互联系。理念创新是实现其他类型创新的前提和基础,技术创新为其他形式创新提供动力和可能性,产品创新是实现组织目标和理念创新的实践路径,模式创新是理念创新的实际运用,市场创新是提升企业效益的有效路径。

第一节　旅游接待业服务理念创新

一、旅游接待业服务理念创新的必要性

(一)旅游接待业服务创新是时代的要求

习近平总书记在中共十九大报告上指出"中国特色社会主义进入新时代,我国社会的主

要矛盾已经转化为人民日益增长的美好生活需要和不平衡不充分的发展之间的矛盾"。[①] 新时代背景下人民群众美好生活的需求日益深化,人们渴望更加舒适的居住条件、更加优越的物质生活、更加丰富的精神文明生活和更加优美的生态环境等。旅游业作为"五大幸福产业"之首,对于实现人民群众对美好生活的向往意义重大。首先,旅游业具有较强的综合性和带动性,旅游业不仅能够与养老产业、体育产业、文化产业、健康产业等产业紧密结合,而且能够有效推进这些产业的进一步发展。尤其是当前我国正在大力倡导"旅游+",其主要目的就是加大旅游与传统产业的融合进而形成新业态,为传统产业注入新内容、带来新动力,促进传统产业的"二次发育"。其次,大众旅游时代,旅游已经成为衡量现代生活质量的重要标志,旅游在促进人们生活健康、改善人们生存条件、实现人们美好生活等方面发挥着重要作用。社会发展的同时,旅游企业面临的外部环境也更加复杂,人民群众对现代服务的要求和期望也越来越高,传统的服务形式明显不能够满足人们个性化和多元化的需求,旅游接待组织要想在市场竞争中立于不败之地,就必须不断地进行服务创新,以新的服务适应顾客的新生需求和期望。

(二) 旅游接待业服务创新是市场竞争的必然选择

2000年以来,我国旅游市场持续保持高速增长,旅游业对国民经济的综合贡献度超过10%,旅游业已然成为我国国民经济战略性支柱产业。截止到2017年,我国旅游总收入达5.4万亿元,国内旅游人数达50.01亿人次,入境旅游为13948万人次,中国成了世界上最大的国内旅游市场和世界四大旅游目的地国家之一。未来中国旅游市场还将继续扩大,预计到2020年,我国国内旅游收入将达到5.5万亿元。中国旅游市场的繁荣发展加大了旅游专业化分工和市场的细分程度,旅游接待业各细分子行业与其他产业的融合逐步成为现代旅游业发展的重要特征之一。伴随着旅游接待业的快速发展,旅游接待业的经营模式愈加趋向多元化,旅游业也逐渐成为传统行业转型和互联网等新兴行业抢占的"香饽饽"。旅游接待业作为现代服务业的分支之一,进入壁垒相对较低,不存在明显的技术性发展障碍,但也难以获取因规模经济效应引起的成本优势。这使旅游接待业市场竞争相较于其他行业更加激烈。例如,近年来,地产、煤炭等传统行业巨头纷纷进入旅游市场,投资建设特色小镇,开发旅游地产,建设主题公园、酒店、旅游度假区等项目,BAT等互联网公司也纷纷以多种方式进入旅游领域,加快旅游业布局。因此,旅游接待企业想要在行业内保持稳定的发展状态,必须不断推出创新产品,谁先创新,谁就能够抢先占有市场份额。

(三) 旅游接待业服务创新是科技进步的结果

21世纪以来,全球产业结构进入了由"工业经济"向"服务经济"主导转变的新阶段,在这一过程中服务业扮演着非常重要的作用。经济发展的一般规律表明:社会生产力达到一定水平后,传统的以第二产业为主导的工业经济必然会向以第三产业为主导的服务经济转变,并最终形成以服务业为主导的三、二、一经济结构。在这个过程中科技进步是导致服务业占比不断增加的重要原因,正如麻省理工学院莱斯特·瑟罗教授所言:"知识和技术是比较优势的唯一来源,而在20世纪下半叶,知识和技术将是促成经济动机的主要因素,科学技

[①] 摘自《十九大报告》。

术能够将知识转化为现实生产力,并对现代生产力的高质高效发展具有强大的推动作用。"在快速发展的信息时代,网络技术和现代产业的发展不断推进旅游接待业创新发展,尤其是现代计算机科学技术和互联网信息传输与处理技术,更是给旅游接待工作提供了先进的技术支撑,使旅游接待业不断发展。

(四)旅游接待业服务创新是适应消费需求结构的多变性及多样性的需要

随着社会和经济的发展,市场也逐步由原先的卖方市场向买方市场转化,在以往的卖方市场结构下,服务或产品的供应商在市场中具有较强的主动性,人民群众往往充当被动购买的角色。[①] 但是,随着我国市场经济体制改革的深入和完善,市场经济异常繁荣和发达,消费者在进行产品和服务选择时具有很大的主动性,人民群众不再满足于买到某商品,更加在意商品的附加价值是否满足自己的期望。尤其是人民生活水平的提升带来了消费能力的升级,旅游接待组织要想使自己的产品和服务始终满足客户的需求,就要不断地进行自我更新,在满足基本服务的基础之上不断地探索客户的精神需求和个性化需求,在产品质量和服务质量等方面不断突破,才能够满足客户日益增长的多样化和个性化需求。除此之外,旅游接待组织在使自己的服务满足客户的基本需求之外,还应探索客户精神方面的需求,在产品的形象策划、功能、销售服务等方面引起顾客的兴趣,才能够及时满足广大消费者不断增长的个性化服务需求。

(五)旅游接待业服务创新是延长服务生命周期的重要手段

生命周期理论是国际经济学中的一个重要概念,目前已经形成企业生命周期理论、产业生命周期理论、产品生命周期理论、产业集群生命周期理论等相关理论。生命周期理论根据产品或企业所处不同阶段,按照在市场中的演化规律将其分为初始期、成长期、成熟期与衰退期四个阶段(见图10-1)。随着生命周期理论的不断发展和完善,该理论逐渐应用于经济管理和工业工程领域,甚至成为研究可持续发展的理论基础之一。旅游接待业作为现代服务业的一种形式同样适用于生命周期理论,有关学者以服务业增加值占GDP的比重为评价指标,结合生命周期理论将其划分为四个阶段。[②] 当今社会产品更迭速度和市场竞争的激烈程度较之以往更甚,很少有一项产品能够在市场中保持经久不衰。旅游接待业处于这样的外部环境下生命周期不断缩短,如果旅游接待业相关组织不能积极主动地在服务和产品上保持较强的创新能力,即使能够很好地配置组织内部的资源和外部资源也无法保障其在市场中保持持续的竞争力。因此,旅游接待企业要大力发展新技术、新理念和新方法,不断提升服务品质、创新服务模式、及时推出新产品,只有这样才能够保证在残酷的市场竞争中保持生命活力、延长服务产品的生命周期。[③]

二、旅游接待业四大服务管理理念创新

理念上的创新是实现其他形式创新的首要条件,理念的创新在旅游服务创新实践过程中具有首要的制约作用,脱离了服务理念的创新都不能称之为真正意义上的创新,如果不能

---

① 邵雅琼.基于现代网络和移动通信技术的旅游服务创新研究[D].上海师范大学,2009.
② 魏作磊.美、欧、日服务业内部结构的演变及对中国的启示[J].国际经贸探索,2010(1).
③ 李刚,余情.浅析服务业服务创新[J].商业研究,2004(4).

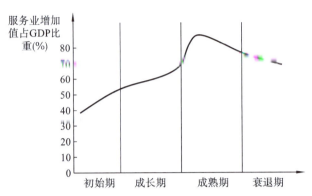

图 10-1 服务业生命周期发展阶段

（资料来源：根据爱迪斯企业/行业生命周期理论与服务业发展阶段特征整理而得。）

够实现理念层次的创新，那么实践运作路径上的创新就更加难以实现。对于旅游接待业的经营管理人员而言，在企业实力相当的情况下，若想提高企业旅游接待业管理水平，就必须保障企业经营产品具有独特的竞争优势和核心吸引力，而要实现这一目标，企业管理人员就必须发挥旅游企业服务产品创新性指导理念的作用。随着旅游接待业的迅猛发展，旅游者对旅游接待服务提出了更高的要求，若想满足不同游客的多样化和个性化要求，就必须改变传统旅游接待服务理念，根据新时代特征创新发展新的服务理念。

（一）向定制旅游接待服务转变

随着移动互联网和移动通信技术的发展，尤其是智能手机、平板电脑等移动终端设备的普及，用户对服务感知发生了很大变化。以前旅游接待服务多是由相关组织提供的模式化服务，客户更多的是被动式接收。但是，移动终端设备的普及，使用户能够通过手机选择自己喜欢的服务和形式，与此同时，旅游接待组织也能根据云端大数据分析用户的行为习惯和喜好，展开一系列有针对性的营销服务，更加精准地提供符合消费者行为习惯和消费习惯的个性化需求产品，进而达到服务效率和客户满意度的双赢局面。毫无疑问，在移动互联网时代下，消费者获取服务信息的渠道将比以往更加快捷和方便，消费者的服务体验满意感也将随之上涨。因此，旅游接待组织必须及时适应新的外部环境，向定制化、个性化服务转变。

（二）向交互旅游接待服务转变

传统的旅游接待业服务方式多是以市场需求为向导为顾客提供同质性的产品或服务。随着社会的发展和旅游接待业市场的逐步成熟，人们越来越重视个性化、定制化的服务方式，传统被动接受式的服务形式越来越受到人们的排斥。旅游接待企业若想在新的外部环境下保持稳定的竞争力，就必须根据消费者的个性化需求为客户提供定制化的服务产品，或让客户自己设计自身喜爱或想要的服务产品，改变过去单纯接受式的服务，真正实现旅游接待服务的双向互动。只有这样才能够使企业在市场竞争中立于不败之地。尤其是随着移动通信技术的发展，人们可以随时随地地利用各种移动产品和工具记录并分享自己的生活和旅游经历，如新浪微博、微信朋友圈、抖音短视频等。当我们在网络上向别人展示自身的旅游经历和感受时，我们就成了内容制造者，这种方式改变了传统的单项旅游服务方式，不仅使旅游企业与消费者之间联系更加紧密，而且由于这种方式对消费者体验的重视程度升级，使消费者更加深入旅游服务。同时，由于消费者的积极参与，旅游服务不断完善、升级，这样不仅有利于提升旅游消费者的满意度，还有利于企业增加自己的客户资源，创造更大的利益价值。因此，在移动互联网时代，旅游接待服务应该更加重视消费者的个性化需求，设计更加合理、优质的旅游服务方案，或者让消费者自己设计符合自己爱好和习惯的服务产品，改变过去那种单纯接受服务的情况，真正实现旅游接待服务与消费者之间的互动。

（三）向精细旅游接待服务转变

在旅游接待业服务的过程中，服务流程的设计、服务人员的素质都尤为重要，但是最重要的是对服务细节的关注，细节决定成败，细节决定顾客的满意度。尤其是随着人们生活水平的不断提高，人们对细节的要求也越来越高，未来的服务竞争必定将聚焦于细节。旅游接待组织必须充分认识到服务细节的重要性，为客户提供更多的超额服务。例如，携程网的服务标准是：打造精益求精的旅游旅行服务，通过流程优化、技术创新、产品研发、精准营销等服务创新手段，建立标准化、系统化、精细化和群分化于一体的新服务运作体系。

（四）向供应链旅游接待服务转变

网络通信技术能够对资源进行有效整合，从而优化资源配置，旅游接待服务完全可以充分利用这一技术，改变过去那种景区单独为消费者提供服务的方式，将多个景区看作一个完整的产品供应链，打包出售向顾客服务。这样，一方面能够降低服务的边际成本，提高规模效益，给游客带来更多的消费剩余、节省开支。另一方面，旅游接待服务也能够由单独的景区竞争升级为整条供应链的竞争，通过资源整合实现游客和服务提供者的双赢。

第二节　旅游接待业服务技术创新

对于任何行业而言，服务技术创新都是提升竞争力的重要手段。旅游接待业的服务技术创新对于实现旅游接待的现代化、自动化、智能化、特色化、市场化以及产品化具有重要意义。根据我国目前旅游接待业的发展趋势和外部环境来看，运用高新技术和有关设备必将成为我国未来一段时间内旅游服务产业领域发展的趋势。因此，创新发展旅游服务现代化技术势在必行。

一、移动定位技术

移动定位技术主要基于位置服务（LBS）和全球定位系统（GPS）技术。基于位置服务是一种通过电信移动运营商的无线电通信网络或外部定位方式，获取移动终端用户的位置信息，在地理信息系统（GIS）平台的支持下，为用户提供相应服务的增值业务。全球定位系统是一种利用 GPS 定位卫星，在全球范围内实时进行定位、导航的系统。这两种技术都能够通过移动终端设备实现对使用者所处位置的精准定位，进而查询所在位置的相关服务。旅游接待组织通常可以运用这一技术开展旅游地营销、旅游信息查询、旅游救援、旅游公共信息服务以及旅游车船管理等服务。例如，某网络平台利用这一技术，将手机客户端打造成为基于位置的实时互动平台，旅游者不仅能够通过位置服务搜索附近景区、超市、医院等各类

信息,而且可以通过手机终端的评论和分享功能上传自身在旅游过程中的感受和风景画面,这样就使旅游过程变得生动形象、趣味无穷。旅游企业也能够借用该技术丰富游客旅程,进而吸引更多游客,创造更大的利益价值。

二、增强现实技术

增强现实(AR)也被称之为混合现实技术,是一种在虚拟现实的基础上发展起来的新技术,是一种通过计算机提供的信息增强用户对现实世界感知的技术。这种技术能够将虚拟信息应用于现实世界,主要通过计算机生成虚拟物体、场景或系统提示信息的方式将这部分内容叠加到真实场景,进而实现对真实感知的增强。这种技术为旅游者提供了一种全新的游览方式。例如,日本姬路城景区发布了一款名为"Plusar"的手机应用,当游客在带有"姬路"字样的观光地打开该应用,手机上就会显示一个3D卡通人物,该卡通人物不仅能够帮助标记游览路线,而且还能够提高景区导游讲解服务。这种技术大大地提高了游客的娱乐感知,给游客带来不一样的视觉冲击和游览体验。[1]

三、近场通信技术

近场通信(NFC)是一种基于非接触式射频识别(RFID)及互联互通技术而发展起来的新兴近距离无线通信技术,该技术允许电子设备在彼此靠近的情况下(通常范围为10米内)进行数据传输,借助于芯片上的集成感应式读卡器、感应式卡片和点对点通信的功能,就可以使移动终端实现移动支付、电子票务、门禁、移动身份识别、防伪等功能。[2] 近场通信技术的应用极大地简化了旅游者身份认证等相关手续,使整个旅行变得更加方便、安全和快捷。例如,去哪儿网与手机制造商和酒店达成合作,通过去哪儿旅行客户端进行酒店预订的客户,在抵达酒店后只需用手机在前台刷一下,就能够自动完成入住信息录入。

四、二维码技术

二维码技术是在移动设备上使用的编码技术,它以图像识别技术和计算机技术为基础,能够将文字、图像、视频、电话、网站、短信等内容进行转码,最终以二维码的形式出现,用户可以以移动联网设备为工具,扫描后就能浏览二维码接口下的内容。二维码技术几乎能够实现所有的移动营销和移动商务功能,包括身份识别、电子交易、信息服务等内容。在某些旅游景区内游客可以通过扫描二维码获取景区最新资讯和优惠信息,同时还能接入景区网站,获取景区的导游服务和游客评论等内容。二维码最大的特点就是方便、快捷,应用范围广,尤其是随着智能移动手机的发展和普及,广大游客能够更加方便、安全地识别二维码,进而获得更好的服务体验。

五、语音技术

语音技术是一种最被看好的人机交互方式,它拥有其他交互方式所不具备的优势,例

---

[1] 甘勇.移动互联网环境下我国在线旅游企业服务创新[J].决策咨询,2017(2).
[2] 2011年近场通信技术(NFC)的发展及其用途.http://www.alibuybuy.com/posts/56140.html.

如,它能够让电子设备更加人性化,能说、能听、能看、能感觉。此外,语音技术还能够配合其他技术使用,从而使用户获取更好的体验,语音技术与导航技术的结合而产生了语音导游,语音技术与增强现实技术结合产生了虚拟人工智能的雏形。目前,语音技术中最关键的技术有语音合成技术(TTS)和自动语音识别技术(ASR)。语音技术在旅游接待业具有非常重要的应用。例如,携程网的语音查询功能和票务预订功能不仅能够非常便捷地帮助客户预订景区门票、酒店、机票等,而且通过人机对话还能够帮助顾客快速定位自己想要的产品或服务,让整个过程变得异常简便。

六、云技术

云技术是指在广域网或局域网内将硬件、软件、网络等系列资源统一起来,实现数据的计算、储存、处理和共享的一种托管技术,是一种基于云计算商业模式应用的网络技术、信息技术、应用技术、管理平台技术和整合技术等的总称。云技术能够将各种终端进行链接,通过云储存、云计算技术为用户提供高度个性化、便利性、创新性的服务。一些简单的云技术应用在生活中已经非常常见,如搜索引擎、网络信箱等,未来的云技术发展一定不会局限于数据和资料的搜索、分析功能,解析基因图序、分析DNA结构、研究癌症细胞等复杂工作都可以通过云技术提高效率。

第三节 旅游接待业服务产品创新

随着人民群众生活水平的提高、价值观念的转变以及旅游消费行为观念的日益成熟,国人的旅游行为逐渐呈现出个性化、多样化的发展趋势,这对提供旅游服务的组织提出了新的挑战,要求他们必须开发出创新性的旅游接待业服务产品。根据旅游接待业服务产品的层次划分,通常包括核心旅游服务产品、支持型旅游服务产品和延伸型旅游服务产品。核心旅游服务产品通常指为客户提供的最基本的服务产品,如酒店提供安全、舒适的住宿条件,卫生可口的饭菜都属于基本服务产品。支持型旅游服务产品指为保障客户享受到核心服务产品而提供的一些必要的促进性服务,如酒店的入住登记、退房手续服务皆属于此类,若缺乏此类服务产品,核心服务产品就很难享受到。延伸型旅游服务产品指在核心服务产品和支持型旅游服务产品得到保障的情况下,由此延伸出的额外附加旅游服务产品,例如,"海底捞"作为一个餐饮企业不但为客户提供优质的餐饮服务,甚至将服务划分为亲情式服务、顾问式服务、情境式服务等多种类型。旅游接待业服务产品创新通常是从这三种服务产品着手,根据不同程度的创新又可以分为全新型的旅游产品和改进型的旅游产品。总之,旅游接待业服务产品创新决定旅游接待组织能否在复杂多变的市场中保持竞争力,决定旅游接待组织能否获得长期的经济效益,决定顾客的体验是否得到了满足。

一、酒店业服务产品创新

(一)酒店安防系统

酒店安防系统是一套功能完整的、人防与机防有机结合的安全防范体系,包括入侵警报

系统、门禁系统、监控系统、火灾报警与消防联动系统、电子巡更系统等。该系统有机整合了各种技术资源与手段,大大提高了整个酒店的安全防范能力,有效地预防和阻止火灾、犯罪事件的发生,使顾客处于一个更安全、舒适的环境之中。

(二)消息通信服务

酒店将数据通信、语音通信和图像通信纳入其综合布线系统,客户可以通过互联网数据接口查询各类信息、收发电子邮件、远程登陆以及传输文件等。此外,酒店还可以将客房电视机接入到互联网通道,形成一个涵盖电视、电脑和多媒体娱乐等服务的集成系统,客人可以通过智能网络电视进行视频点播(VOD)和消费账单查询。

(三)客房在线预订

随着互联网技术的发展以及移动电子商务的兴起,一些互联网服务提供商(ISP)和互联网内容提供商(ICP)建立起大型的旅游资源网站等旅游服务设施,用于提供旅游信息的查询服务和在线预订服务,旅游者可以很方便地通过运营商的服务网站或移动终端 App 等方式实现景区门票、航班机票、酒店服务的在线预订。

二、旅游交通服务产品创新

(一)航空公司电子机票

电子机票是纸质机票的电子形式,可以向纸质机票一样执行出票、作废、退票、改签等操作。从本质上来说电子机票和纸质机票并无差别,旅客只需凭借身份证和电子机票订单号码就能够在飞机起飞前 1 小时内领取登记牌。这种方式不但解决了传统纸质机票易丢失的问题,而且有利于整体服务效率的提高,给旅客带来了诸多便利。

(二)打车软件

移动互联网技术的发展催生了一大批打车 App,如滴滴出行、优步、易到用车、神州专车等。当乘客需要用车时只需要在手机端的 App 上说明乘车人数、等车地点、到达地点以及随身携带行李物品的件数或重量,服务后台就可根据要求选择适合的车辆以最短的时间抵达指定地点或个人所在位置。这种方式大大地提高了车辆的利用效率,而且保证了乘客享受服务的便利性和快捷性。

三、旅游餐饮服务产品创新

(一)无线点菜系统

无线点菜系统是一种利用现代电子技术、计算机技术、无线技术和网络技术,进行远距离的电子点菜的操作系统。该系统取代了传统手写式的点菜方式,当顾客依照菜单点菜时,服务人员只需在点菜器上进行简单操作,菜单便可以通过无线的方式与服务台的主控计算机进行通信,后厨的接收主机也能够即刻接收到信息。同时,收银台也打印出了一张消费记录单,以备客人查询或用作结账凭证。这种系统大大简化了饭店点菜服务系统,提高了服务效率,为顾客创造了良好的就餐环境,提高了他们的满意度。

(二)菜肴制作数据化

菜肴制作的选料、配料以及制作环节中的火候、温度、时间一般都有很严格的要求,普通人往往需要经过多年的训练才能够熟练地掌握这些经验,但是信息技术的运用使一切都变得非常容易。例如,北京全聚德与德国合作制作出的微电脑烤鸭炉就是通过将全聚德多年来的烤鸭经验转化为数据,将其存入计算机芯片之中,操作人员只需进行简单的操作便可以烤出口味一如既往的全聚德烤鸭。电脑烤炉不但大大简化了烤制的程序,实现了烤鸭的标准化和自动化,而且整个烧烤过程没有烟尘、明火和粉尘,环保问题也得到了有效解决。

四、景区景点的服务创新

(一)多媒体展示

多媒体展示系统指借助遥感技术(RS)、虚拟现实技术(VR)、地理信息系统(GIS)、互联网技术(Web)以及三维动画等高科技手段实现景区场景的可视化展示。景区管理者会将这些信息发布在官网上,游客可以通过浏览景区官方网站获取相关信息,以便游客在游览之前就对景区有初步了解。尤其是随着作为多媒体信息载体的LED大屏幕、触摸屏等的广泛应用,游客可以很方便地获取有关景区、景点的多媒体信息。

(二)电子门票

旅游景区的电子门票是一种运用于景区内的新型门票形式,既能够实现传统门票的身份及资格验证功能,又能够通过内嵌智能芯片实现对持票人的精准定位及管理查询功能。电子门票较普通纸质门票更具收藏价值和使用价值,旅游景区可在电子门票上印制具有观赏价值和纪念意义的内容,展示景区的良好形象,甚至直接将电子门票以精细化的工艺品形式展现,提高收藏价值。此外,在使用价值上,电子门票不但实现了对传统门票效率的提升,而且创新了门票功能。随着电子门票的普及和发展,市场上出现了各种类型的电子门票,如磁卡电子门票、指纹电子门票、条码电子门票等。

(三)景区数字化监管

景区通过数字化监控系统能够对景区客流分布情况进行实时监测,在旅游旺季通过合理的调度和科学的分流可以有效缓解景区人流和车流的拥挤问题,从而使整个景区趋于有序状态。智能监控系统的远程传输技术和网络图像存储技术可以在指挥部的监控中心实时呈现重要节点的现场情况,进而为指挥部掌控景区的安全以及制订游客疏导分流方案提供重要参考依据。

第四节 旅游接待业服务模式创新

管家服务是酒店高档服务的一种形式,最初的雏形是传统英国式管家服务和菲佣式服务,当代的管家服务模式众多,但基本都是在传统英国式管家服务和菲佣式服务的基础上的进一步发展。管家模式和传统的服务模式的最大区别就是管家模式以一种积极、主动的态度服务客人,想尽一切办法尽量满足客户的个性化需求。管家服务模式丰富了酒店特色服务内容,创新了酒店服务模式,对酒店业及其他服务行业的发展具有重要意义。目前,最流行的几种管家模式主要有金钥匙管家模式、白金管家模式和皇金管家模式。

一、金钥匙管家模式

金钥匙酒店联盟标志如图10-2所示。

图 10-2 国际金钥匙联盟、中国金钥匙、世界金钥匙酒店联盟标志

金钥匙服务是对传统服务的一种创新和突破,它以满足日常服务为基础,以满足客户的需求为目的,以"生活管家和事务管家"为特色,结合客户群体特征和行业特征,整合外部资源进行信息和服务共享,为客户提供个性化的生活服务平台,为客户提供"一条龙"服务。金钥匙服务与传统服务的最重要的区别在于意识形态方面由传统被动转化为主动的人性化服务方式。

（一）金钥匙的含义

金钥匙是一个国际化的民间服务组织,是一种专业化的酒店服务品牌,是一个服务的网络。此外,还是对通过国际金钥匙组织会员资格认证的服务人员的称呼。金钥匙管家服务就是由具有国际金钥匙组织会员资格的酒店礼宾部职员,为实现其所在酒店经营效益的最大化,依据金钥匙服务理念、服务方式为客户提供个性化、优质化、差异化的服务。金钥匙的标志是两把金光闪闪的钥匙,其中一把钥匙象征着开启酒店综合服务的大门,另一把钥匙象征着开启该城市综合服务的大门,两把钥匙共同组成内外服务的总代理。

（二）金钥匙个性化服务

金钥匙个性化服务包括随机应变、投其所好、雪中送炭、锦上添花、方便客人、一条龙服务。

满足客户个性化的需求就需要在基础服务的基础上延伸服务价值,满足客户潜在的需求。所谓延伸服务就是要在核心服务和支持性服务的基础上为客人提供额外服务或超值服务。从服务深度来看,就是提高服务质量,让客户满意度不断提高。从服务广度来看,就是要形成独特的服务优势,在服务的供给方面超出客户预期,有一种出乎意料之外的惊喜感。

（三）金钥匙哲学理念

金钥匙哲学理念包括先利人,后利己;用心极致,满足加惊喜;在客人惊喜中,找到富有乐趣的人生。

"先利人,后利己"是金钥匙的价值观念,"用心极致"是金钥匙的方法论,"满足加惊喜"是金钥匙服务的标准,"在客人惊喜中,找到富有乐趣的人生"是目的。金钥匙服务特点就是尽一切所能帮助顾客解决困难,达到较高的客户满意度或让客户感受到服务之外的意外惊喜。尽管有的时候金钥匙管家并非都能够满足客户的特殊要求或是给客户带来惊喜,但是每个金钥匙都是尽自己最大努力去满足客户要求,甚至超出客户提出的服务要求。授人玫瑰,手有余香,金钥匙管家就是在满足客户的需求中实现自己的价值,找到富有乐趣的人生。

(四)金钥匙的基本素质

素质一:礼多人不怪。

素质二:热爱工作。

素质三:最万能的语言是服务。

素质四:有一颗追求卓越的心。

素质五:自知之明。

素质六:常识。

素质七:创造性思维。

素质八:处变不惊。

素质九:平常心与幽默感。

(五)金钥匙标准

较强的记忆能力,能够在较短时间内熟记客户信息,热情的服务态度、追求卓越的执着精神、广博的知识储备、高效的办事能力……

知识活页　　金钥匙管家服务职业要求与质量标准

职业要求:

用心做事,诚信为人,为客户排忧解难;找方法,不找借口,以满意加惊喜服务业主、创造价值。

质量标准:

按 ISO9001:2008、ISO14001:2004、OHSAS18000 国际标准推行物业管理与服务工作。

金钥匙管家特色服务:

人性化物业管理——金钥匙管家服务以人为本。

个性化服务——建立业主个人服务档案,满足业主个性化需求。

隐形管理优质服务——零干扰服务业主。

业主事务无小事——在管家眼里业主的事就是大事。

菜单式服务——为贵族式生活提供更多的选择。

(资料来源:金钥匙管家服务中心工作手册。)

二、白金管家服务模式

白金管家相关标志如图10-3所示。

白金管家类似于客户的私人秘书,他们是一支训练有素、经验丰富的服务队伍,具有各方面的服务才能。当客户需要某种服务时,白金管家均能利用社会综合资源满足客户的

图 10-3　白金管家相关标志

要求。由于白金管家经过严格的培训,所以相比一般的服务而言,白金管家的服务深度和广度都能够得到很好的拓展,因此客户满意度较高。

(一)白金管家的发展历程

20世纪中后期,随着亚洲高端客户群体逐渐壮大,英国管家行业协会设立"国际白金管家服务联盟"机构登陆大中华地区,并在香港设立常驻机构,致力于将管家领域的专业性产品引入亚洲经济高速增长的国家和地区。目前,已经形成国际白金管家联盟、英荷国际白金管家学院、巴特勒国际白金管家三大品牌运营机构。英荷国际白金管家学院主要负责国际白金管家的培训及认证工作,巴特勒国际白金管家服务机构为满足中国服务业对管家人才的需求,多采用管家外派、管家输出、入伙等形式展现其独特的管家魅力。国际白金管家本着做精不做多的原则,在中国高端服务行业奠定了良好的口碑和形象,具有较高的含金量。

(二)白金管家的特点

他们是一群衣冠得体、行为优雅、彬彬有礼的绅士;他们是一群获得国际白金管家资格认证的专业服务管家;他们风趣幽默、见多识广、待人谦和、态度积极、技能精湛;他们全力以赴,为使客户满意而不懈努力。

(三)白金管家的服务理念

白金管家的服务理念是:周到、优雅、精确、尊崇。

(四)白金管家的文化理念

白金管家秉持的文化理念是:礼诚相待、和谐致亲。

(五)白金管家的使命

博采中西方先进的服务理念,秉持爱业、敬业、助业、乐业、职业和事业的精神,以达到客户满意为目标,以优质的服务为特色,为客户提供物超所值的服务,借此回报客户、社区和国家。

(六)白金管家的责任

白金管家的责任是为客户提供物有所值的服务,在服务的每一个环节都能做到让客户满意或超出客户的合理预期,秉承小事做透、大事做精、日常事做细的办事风格,秉持以人为本的服务理念,将最好的服务奉献于客户乃至整个服务行业。

(七)白金管家服务特色

(1)一站式服务:服务全面、快捷、简单、舒适。

(2) 个性化服务:满足客户的个性化需求,根据客户的要求和特点量身定做一套服务流程,确保管家的服务方式和内容与客户的期望高度契合。

(3) 精品化服务:服务极致、用心极致、体验极致,让客户切实感受到每一次服务都物超所值、与众不同。

(4) 超前服务提供:主动挖掘、发现客户的需求,并主动上前服务,让客户有种尊贵的感觉。

(5) 专业展示服务:每一个白金管家都是经受过国际白金管家服务联盟专业培训的专业性人才,他们具备精湛的技能、良好的品性、幽默开朗的性格。

(6) 全方位服务:金钥匙管家为您提供24小时不间断的服务,在您需要的时候,我们随时都在,金钥匙管家绝对是您生活和事业中的好帮手。

白金管家服务与酒店服务和一般物业管理服务的区别见表10-1。

表10-1 白金管家服务与酒店服务和一般物业管理服务的区别

项目 \ 服务类型	一般物业管理服务	白金管家服务	酒店服务
1.客户类型	固定的业主	高端人群	熟客+流动人群
对比结果	注重环境质量和服务全面性	注重生活质量和服务质量	更加重视服务过程的享受
2.服务方式	被动服务	主动服务	主动服务
对比结果	业主与物业之间易引起矛盾	竭尽所能满足客户合理要求	待人以礼,宾至如归
3.服务模式	一对多式服务	一对一,24小时恭候您的差遣	应客需求,总台式服务
对比结果	服务质量和服务效率无法保障且服务流程多是规定性的环节	"御式"服务,彰显客户尊贵身份,满意度极高	服务总台协调顾客需求
4.客户关系建立	业主与物业的关系	客户培育、建立长期关系	建立熟客关系
对比结果	业主与物业之间沟通相对较缺乏	管家与客户之间相互信任,工作开展效率高	建立良好的客户关系之后,经营业绩一般比较稳定
5.个性化选择	无	多样性服务选择	委托代办
对比结果	基本的物业管理服务	深度挖掘客户需求,满足客户多样化的需求	达到客户满意只是酒店吸引顾客的一种手段,费用与服务正相关
6.服务附加值	低附加值	圆满+美好	低附加值
对比结果	物业无升值、保值潜力	被服务对象生活质量超值	只可享受一时生活高质量

续表

服务类型 项目	一般物业管理服务	白金管家服务	酒店服务
7. 付费标准	低廉	中高品质	高品质
对比情况	费用相对较低,满足基本需求	费用适中,服务超值	服务质量与收费同比
8. 销售支持与促进	无	通过情景体验建立客户信心	完全依赖专业销售团队
对比结果	对销售无帮助,客户对生活质量无法建立信心	利于建立项目整体品牌形象,保障客户信心	积累大量客源,有助于酒店经营

(资料来源:http://www.360doc.com/content/14/0217/12/94524_353183651.shtml.)

经典案例　　凌晨的鲜花

2011年5月某日早上1点左右,成都家园国际酒店迎来一位客人,该客人入住酒店后突然向酒店工作人员求助,原来是该客人准备去医院看望病人,但是抵达酒店后才发现忘记预订康乃馨,但此时已经是早上1点,不知道在哪里能够买到鲜花,且早上7点他还要离开成都。当时和酒店合作的鲜花供应商早已下班,街道上的鲜花店也基本关门,客人很是着急,时间紧迫,于是只好向白金管家求助。

白金管家舒健接到客户求助时正在日常巡夜,他立即赶往客户所在房间了解情况,得知具体的情况后,舒健一边安抚客人急切的情绪,一边思考如何解决问题。由于时间问题,街面上的店铺早已打烊,最有可能仍旧开张的店铺主要集中于火车站附近,于是舒健向客人建议可以去火车站附近碰碰运气。客人表示没问题,但是他对成都并不熟悉,希望酒店能够派出一位协同人员,舒健立即答应陪同客人一起前往。一个小时后,他们来到目的地,在敲了十几家花店的门后,终于找到了一家留有值夜人员的花店。拿到鲜花后,舒健便委托随车司机将客人送达医院,自己则打车回酒店继续工作。

早上4点左右客人返回酒店退房,临行之际客人专程向舒健表达自己的感激之情:"如果不是你的帮助,我不可能如此顺利买到鲜花,也不可能拥有如此顺利的行程,真的非常感谢你,你们提供的服务真的太好了。"而这些举动在舒健看来十分正常,舒健说:"我们白金管家就是要帮助客人解决问题,满足客户的需求,能够帮助客人是我们最大的荣幸,也是我们的荣誉。"从那以后,只要这位客人来到成都就一定会入住家园国际酒店,用他的话来讲,有白金管家的酒店住起来安心,再急的事情都有人帮助解决。

(案例来源:http://www.platinumbutler.cn/Case.asp.)

三、皇金管家服务模式

国际皇金管家标志如图 10-4 所示。

图 10-4　国际皇金管家标志

为适应中国酒店服务业的市场需求，提高中国酒店服务行业的质量，国家旅游局引入国际皇金管家品牌。皇金管家指将传统的英式管家服务引入中国，结合中国国情而打造的一款"御侍"服务品牌，是酒店业和物业优质服务的代名词。此外，皇金管家也是对一群长期活跃在中国酒店行业和物业服务行业领域内的具有专业服务技能、深谙服务之道、为高端客人提供高端服务的杰出服务人才的称谓。他们具备极高的职业素养和专业化的服务技能，通常以绅士和淑女的形象出现在客人面前，提供有别于一般意义上的酒店服务或管家服务，不但承接客人的委托代办，而且能够主动分析、预测客户的需求，并设计出或提供客户需要的产品或服务。所谓有别于一般意义上的酒店服务和管家服务是指他们通常从客户的角度出发思考问题，用心极致，不断满足甚至超出客户的期望，因此，他们的服务更加专业、更加物有所值。想要成为皇金管家，需要经过国际酒店领袖机构、荷兰国际管家服务机构、英国专业管家行会的共同培训，考核成功后才能成为皇金管家。

（一）皇金管家的文化

1. 皇金管家的承诺

真诚、真心、真意服务于客人，竭尽所能、全心全意为客人提供"御式"服务，让顾客尊享帝王般的待遇，客人的满意就是其追求。

2. 皇金管家的目标愿景

皇金管家致力于成为全球酒店和物业优质服务的代名词，致力于成为享誉全球的知名服务品牌。

3. 皇金管家的品牌文化核心

皇金管家的服务品牌精神在"中为本、西为体"的思维定式下，以"契约精神、和谐精神、诚信服务精神"为基础，以"精细、周到、圆满、美好、优雅"的服务为依托，以"仁、义、礼、智、信"的价值观为内核，打造"和合力行、集美聚善"的皇金管家服务品牌精神。

（二）皇金管家理念

皇金管理的品牌理念为创造舒适、御侍服务，文化理念为礼诚相待、和谐致亲，服务理念为精细、周到、圆满、美好。

"精细"就是要把大事做细，小事做精，避免任何可能出现的疏漏。"周到"就是服务周全，在客人需要时已提前准备好。"圆满"指能够根据客人的某一个需求联想到客户可能潜在的其他需求，进而让客户无可挑剔。"美好"指皇金管家服务的整个过程是一个客户与管家之间相互关爱、相互帮助的过程，是一段美好的回忆。皇金管家倡导"小事做遍、人事做精、日常事做细"的管理理念，"创造舒适、卓尔不凡"的经营理念，"诚信服务、和谐致亲"的服务理念。

（三）皇金管家的职能作用

1. 管家培训机构

管家培训机构旨在培养具有高素养、高技能、高品质的面向高端客户群体的专项服务人才，根据职能不同，可将皇金管家分为以下三类：销售皇金管家、会议皇金管家、行政楼层皇金管家。皇金管家培训机构为服务市场提供了高素质服务人才，而且提供了可供酒店和物业参考的服务标准与规范。

2. 中国皇金管家

中国皇金管家指活跃在中国高端服务行业的杰出代表，尤指酒店业高端服务人才，他们深谙市场服务之道，拥有精湛的服务技能、渊博的服务知识、丰富的服务经验和热忱的服务态度。

（四）皇金管家标识展示

皇金管家标识如图 10-5 所示。

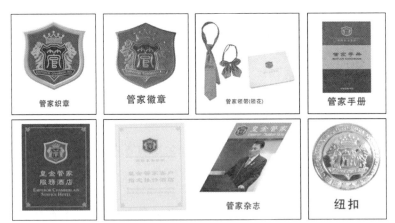

图 10-5　皇金管家标识

经典案例　皇金管家服务河北省政协第十届三次会议

2010 年 1 月 10—15 日，河北省举办政协第十届三次会议，当时大约有 360 名政协委员和会务人员下榻亚太大酒店。为了充分展现皇金管家的专业化服务，皇金管家们就此次会议的接待方案和工作流程召开专题会议，进行了周密的策划和精心的准备。并于2010年1月5日,将方案细则向总经理进行了汇报。之后,在酒店内网上发布了接待方案和具体要求,要求各部门查收并落实。

管家们根据会议日程制作了精美的会务指南,摆放在大厅,并创意性地将两部电梯轿厢内的广告更换为预祝会议圆满成功的彩图,配合酒店大厅外门楣醒目的液晶会标,体现出了浓厚的政治接待氛围。

委员入住前,客房部的专职管家亲自制作了欢迎信以及酒店为委员所提供的免费服务项目说明,附上总经理的名片分别放入委员房间,使委员感受到了皇金管家的贴心和温馨。24小时的专人职守管家利用一切同委员接触的机会悉心服务各楼层的委员们。客房部管家根据日程安排、次日活动内容、天气情况等每日傍晚将书写好的温馨提示摆放到房间。委员们被温馨提示所感动,在提示信签上写下感谢的话语,或者写下需要帮助解决的小问题,通过温馨提示传递给楼层管家。有的委员提出室内干燥,管家马上放好了加湿器;有的委员要求在次日指定时间取回送洗衣物,管家一定会提前将熨烫平整的衣物放进房间……温馨提示成为连接管家和委员的纽带、传递关心和帮助的"使者"。

管家团队为此次大会提供了全天跟车服务。随车管家们每日集合,由一名管家负责带队,一字排开恭候在车前。在返回酒店时,带队管家会电话通知驻店管家做好迎接,这样,相应的迎送服务、电梯服务、楼面服务、餐饮服务、会议服务环环相扣,做到了无缝隙服务。委员所到之处都有管家恭敬有礼的问候,甜美真诚的微笑。

看到委员们书写的形式各样的表扬信、感谢信,管家们感到无比欣慰和自豪。亚太大酒店的管家们就是通过一次次的接待将皇金管家的专业服务演绎的日益完美。

(案例来源:http://www.hjgj2007.com/news_detail/newsId=32.html.)

四、其他类型的管家服务

其他类型的管家服务如表10-2所示。

表10-2 其他类型的管家服务

名　　称	企　　业	关　键　词
区域管家	中海(广州)	模块管理、区域责任、主动服务
东方管家	开元国际(深圳)	精确管理、精致服务、精细经营
巴特勒管家	之平管理(深圳)	高档社区、高品质生活服务
铂金管家	中信(深圳)	个性化定制服务、全天候服务体系
白金管家	中奥到家(广州)	线上平台、线下管家的到家服务
紫金执事	中海(深圳)	尊贵定制、忠诚谨慎、细致入微
南都管家	南都(浙江)	围绕以"客户第一"为中心的七色花文化
……	……	……

第五节　旅游接待业服务市场创新

旅游接待业服务市场创新指旅游接待组织通过市场调查、市场分析,发现市场空白或是利用某种营销手段引导顾客消费,创造需求,从而为旅游接待组织开辟新市场的一系列活动。在信息技术发展的今天,服务市场的创新大致可以从两个角度进行分析。

一、电子商务角度

电子商务的发展极大地改变了人们的生活习惯和消费方式。过去人们的交易都需要面对面地进行,由于时间和空间的限制以及信息的不对称导致供给和需求匹配效率偏低,而电子商务的出现不仅使人们更易获取信息、传递信息和购买支付,而且极大地提高了工作效率、节约了成本。电子商务在旅游接待业也发挥着重大作用。首先,电子商务能够更好地实现消费者与商家的互动,消费者可以通过打分、评论等形式反馈给商家客户体验,商家自然能够针对客户诉求更有效地改善服务,拓宽市场份额。其次,电子商务的票据开具和支付方式大大优于传统纸质形式,不仅使用方便,而且效率极高。第41次《中国互联网发展状况统计报告》显示中国网民数已高达7.72亿,网络普及率达到55.8%,电子商务市场成交额超过30万亿元,旅游接待服务市场的创新和电子商务的发展紧密相连。

二、游览体验角度

信息技术的发展催生了很多新技术和新应用,在旅游接待行业中,虚拟旅游体验毫无疑问是最热门的一种技术,同时也是商家用于宣传的一种噱头,用于体验的一种非常好的方式。该技术能够使用户足不出户就可以游遍全球各地,从而为实景游览做前期铺垫。目前,旅游接待业主要的两种体验方式是虚拟旅游网站和网络游戏嵌入。虚拟旅游网站较经典的一款产品就是谷歌地球,用户可以在电脑上全方位、多角度地对全球各地的风土人情、名胜古迹、自然美景等进行查看,对于一些资源禀赋较好的景区而言,无疑可以起到很大的宣传作用。网络游戏嵌入指将某些景区作为场景嵌入网络游戏当中或在游戏中根据现实景观直接虚拟构建出一个相应的场景,让用户在娱乐中了解景区、熟悉景区。

思考与练习

1. 为什么旅游接待业更关注服务理念创新?
2. 简述当前旅游接待业服务理念创新方向。
3. 简述旅游接待业服务市场创新的内涵。
4. 分析信息技术的发展对旅游接待业的影响。
5. 举例说明旅游接待业产品创新的类别及内容。
6. 论述"金钥匙管家""白金管家""皇金管家"模式的思想内涵。

References 参考文献

[1] 吴必虎.旅游规划原理[M].北京:中国旅游出版社,2010.

[2] 马勇.现代服务业管理:原理、方法与案例[M].北京:北京大学出版社,2010.

[3] 马勇.旅游学概论[M].北京:旅游教育出版社,2008.

[4] Michael Ottenbacher. Defining the hospitality discipline: a discussion of pedagogical and research implications[J]. Journal of Hospitality & Tourism Research,2009.

[5] 曾国军.全球视野下接待业研究述评——基于IJHM的量化内容分析(2006—2015)[J].旅游学刊,2018(5).

[6] 范业正.我国汽车营地发展模式研究[J].北京第二外国语学院学报,2012(7).

[7] 李凤,汪德根,刘昌雪,等.中国自驾车房车营地空间分布特征及其驱动机制[J].资源科学,2017(2).

[8] 张言庆,马波,范英杰.邮轮旅游产业经济特征、发展趋势及对中国的启示[J].北京第二外国语学院学报,2010(7).

[9] 张树民,程爵浩.我国邮轮旅游产业发展对策研究[J].旅游学刊,2012(6).

[10] 孙晓东,冯学钢.中国邮轮旅游产业:研究现状与展望[J].旅游学刊,2012(2).

[11] 叶欣梁,黄燕玲,丁培毅.中国邮轮母港旅游服务接待质量与标准体系探析——以上海吴淞口国际邮轮港为例[J].北京第二外国语学院学报,2014(11).

[12] 崔慧玲.中国邮轮旅游十年发展历程回顾及展望[J].广西经济管理干部学院学报,2017(3).

[13] 吴晓隽,于兰兰.民宿的概念厘清、内涵演变与业态发展[J].旅游研究,2018(2).

[14] 马勇.会展学原理[M].重庆:重庆大学出版社,2015.

[15] 张凯,杨效忠,张文静.跨界旅游区旅游经济联系度及其网络特征——以环太湖地区为例[J].人文地理,2013(6).

[16] 严伟.产业链协同视角下旅游产业融合模式及机理分析[J].商业时代,2016(10).

[17] 张海燕,王忠云.旅游产业与文化产业融合运作模式研究[J].山东社会科学,2013(1).

[18] 刘浩,伍进.新经济形势下在线旅游行业的环境影响因素评价[J].资源与产业,2009(6).

[19] 侯建娜,李仙德.在线旅游国内外研究进展与展望[J].世界地理研究,2011(1).

[20] 萨拉·库克.客户服务管理——确立有效的客户服务管理重点[M].杨沐,译.北京:经济管理出版社,2005.
[21] 周洁如,庄晖.现代客户关系管理[M].上海:上海交通大学出版社,2008.
[22] 林建宗.客户关系管理理论与实务(第二版)[M].北京:清华大学出版社,2018.
[23] 迈克尔·坎宁安.客户关系管理[M].刘露丹,译.北京:华夏出版社,2004.
[24] 马勇.饭店管理概论[M].北京:清华大学出版社,2006.
[25] 韩之俊,许前,钟晓芳.质量管理(第二版)[M].北京:科学出版社,2007.
[26] 萧作鹏.全面质量管理在实际中的应用.中国营销传播网,2001.
[27] 众行管理资讯研发中心.管理工具全解[M].广州:广东经济出版社,2003.
[28] 顾培忠,任岫林.组织行为学[M].北京:中国人民大学出版社,2008.
[29] (美)菲根堡姆.全面质量管理[M].北京:机械工业出版社,1991.
[30] 叶万春.服务营销学[M].北京:高等教育出版社,2001.
[31] 苗月新.品牌管理理论与实务[M].北京:清华大学出版社,2016.
[32] 郭伟.品牌管理战略、方法、工具与执行[M].北京:清华大学出版社,2016.
[33] 马勇.饭店管理概论[M].北京:清华大学出版社,2006.
[34] 邱国栋,王涛.重新审视德鲁克的目标管理——一个后现代视角[J].学术月刊.2013(10).
[35] 黄其新.旅游景区管理[M].武汉:华中科技大学出版社,2009.
[36] 郑向敏.旅游服务学[M].天津:南开大学出版社,2007.
[37] 戴斌,杜江,乔花芳.旅行社管理[M].北京:高等教育出版社,2010.
[38] 查良松.旅游管理信息系统[M].北京:高等教育出版社,2002.
[39] 马勇,陈小连,马世骏.现代服务业管理原理、方法与案例[M].北京:北京大学出版社,2010.
[40] 王德军,郝永芳.结构化程序设计方法与面向对象的程序设计方法的比较[J].铁路计算机应用,2003(11).
[41] 郭伟著.品牌管理:战略、方法、工具与执行[M].北京:清华大学出版社,2016.
[42] 韩志辉,雍雅君.价值再造:无限度竞争时代品牌制胜法则[M].北京:清华大学出版社,2017.
[43] 周洁如.移动社交网平台企业商业模式及其创新[M].上海:上海交通大学出版社,2016.
[44] 苗月新.品牌管理理论与实务[M].北京:清华大学出版社,2016.
[45] 甘勇.移动互联网环境下我国在线旅游企业服务创新[J].决策咨询,2017(2).

教学支持说明

全国普通高等院校旅游管理专业类"十三五"规划教材系华中科技大学出版社"十三五"规划重点教材。

为了改善教学效果，提高教材的使用效率，满足高校授课教师的教学需求，本套教材备有与纸质教材配套的教学课件（PPT电子教案）和拓展资源（案例库、习题库视频等）。

为保证本教学课件及相关教学资料仅为教材使用者所得，我们将向使用本套教材的高校授课教师免费赠送教学课件或者相关教学资料，烦请授课教师通过电话、邮件或加入旅游专家俱乐部QQ群等方式与我们联系，获取"教学课件资源申请表"文档并认真准确填写后发给我们，我们的联系方式如下：

地址：湖北省武汉市东湖新技术开发区华工科技园华工园六路

邮编：430223

电话：027-81321911

传真：027-81321917

E-mail：lyzjjlb@163.com

旅游专家俱乐部QQ群号：306110199

旅游专家俱乐部QQ群二维码：

群名称：旅游专家俱乐部
群　号：306110199

教学课件资源申请表

填表时间：_____年___月___日

1. 以下内容请教师按实际情况写，★为必填项。
2. 学生根据个人情况如实填写，相关内容可以酌情调整提交。

★姓名		★性别	□男 □女	出生年月		★职务	
						★职称	□教授 □副教授 □讲师 □助教

★学校		★院/系	
★教研室		★专业	
★办公电话		家庭电话		★移动电话	
★E-mail （请填写清晰）				★QQ号/微信号	
★联系地址		★邮编	

★现在主授课程情况	学生人数	教材所属出版社	教材满意度
课程一			□满意 □一般 □不满意
课程二			□满意 □一般 □不满意
课程三			□满意 □一般 □不满意
其　他			□满意 □一般 □不满意

教材出版信息			
方向一		□准备写 □写作中 □已成稿 □已出版待修订 □有讲义		
方向二		□准备写 □写作中 □已成稿 □已出版待修订 □有讲义		
方向三		□准备写 □写作中 □已成稿 □已出版待修订 □有讲义		

请教师认真填写表格下列内容，提供索取课件配套教材的相关信息，我社根据每位教师/学生填表信息的完整性、授课情况与索取课件的相关性，以及教材使用的情况赠送教材的配套课件及相关教学资源。

ISBN（书号）	书名	作者	索取课件简要说明	学生人数 （如选作教材）
			□教学　□参考	
			□教学　□参考	

★您对与课件配套的纸质教材的意见和建议，希望提供哪些配套教学资源：